二十四史研究資料叢刊

史記志疑

二

〔清〕梁玉繩撰

中華書局

史記志疑卷十一

高祖功臣侯者年表第六

封爵之誓曰：使河如帶，泰山如一本作「若」。厲。國以永寧，爰及苗裔。班馬字類引作「襲」。（金陵本作「泰山若厲」。）

案：史、漢表序所載誓詞相同，漢表「河」上有「黄」字，下「如」字作「若」，「寧」作「存」。困學紀聞十二引楚漢春秋云高祖封侯，賜丹書鐵券曰：「使黄河如帶，太山如礪。漢有宗廟，爾無絶世。」下二語迥異，陸賈在高帝時親見，必得其真，史、漢所載，蓋呂后更之。

余讀高祖侯功臣

案：讀者，讀侯籍也，然文義未全，説在月表。

功臣受封者百有餘人

案：高祖功臣百三十七人，兼王子四，外戚二，計百四十三人，表内所載是已。其實侯表惟載功臣，則王子、外戚不宜混入，表例自以班書爲當。然余攷高帝功臣有表不盡載者，功臣之封始於六年十二月，故呂公之封臨泗侯，利幾之封潁川侯，盧綰之封長安侯，表均不載。蓋呂公以四年先卒，利幾以五年九月反誅，盧綰以五年後九月爲王也。乃若高本紀秦三年有南陽守齮封殷侯，殷在河内。舍人陳恢封千户，漢二年有新城三老董公，正義引楚漢春秋曰董公八十三封爲成侯，成屬涿。四年封侯公爲平國君，五年有高起，臣瓚引漢帝年紀起爲都武侯，都武屬定襄。齮等五人表亦不載，豈並早死無後，不及六年而國除乎？或言成侯董渫卽董公之子。又金石録金鄉守長侯君碑言侯公曾孫酺封明統侯。而若在六年以後者，項羽紀玄武侯與射陽、桃、平皋三侯偕封，而表無之。竹書顯王十七年晉取元武濩澤，疑是河東邑名。劉敬傳敬爲建信侯，水經注卷五云建信縣，漢高帝七年封婁敬爲侯國。臨濟縣西北五十里有建信城，而表無之。建信屬千乘。黥布傳高帝十一年封故楚令尹薛公千户，索隱引劉氏以爲關内侯，蓋表無其人，故意度之耳。陳豨傳封趙將四人各千户，朱建傳梁父侯導黥布反，梁父屬泰山。而表俱無之。樂毅傳高帝十年封樂叔於樂鄉，縣，屬信都國。號華成君。叔孫通傳漢王拜通爲博士，號稷嗣君。孟康曰「稷嗣，邑名」。依建元侯表周子南君之例，應得列焉，而表又無之，詎非封而失書歟？至若紀信之燒殺，張晏、劉攽以襄平侯紀通爲信子，非也。紀成以戰好時死，通乃成之子，何得並爲一人。明徐昌祚燕山叢録言「定州城東三十里有固城，父老相傳，是高祖築以封紀信後者。然無確據，恐不足憑。通考一百三卷唐高宗贈信驃騎大將軍，宋真宗贈太尉。餘冬序録言鎮江、慶元、寧國、大平、華亭、蕪湖等郡邑，皆以信爲城隍神，今之山西省城隍亦祀信，當時無爵蔭，後世歆享焉，勝封侯遠矣。」樅公之被烹，梅鋗之勳績，項羽曾封鋗十萬户侯，高帝以鋗功，封其君吴芮爲王，不應鋗反無封。固忠烈俊偉之臣也，而表中不見，亦封而失書歟？將絶而無封歟？抑寡恩忘舊而不封歟？他若韓信、英布、彭越以告反誅，告信、布反者皆封侯，而告越反之太僕及舍人，決無不封侯之理，表獨缺然。劉信母封陰安侯陰安屬魏。樊噲妻封臨光侯，臨光説在呂后紀。準以蕭妻奚母，則陰安當附羹頡，臨光當附舞陽，而表何以没之耶？更檢別籍，漢書高紀十二年詔立南武侯織爲南海王。王莽傳公孫戎明樊噲不反，封二千户。晉灼注引楚漢春秋。索隱於周勃世家引楚漢春秋曰高祖封許負爲鳴雌亭侯。三國志二牧傳注引孔衍漢魏春秋同，惟「鳴」作「明」。婦人封侯始此。而裴注疑高帝時未有鄉亭之爵，似無其事。唐杜佑通典言亭侯之制，始於曹操之封費亭侯。日知録二十二糾其誤，言建武中已有之。余謂十里一亭，十亭一鄉，本爲秦制，通考曰「秦制徹侯功大者食縣，小者食鄉亭。」史表鄉侯、亭侯甚衆，但皆爲侯國，户有多少，秩無崇卑，非如東京有縣、鄉、亭之別耳。新唐書宰相世系表曰平王少子烈食采汝墳，秦滅周，并其地，遂爲汝南著姓。周仁字季房，漢興續周之嗣，復封爲汝墳侯，賜號正公。後書獨行傳周燕曰「我平王之後，正公玄孫。」以汝墳下濕，徙於安城。當非郎中令周仁矣。崔意如爲秦大夫，封東萊侯，子業字伯基，漢東萊侯，周嬰卮林言「秦無尺寸之封，意如獨得分壤稱孤，漢氏芟除秦舊，又得保東萊，所未解也。」魏無知封高粱侯，十二年酈疥封高粱，豈無知先奪侯乎？疑。信陵君之孫卑子封蘭陵侯，見京兆王氏下。通志氏族略匠麗氏注云「漢功臣祝其侯匠麗舒。」馬適氏注云「英賢傳漢有畢梁侯馬適育」。未知封于何時？存考。華陽國志閬中人范目，説高帝共定秦地，封目長安建章鄉侯，徙封閬中慈鄉侯，李善蜀都賦注引風俗通作慈凫鄉侯，則志脱「凫」字。目固辭，乃封渡沔縣侯。世謂「三秦亡，范三侯」也。水經注三十九引豫章舊志盧俗字君孝，本姓匡，父東野王，共吴芮佐漢定天下而亡，漢封俗於鄡陽爲越廬君。凡兹羣侯，表略不著，然則百四十三人，果足以盡高帝封侯之籍哉。或問表不載名號侯，今子所補，似未勘核，且奚不舉高紀之剛武侯？答曰：初封侯、名號侯、關内侯，表概不載，余固知之，但所不載者，特後之有封者耳。

有封故初封及名號皆不載，非是則雖名號亦載之，不比關内侯也。如曹參始封建成君，繼號建成侯，迨剖符更食平陽而除前賜爵矣。陳平之户牖，周勃之武安、威武，樊噲之賢成、臨武，酈商之信成、涿，夏侯嬰之昭平、沂陽、兹，灌嬰之昌文，傅寬之共德、通德，靳歙之臨平、建武，周緤之信武，婁敬之奉春，莫不盡然。使謂名號侯表不載，將信武、宣平、龔頡、以及靖郭、涉安、涉軹、冠軍、合騎、按道、隨成、從平、從驃、宜冠、博望，非名號耶？夫以周子南君，非侯亦載，而況儼然其爲侯乎？宋孔平仲雜説曰，封侯或以地名，或以功名，或以美名，無定制也。若剛武侯，不知是何人？剛武之號，猶兵車稱「武剛車」。並非高帝所封，故不數之，亦猶曹相國世家之天柱侯也。

是以大侯不過萬家

案：表載曹參封一萬六百户，劉澤封一萬二千户，蕭何封一萬五千户，則「不過萬家」之説未可信。若陸賈謂陳平曰「足下食三萬户侯」，乃據秦時曲逆版籍言之，虚誇其富耳，非實有此數也。

見侯五

案：「五」當作「六」，太初見侯乃平陽侯曹宗、繆侯酈終根、埤山侯卞仁、江鄒侯靳石、戴侯祕蒙、穀陵侯馮偃也。正義刪靳石以合五侯，非。

國名

附案：史、漢諸表國名最難考，或傳寫訛誤，或後人改易，而索隱所説，加以踳駁。今舉余所知者言之，不能盡詳，全氏經史問答自言有稽疑二卷，得十之八，恨無從見之。

侯功

附案：史、漢所書諸侯功狀，蓋本於高后二年陳平所録侯籍删節以入表也。故皆大同小異，然頗有誤處，未必盡仍其舊文，當分别觀之。

建元至元封六年三十六，太初元年盡後元二年十八。

附案：史訖太初，而此與惠景侯表皆云建元至元封六年三十六者，蓋太初之見侯稱今侯，且不得以太初四年爲限斷，故不數之，與建元及王子二侯表以年號分紀者，判然不同。此「太初」以下十一字，乃後人妄續，當削之。惠景表有「太初已後」四字，亦屬衍文。

侯第

案：官僚有一定之班，王侯無異守之職，故但因其功之隆卑以分先後，侯第所由設也。漢表序云「漢王卽皇帝位，論功封侯者百四十三人，又作十八侯位次。高后二年，復詔丞相陳平盡差列侯之功，録第下竟。」余竊疑當時何以諸王無位次，而諸侯有位次？就以侯位論，功臣百數十人，何以高祖祇作十八人位次，不及其餘？均所難曉。而十八侯位，惟蕭、曹可信，語見世家中，其十六位傳聞殊别，莫識準裁，索隱言十八侯位次楚漢春秋與史、漢異。班固蘭臺集十八侯銘敍次人名又不同。后改易，罔仍舊章。如良、平俱大功臣，不在十八侯内。張敖未有大功，儼居第三。是知高祖之作，亦爲吕后改易，罔仍舊章。豈非吕后升降之乎？師古曾言之。而吕后差録之位次，表中舛漏頗多。攷高祖所封元年至十二年共百四十三人，孝惠所封元年至五年共三人，吕后所封元年至二年五月共十三人，統計百五十九人，應有百五十九位次。

而周吕、合陽二侯追尊爲王，沛侯進封爲王，羹頡侯以罪削爵，射陽、陽夏、淮陰、芒、江邑五侯並以罪國除，當吕后録第時自不及其列，則位次實數應有百五十矣，乃表中侯之無位者曰胡陵，（即建成子。）曰費，曰任，曰棘邱，曰襄平，曰離，曰便，曰平都，曰軑，曰扶柳，曰郊，曰南宫，曰梧，曰平定，曰博成，曰沛，曰襄成，曰軹，曰壺關，曰沅陵，曰上邳，曰朱虚，凡二十二。位之無侯者曰二十一，曰三十一，曰三十八，曰五十四，曰五十六，曰六十八，曰七十六，曰八十七，曰九十三，曰九十七，曰百十三，曰百二十，曰百二十八，曰百二十九，曰百三十三，曰百三十六，曰百三十八，曰百三十九，曰百四十，曰百四十一，曰百四十二，曰百四十三，曰百四十四，曰百四十五，曰百四十六，曰百四十七，曰百四十八，曰百四十九，曰百五十，凡二十九。侯位之複者東武、高苑皆曰四十一，東茅菌皆曰四十八，肥如、高梁皆曰六十六，新陽、棘陽皆曰八十一，武原、磨、高陵皆曰九十二，平州、邔皆曰百十一，凡七。今取漢表校之，費三十一，平定五十四，梧七十六，新陽（漢作「陽信」，非。）八十七，武原九十三，邔百十三，軑百二十，上邳百二十八，朱虚百二十九，便百三十三，沅陵百三十六，此十一位，灼然著明，可補史缺。至以襄平爲六十六，平都爲百十一，不足取證，蓋六十六已有肥如、高梁，并襄平則重三矣；百十一已有平州，并平都則重二矣，不綦誤哉。（德侯劉廣，史表在百二十七，是也，漢表在百二十，則與軑侯同位，必是訛脱「七」字。）再以本表侯功校之，功勳相比，名次相肩，高苑比斥丘，斥丘四十，則高苑無疑在四十一，而東武之四十一必是二十一之訛。襄平比平定，平定五十四，則襄平無疑在五十六。高梁比平侯，平位三十二，則高梁無疑在三十八。武原比高陵，高陵九十二，武原九十三，則磨侯之位無疑在九十七。東茅功盛于菌，位宜在前，則菌之四十八，無疑是六十八之訛。此五位，亦確可補缺。其餘失攷者，數其侯，則胡陵也，任也，棘丘也，離也，平都也，扶柳也，郊也，南宮也，博成也，沛也，襄成也，軹也，壺關也。數其位，則百三十八以下爲虛位，與任侯等十三人適合，無籍可稽，未敢妄配。而獨怪史、漢兩表所載，奚無越乎百三十七陸梁侯之外者耶？

平陽河東。

後元四年，（金陵本無「元」字。）

案：文、景二帝雖改元而未建號，故但有前、中、後之分，表内多稱後元、中元，誤也。此當作「後四年」，下皆倣此。

夷侯時

附案：此表及世家皆作「時」，而漢書衞青傳作「壽」，索隱本作「疇」、作「時」，俱非也，蓋文字殘缺，俱以偏旁形似而差。

廿四，征和二年，侯宗坐太子死，國除。（金陵本無此十四字。）

附案：史訖太初，故上文稱「今侯宗」，天漢已下史皆不及，安得載征和間事，此十四字當削，乃後人妄續。各表中凡妄續者，宜盡削之。又漢表、傳言「宗坐與中人姦，闌入宮掖門，入財贖完爲城旦。」此及世家云「坐太子死」，蓋坐征和二年巫蠱事也，罪狀亦異。

信武

附案：地無考，索隱疑縣，後廢也。

夷侯亭

附案：漢法諸侯以罪失國者，没不賜謚，下文稱「侯亭」是也，此「夷」字後人妄加，史詮曰當删之。

清陽清河。

附案：漢表及水經注五作「清河」，非也。清河是郡，諸侯無封郡者。後汾陰侯敍功云「比清陽侯」，索隱引楚漢春秋亦作「清陽」可證。

三千一百户

案：漢表二千二百户。

定侯王吸

附案：索隱引楚漢春秋作「王隆」，豈有二名歟？

哀侯彊

史詮曰「彊謚夷，誤作『哀』」。

汝陰汝南。

入漢中，至孝惠、魯元，（金陵本作「全孝惠」。）

附案：「至」乃「全」字之訛文。

陽陵

案：索隱謂「陽陵屬馮翊。楚漢春秋作『陰陵』」。攷漢志馮翊之陽陵，景帝陵也，是故弋陽，景帝四年更名，亦見史景紀。安得高祖時先有兹稱，況陵縣不爲侯國乎？左傳襄十年有陽陵，注云「鄭地」，釋例土地名云「在潁北」，今在河南許州西北。但景帝六年封岑邁爲陽陵侯，見將相表，若此侯封陽陵則至元狩初失國，安得景帝又封岑邁，可以驗非傳侯之封矣，當作「陰陵」爲確，史、漢表傳並誤。陰陵屬九江郡，項羽至陰陵迷道卽其處。古文「陽」從「阳」，「陰」從「阴」，字近致譌耳。若日知録二十二卷言「西漢三輔無侯國，陽陵、平陵，皆鄉名同於縣者」，恐不盡然。陽陵、平陵應是鄉名，他如盧綰之侯長安，劉仲之侯郃陽，丁義之侯宣曲，張敖之侯宣平，温疥之侯栒，呂台之侯鄜，非三輔侯國乎？而食邑者不與焉，顧氏未之考耳。又范目封建章侯。

爲魏將

案：漢表作「騎將」，是。

屬淮陰

案：此當云「屬相國信」，説在傅寬本傳。

隨頃侯靖

案：「隨」字衍。「靖」，傳作「精」，漢表作「清」，形聲相近，故各不同，疑漢表是。

恭侯則

附案：漢表「則」作「明」，蓋古字通借，非誤也。易夬卦「居德則忌」，禮運「百姓則君」可證。王子表陪侯劉明，漢表作「則」，與此正同。

十

附案：漢表位次格內，凡列侯位次簿中有封邑名號與史異者具載之，如陽陵曰忠武侯，曲成曰夜侯，平曰聊城侯，（一本作「柳城」，考志聊在東郡，柳在遼西。）猗氏曰長陵侯，長修曰信平侯，土軍曰信成侯，史表無之，當補書侯第之旁。

廣嚴

附案：索隱引晉書地道記廣縣屬東莞。攷廣屬齊郡，明載漢志，何必引晉記乎？「嚴」字傳寫誤增，當衍之。

壯侯召毆

附案：廣侯謚莊，故漢表避諱改「嚴」，然表中「莊」、「壯」二文多互寫，如廣侯、博陽侯俱謚莊，而表書作「壯」，中水、杜衍、赤泉、吴房、湼陽五侯俱謚壯，（徐廣羽紀注云「五人謚壯」，索隱湼陽侯表下云「五侯斬項籍，皆謚壯。」）而表書作「莊」。全氏經史問答謂「史記本誤，班固見史記誤本以『壯』爲『莊』，因改爲『嚴』。」余初亦韙全説，後歷攷之，始悟其不然也。國語晉大夫壯馳兹，宋庠補音曰「壯音莊。此字諸本有作『壯』者，有作『莊』者。」檀弓衞太史柳莊，人表作「柳壯」，師古注「壯讀莊」。楚堵敖，索隱謂「一作『莊敖』，音壯。」莊子天下篇「不可與莊語」，釋文「一本作『壯』，側亮反。」荀子非十二子篇「儼然壯然」，注「或爲『莊』。」太平御覽公平部引韓詩外傳楚臣壯之善，（今本外傳訛「仕」。）新序義勇篇作「莊善」。國策蜀相陳莊，秦本紀、六國表及華陽國志作「壯」。呂后紀呂莊，表作「壯」，本表壯侯許倩，一作「莊」。惠景表弓高莊侯，漢表作「壯侯」。太史公自序傳「壯有溉」，即鄭莊。隸續嚴訢碑「兆自楚壯」，即楚莊王。則知古字通用，不得指史記爲誤端。惟班固盡改作「嚴」，豈以莊、壯古通，遂兼避之耶？「毆」即「敺」字，亦作「毆」，音驅，又通作「歐」，此侯蓋與張毆同名，師古、索隱音烏後、烏侯二反，非也。此侯漢表作「歐」，而張毆史、漢皆作「歐」，孟康音驅。攷趙世家「歐代地」，漢書梅福傳「爲漢歐除」，可證其從同矣。史表索隱本又訛以姓召爲「呂」。

十一年，恭侯嘉元年。

附案：史詮曰：「當橫書於『九』之下。」九者，嘉父在位之年也。

至後元七年嘉薨，無後，國除。（金陵本作「至後七年」。）

史詮曰：「當橫書於『十三』之下。『後』上衍『至』字，『嘉』上缺『侯』字。」十三者，嘉在位之年，各本誤刻直行，故云當橫書之。

廣平 臨淮。

擊項羽、鍾離眛

案：漢表「項籍」下有「將」字，是。

平棘 常山。

其十年爲丞相。

案：「十年」當作「九年」，說在將相表。

元朔四年，侯穰元年。

附案：史詮曰「當横書於『十五』之下。」

元狩元年，穰受淮南王財物，稱臣，在赦前，詔問謾罪，國除。

史詮曰：「當横書於『三』之下。『侯穰坐受』，缺『侯』、『坐』二字。

博陽汝南。

擊殺卒追

附案：「卒追」，史詮謂爲「追卒」之譌。漢表作「殺追士卒」，師古曰「楚軍追漢兵者，濞殺其士卒。」

壯侯陳濞

附案：索隱引楚漢春秋作「濆」，疑誤。今本史注又譌「濆」爲「隫」。

塞

附案：景帝亦以塞封直不疑，索隱言是桃林塞。夫桃林之塞見於左傳，天下有九塞，桃林其一，見於淮南子，卽秦函谷關，漢已後謂之潼關。關塞要地，何以封侯國？考郡國志「常山國平棘有塞」，疑封此。

復封始

史詮曰「復封侯始元年，此誤」。

曲逆

附案：漢志曲逆縣屬中山，莽曰順平。張晏注「濡乃官反。水於城北曲而西流，故曰曲逆。」史、漢皆無音，則當讀如字。而陸士衡功臣頌云「曲逆宏達」，唐五臣文選注「曲，區句反。逆，音遇。」得毋誤認爲中牟之曲遇聚乎？

其五年，爲左丞相。

案：平爲左丞相在惠帝六年，此言「五年」，誤也。

二

史詮曰「上二者何？孝文時獻侯在國二年也。下二者何？孝文時恭侯在國二年也。缺下『二』字」。

堂邑臨淮。

定豫章、浙江都漸自立爲王壯息，侯，千八百户。

附案：壯息人姓名，壯即莊。其時僭爲王，據豫章、浙江之地，而都於漸，陳嬰擊定之也。漸即浙江，見水經漸江水注，漢表「都漸」下誤增一「定」字，千八百户亦誤作「六百户」。師古謂陳嬰定諸地而都之，謬甚。史詮謂「都」當作「鄣」，山名，言壯息據鄣、漸爲王，亦非。別本浙江或作「折」，蓋依古字。都漸之漸或作「折」及「浙」。

季須元年。

史詮曰「缺『侯』字」。

侯須坐母

史詮曰「缺『季』字」。

周吕

附案：周吕是號，非地名。師古高紀注云「封名，」是也。蓋吕爲姜姓，姜之先封於吕，子孫從其封姓，至周益顯，意謂吕澤佐漢定天下，猶周有吕尚，故曰周吕。其後改封吕王，亦以此。而吕澤之食邑，恐非南陽宛西之吕城，濟陰之吕都縣，汝南新蔡之吕亭，當在彭城吕縣矣。晉灼云「吕，縣名。封於吕以爲國。」則知蘇林謂「以姓名侯。」索隱謂周、吕皆國名，又引吕都爲證，唐書世系表據續志以蔡州新蔡爲古吕國，均失之矣。或曰封於彭城之吕而兼食周也，右扶風美陽有周地。此以周、吕爲國名而强言之耳，封侯無合兩地并稱者。

子台封酈侯

案：「酈」當作「鄜」，屬左馮翊，説在吕后紀。

七，有罪。（金陵本無「有罪」二字。）

案：吕台以高后元年封王，不聞以孝惠七年有罪免也，「有罪」二字衍文，而於下高后格中，當依表例補書云「元年，侯台爲吕王，國除。追尊令武侯爲悼武王。」

建成

附案：沛與豫章、勃海並有建成縣，索隱以爲在沛也。

奉衞呂宣王、太上皇

案：敍呂公於太公前，必陳平諂呂氏之詞，史仍而不改也。

有罪。

史詮曰「有罪絕，缺『絕』字」。

胡陵山陽。

附案：漢書作「漢陽」，誤，呂祿必不遠封犍爲。又漢志漢中郡褒中縣有漢陽鄉，祿亦未必封一鄉也。

五月丙寅

案：漢表作「九月丙寅」。攷高后元年五月癸巳朔，九月辛卯朔，皆無丙寅，疑誤。

呂祿元年。

案：「呂」上缺「侯」字。

七，八年，祿爲趙王。

案：「七」字乃「六」之誤，「八年」乃「七年」之誤。祿爲趙王在高后七年，說在諸侯王表。「祿」上亦缺「侯」字。

留楚國。

不疑元年。

史詮曰「缺『侯』字」。

附案：射陽者，射水之陽也，索隱謂射一作「貰」，誤，觀史、漢高紀「武負貰酒」注自明。

射陽臨淮。

侯項纏元年。

案：纏卽項伯也，失書謚。

嗣子睢有罪，國除。

附案：水經沔水注言「堵水逕七女冢，元嘉六年大水，破墳，得一磚，刻云：『項氏伯無子，七女造墎。』」則嗣子睢者，豈繼子耶？但伯封臨淮射陽，何以冢墓遠在沔漢，是則可疑耳。

酇

附案：高帝封蕭何在沛之酇縣，呂后封何夫人，文帝封蕭延，武帝封蕭慶，宣帝封蕭建世，成帝封蕭喜，是南陽酇縣，通典州郡七注及索隱並言之。古借「酇」爲「䣜」字，遂致混亂。漢志於南陽之酇注「侯國」二字，據後來改封書之；沛郡酇下不書「侯國」者，國已除也。周禮酒正注「酇白」疏云「蕭何所封南陽地名。」臣瓚引茂陵書何封國在南陽酇。水經注二十八酇縣治故城，南臨沔水，謂之酇頭，漢高帝封蕭何爲侯國。師古云南陽酇本春秋時陰國，今爲襄州陰城縣，縣有酇城，城西有蕭何廟。彼土又有筑水，筑水之陽，古筑陽縣，與酇側近連接，高后封何小子延爲筑陽侯，知何封酇國兼得筑陽。通典與顏同，俱誤以蕭何封南陽酇耳。漢志言王莽改沛酇爲贊治。隸釋沛相楊統碑「陰故吏贊陳俊」，惟借酇爲鄼，是以讀作贊音，又直作「贊」字，非本音本字矣。說文沛之鄼從邑虘聲，南陽酇從邑贊聲，班固十八侯銘「文昌四友，漢有蕭何，序功第一，受封於酇」，以酇叶何。更考唐人諸咏，楊巨源詩「麒麟閣上識酇侯。」賈島長江集有「往歲酇侯鎮」句，姚合少監集有「酇侯宅過謙」句，此沛酇音嵯之證。故以蕭之封在沛者自續郡國志始，索隱因之，唐劉肅大唐新語因之。以肅初封沛，續封南陽者，自通典所引戴規始，索隱因之，元熊忠古今韻會因之，明郎瑛七修類稿因之。以南陽酇音贊者，自說文始，孟康、師古因之，張守節正義稱孫檢因之，宋董衝新唐書釋音因之。以沛郡酇音嵯者，亦自說文始，應劭、師古、孫檢因之。南齊鄒誕生同。若夫以南陽酇音嵯者，則周禮酒正疏及釋文也。以沛酇音贊者，文穎何傳注也。以沛酇兼二音者，左傳襄元年犬邱注、譙國酇縣釋文及師古高紀、地志注也。皆不足信。唐李匡乂資暇録、宋祁筆記、宋陸游老學菴續筆記、王楙野客叢書、王觀國學林、明人如楊慎丹鉛録、焦竑筆乘、方以智通雅、陸容菽園雜記，近時如新城王氏士禎池北偶談、居易録之類，大抵仍襲前儒之説，而辨之不甚明。至小司馬於將相表、蕭世家據鄒氏謂屬沛音嵯，南陽音贊，其音不謬，而於功臣表、三王世家不但二音互易，復以劉氏伯莊。謂何封沛，後封南陽爲非，奚自岐別乎？

法令，

史詮曰：「爲法令，缺『爲』字。」

八千户。

案：世家封八千户之後，兩次益封，共七千户，并初封爲萬五千户。乃史、漢兩表言八千，蓋只就初封説也。然獨怪曹參一萬六百户，劉澤一萬二千户，而張良且欲以三萬户封之，不應功居第一之蕭相國，其户數尚較少於曹參，則安得曰「何功最盛，所食邑獨多」乎？王莽傳亦云「高皇帝褒賞元功，相國蕭何邑户既倍，又蒙殊禮。」是知表序謂大侯不過萬家，原未足信，而何食八千户之言，亦恐有誤耳。

九年，爲相國。

案：公卿表高帝十一年始更名丞相爲相國，則何之爲相國在十一年，世家與公卿表合，是也。此與將相表及公卿表編年皆誤作「九年」。

一

案：哀侯禄在位六年，其五年在孝惠時，其一年在高后時，湖本失刻「一」字。又禄無後，故高后封何夫人及小子延，表缺「無後」二字。

同，禄弟。

附案：史詮曰「同，蕭何夫人名，即禄之母也，湖本『母』作『弟』，誤。」

筑陽南陽。元年，同有罪，封何小子延元年。

案：漢書表、傳高后二年封何夫人同爲酇侯，何少子定侯延爲筑陽侯。文帝元年罷同，更封延酇侯。延在位十九年，漢表謂延二年薨，誤矣。此表不書延封筑陽，與何夫人並時，而書筑陽於孝文格內，反失書更封之酇，又不言延謚，蓋脱誤也。同以妻嗣夫爵，有乖禮制，故文帝即於元年罷之。其卒謚懿，則不得云「有罪」矣。「延」上缺書「定侯」二字。

五年，侯則元年。

案：「五」上缺「後」字，孝文後五年也。據史表則乃遺子，漢表是遺弟，未知孰是。

三，一，有罪。

案：則在位四年，其三年在孝文時，其一年在孝景時，故書曰三，一。而漢表謂則二十年薨，誤。

又「有罪」下缺「絶」字。

武陽

附案：漢志武陽有四，犍爲之武陽，武帝時郡始開，自非所封。而東郡、泰山、東海三武陽，蓋東海是蕭食邑，其後又以封史丹，漢外戚表武陽侯史丹下注曰「郯」，正東海之武陽也。景紀誤以爲封於武陵，已說見紀。

前二年，封煬侯弟幽侯嘉元年。

附案：此及景紀與漢書紀、傳皆謂景前二年封，是也，漢表謂文帝封則武陽，嘉紹則封，誤矣。惟此不曰封則弟而曰煬侯弟，豈則乃異母，而煬侯遺及幽侯嘉爲同母耶？至幽侯之名，史、漢紀並作「係」，徐廣以爲有二名。鄒誕生本作「傒」，疑是「係」之訛字。

封何孫恭侯慶。

史詮曰「曾孫，缺『曾』字」。

壽成爲太常，

史詮曰「侯壽成坐爲太常，缺『侯』『坐』二字」。

曲周　六年正月丙午，景侯酈商元年。

案：史、漢皆云商以高帝六年封，然攷列傳，商之封曲周在擊陳豨、英布之後，豨，反在十年，布反在十一年。則六年商尚爲涿侯也，當書國名曰「涿」，而以「曲周」爲改封，横書於高祖格中，方得。又曲周屬廣平國，武帝建元四年始置爲縣，則前此必是鄉名。然涿固縣也，寧有先封縣侯，繼封鄉侯乎？水經注十云曲周舊縣，非始孝武，蓋以漢志爲誤耳。

四千八百户

案：商先封涿五千户，寧有因功加封户口反少之理，本傳「五千一百户」，是也，史、漢表誤。

有罪。

史詮曰「缺『絶』字」。

繆

附案：其地未聞。

康侯遂

案：侯名遂成，缺「成」字。

侯宗

案：侯謚懷名世宗，徐廣曰「世一作『他』」，非也。此缺「懷」「世」二字。

侯終根

案：「侯」上缺「今」字。

廿八，後二年，五月，侯終根坐咒詛誅，國除。

附案：十六字削，乃後人因妄增列傳，而并續此表耳。

絳河東。

八千一百户

案：此句上缺「侯」字。史、漢表户數同，而世家、列傳作「八千一百八十户」。

其四年，爲太尉。

案：此當移上孝惠格中，不當書於高后時。而「四」字亦當作「六」，蓋周勃爲太尉在惠六年，非高后四年也，説在呂后紀。

三年免，復爲丞相。

案：「免」字衍，「三」當作「二」，勃以文帝二年十一月乙亥復爲丞相也。

六

案：侯勝之在位六年，以有罪免，故文帝封亞夫於條，此缺書「有罪絶」三字。

條信都。後元二年，封勃子亞夫元年。

案：史、漢並云亞夫是勃子，獨史義拾遺以亞夫爲勃弟，猶以張辟彊爲子房孫，均屬別解，未識何據？「亞夫」上缺「侯」字。

其三年爲太尉，七爲丞相。

案：「其」字衍，「七」下缺「年」字。

十三

案：此景帝時亞夫爲侯之年也，然亞夫以景中五年有罪國除，則當作「十二」，誤作「十三」，蓋并其絶之一歲數之耳。說在景紀。

平曲

厲王子曾。

附案：東海有二平曲縣，疑是王莽改端平之平曲，其先景帝以封公孫昆邪，其後孝宣又以封廣陵

舞陽潁川。

侯伉元年。呂須子。

案：樊噲妻呂須，高后四年封臨光侯，「臨」一作「林」，說在呂后紀。當書高后格中，蕭何之妻是其例也，

此缺。

坐呂氏誅，族。

案：「族」字衍。

中元五年，侯它廣非荒侯市人子，國除。

案：「五」乃「六」之誤，本傳及漢表並作「中六年」也。「它廣」下缺「坐」字。

潁陰潁川。

以車騎將軍屬淮陰，定齊、淮南及下邑，

案：漢表云「以將軍屬韓信，定齊、淮南及八邑。」核之於傳，漢表是也。時灌嬰以列侯爲御史大夫，將兵虜齊車騎將軍華毋傷，非嬰爲車騎將軍矣。韓信時爲相國，不得稱淮陰，而嬰擊楚，從下相以東，南度淮，盡降城邑，至廣陵渡淮北，下下邳，降彭城，則不可言下邑，此有脱誤。

封嬰孫賢爲臨汝侯。侯賢元年。

案：表例更封國名皆中間大書，此誤也，當中書「臨汝」二字，删「賢爲臨汝侯」五字。臨汝是鄉名，屬汝南，劉宋始置爲縣，宋書謂漢舊縣者妄。

侯賢行賕罪

案：「賢」下缺「坐」字。但史表、傳皆作「行賕」，而漢書云「坐子傷人首匿免，」豈因匿子行賂耶？

汾陰河東。

以内史堅守敖倉

案：漢志高帝九年始置内史，而史、漢表於汾陰侯周昌、高京侯周成父苛、長脩侯杜恬皆書爲内史，公卿表亦於高帝元年書内史周苛，五年書内史杜恬，疑並誤也。據周昌傳，昌自卒史爲職志，爲中尉，以至爲御史大夫，而苛以客從破秦爲御史大夫，二周何嘗爲内史乎？二周是誤書，則杜恬之不爲内史從可知矣。

比清陽侯。

案：「比」上缺「功」字。

建平沛郡。

案：昌之改封建平，惟此與吕后紀兩見，恐未確，説在紀。

有罪絶。

案：三字衍，昌之子開方嗣侯，在位十六年，不聞以有罪絶也。

安陽

附案：漢志汝南、漢中、五原、代郡並有安陽，攷漢表上官桀封安陽在蕩陰，方輿紀要云「七國時魏寧新中邑，秦更名安陽，漢省入蕩陰」，左車當封此。索隱以桀封汝南，水經注四以爲陜縣有安陽城，是桀封邑，皆非也。

中二年，封昌孫左車。建元元年，有罪，國除。（金陵本「建元」以下八字在第八格。）

案：此當横書曰「中二年，封昌孫侯左車元年。」誤直書之，又缺「侯」「元年」三字。而「建元元年侯左車有罪國除」，當横書於第八格，誤在孝景格中，又缺「侯左車」三字。

梁鄒濟南。

二千八百户

案：漢表作「三千八百户」。

孝侯武儒

案：漢表「儒」作「虎」，而通志氏族略作「彪」，蓋仍唐諱而改，唐人多以「彪」代「虎」也。唐世系表云「漢有武臣爲趙王梁鄒孝侯，臣生德，德生東武亭侯最，最生敬襄侯嬰，嬰生中涓濟陰侯山附，」舛戾荒誕，不足據耳。

侯最　頃侯嬰齊　侯山柎

案：此以最在位五十六年，嬰齊在位三年，山柎一本作「袝」，誤也。師古曰其字從木。在位二十年。漢表謂最五十八年，嬰齊二十年，山柎一年。卽連失侯之年計之，三代年數錯互不合，未知孰誤。侯最失謚，毛漢書本作「康侯最。」

成

附案：索隱謂涿郡成縣，而水經注汶水條以董渫封於郕，則在泰山剛縣界，非涿郡矣。續郡國志泰山郡有成縣，豈卽前志成縣乎？

康侯赤

附案：康侯之名，史皆作「赤」，漢紀、表作「赫」，惟公卿表及匈奴傳依史作「赤」，而仍音爲「赫」，當是「赫」字誤脱其半耳。

節氏

附案：地未聞。索隱云「縣名」，無考。後漢趙熹封節鄉侯。

恭侯覇軍

案：漢表作「罷軍」，是古人多取罷軍爲名也。

元狩二年，侯朝爲濟南太守。

案：「二」當作「三」，「朝」下缺「坐」字。

蓼六安。

侯孔藂

案：漢表侯謚夷，此失書也。夷侯之名，索隱引家語曰「最字子產。」高紀正義云「孔熙」。孔叢子連叢謂「彦以將事高祖。」史、漢表又作「藂」。一人四名，未知孰是。攷公羊隱元年注「最，聚也。」説文以「冣」爲「積聚」字，本當作「冣」，訛作「最」，故徐廣注「最，古『聚』字。」見周紀。周最、顔最，並寫爲「聚」。殷紀「大最樂，」一作「聚」，可以互證。此侯必是名聚，漢藝文志稱孔聚也，其餘諸名疑非。水經注三十二從史、漢作「藂」，亦非。藂同叢。然藂、最之誤，其來已久，詩灌木注中叢木，釋文曰「叢，俗作『藂』，一作『最』。」顔氏家訓書證篇言「詩灌木注，古本皆爲『藂聚』之『藂』，而古『叢』字似『最』字，近世因改爲『最』。」則「聚」之又訛爲「藂」，可類推矣。

元朔三年，侯臧坐爲太常，南陵橋壞，衣冠車不得度，國除。

附案：家語「臧」作「滅」，疑是傳刻之誤。而索隱引孔叢子謂臧傳至孫璜始失侯爵，當是其後更封。孔叢僞書，恐不足據。通鑑問答曰「通鑑元朔二年孔臧辭御史大夫，乞爲太常，與從弟安國綱紀古訓。此孔叢子所載也，以功臣表攷之，蓼侯孔聚，史記所云『孔將軍居左』者，臧其子也，不言孔子之後。孔叢之書，先儒謂出於東漢，似非闕里舊文。公卿表元朔三年臧已免太常，五年乃有此議，謂議置五經博士弟子五十人也。當闕所疑。」

費東海。

起碭

案：史詮謂「起」上缺「從」字。

定會稽、浙江、湖陽，

附案：漢表作「湖陵」，則屬兗州山陽郡矣，疑史表是。湖陽亦楚地，漢志屬南陽。

圉侯陳賀

附案：漢表失謚。徐廣曰「圉或作『幽』，」蓋有二謚。

巢

附案：廬江居巢縣，春秋時巢國也。宋樂史太平寰宇記言陳留襄邑縣南二十里有巢亭，左傳哀十一年衞太叔疾處之。又後書宦者傳鄭衆封鄛鄉侯，注引説文云南陽郡棘陽縣有鄛鄉。最封未知何地。

封賀子侯最

案：最謚史、漢表皆闕。

後元五年，最薨。

案：孝景安得有後五年，「五」字衍。「最」上缺「侯」。毛本作「後元三年」，疑以臆改，與漢表不合。

四

案：最以孝景中六年封，後元年薨，在位纔二年，「四」字乃「二」之誤也，漢表甚明。

三十一

附案：此費侯之第也，各本皆失之。

陽夏淮陽。

十年八月，

案：「八月」疑，說在高紀。

自立爲燕

案：「燕」字誤，當作「王」，漢表「自爲王」是也。

豨以趙相國

案：缺「侯」字。

隆慮河內。

哀侯周竈

附案：漢表作「克侯」，疑非。

陽都

附案：陽都屬城陽，後漢屬琅邪。索隱謂漢志闕，晉屬琅邪，妄也。

以趙將從起鄿

案：漢表云「以越將從起薛。」疑「越」乃「趙」之誤，「鄿」乃「薛」之誤。

拜爲將軍，忠臣，侯，

附案：史記攷異曰「忠臣非官號，史惟見此一人」。

新陽

附案：新陽縣屬汝南，漢志及水經注二十二與此同。應劭曰「縣在新水之陽也」。漢表誤倒作「陽信」。古新、信通用，若勃海之陽信，文帝以封劉揭矣。

胡侯吕清

附案：漢表作「青」。攷釋名「清，青也」。説文繫傳「青者清也」。則知古通用字，故少昊青陽，漢志作「清陽」，不可以爲誤矣。

頃侯世

案：漢表作「臣」是，卽項羽紀之吕臣也，「世」字誤。

侯譚元年。

附案：漢表作「談」，雖古字通用，史公蓋亦避其父諱改書，與「同」字兼用耳。

八十一

案：漢表位次是八十七，是也，史詮曰「七」作「一」，誤。

東武（琅邪。）

以户衞（徐廣云「一云『從』。」）起薛爲悼武王，破秦軍杠里、陽熊軍曲遇，入漢，爲越（徐廣云：「一云『城』。」）將軍定三秦。（金陵本作「屬悼武王」。作「楊熊」。）

案：徐注當置於末，今本混入本文，殊欠明了。以漢表校之，徐蓋言「以户衞從」也。「爲悼武王」當云「屬悼武王」。徐以「越」爲「城」，是，城將軍，漢表作「城將」，師古曰「將築城之兵也」。

二千户

案：漢表「二」作「三」。

六年正月戊午，

案：是年正月丙戌朔，無戊午。疑與下汁邡同以三月戊子封。

四十一

案：東武侯第當是二十一，若在四十一，則與高苑同位矣，此誤。

汁邡

附案：縣，屬廣漢郡。漢表作「汁防」，志作「什方」，留侯世家作「什方」，古字通用。隸續南安長王君平鄉道碑作「汁邡」也。

以趙將

案：雍齒不應爲趙將，疑魏將之誤。

荒侯巨

案：漢表作「鉅鹿」，此缺「鹿」字。巨與鉅同。

終侯桓元年。

案：桓坐酎金失國，不應有謚，而史、漢表並稱「終侯」，史詮謂後人誤加，是也。又桓爲侯三十二年，此明書之，漢表謂桓嗣不得年，真不可曉。

二十七（金陵本作「二十八」。）

附案：湖本「八」字譌作「七」，毛本是「二十八」。

棘蒲

附案：左傳哀元年「伐晉取棘蒲」，杜注不言所在。趙世家敬侯六年，代魏取棘蒲，靳歙傳攻安陽以東至棘蒲，蓋其地屬魏郡，以安陽在內黄也。應劭以常山郡平棘縣當之，正義從其解。師古曰「功臣表棘蒲侯陳武，平棘侯杜摯，則非一地，應説失之。」史詮謂陳武封棘津，據古文苑班固棘津侯銘，以「蒲」爲「津」字之訛，亦非。續志棘津故屬信都國廣川縣，安得移而易之乎？古文苑乃宋孫洙得之佛龕中，見書録解題，未必無譌耳。

擊齊歷下軍田既，

案：「田既」二字誤，漢表作「臨菑」。攷田儋傳，軍歷下者田解也，田既軍膠東，不軍歷下，後爲曹參所破，亦不關陳武。「臨菑」上疑脱「定」字。

六年三月丙申，

附案：漢表作「甲申」誤，三月乙酉朔，無甲申。

都昌

附案：縣，屬北海，索隱云「志闕」，妄也。

以騎隊卒先降翟王，

案：「卒」字誤，漢表作「帥」是。

俟辟彊

案：此俟之謚，史、漢皆失書。

辟彊薨，

案：缺「俟」字。

武彊

附案：續志河南陽武縣有武彊城，曹相國之所攻，莊騎將之所國，皆在此，水經注二十二卷可證。

屬丞相甯，

案：是時無丞相名甯者，疑誤。

用將軍擊黥布，侯。

案：功侯見上，此記其後事耳，當衍「侯」字。漢表亦衍。

莊侯莊不識

附案：漢表作「不識」，蓋古通用，隸釋樊毅修華嶽廟碑以「職方」爲「識方」可證。水經注二十二引作「不識」也。

侯青翟元年。

案：表例兼書爲丞相，與漢表但紀封侯不同，本表中武彊侯莊青翟、辟陽侯審食其、柏至侯許昌、惠景表中建陵侯衛綰、商陵侯趙周、武安侯田蚡、建元表中樂安侯李蔡，俱失書爲丞相。

逮御史大夫湯不直，

附案：漢表「逮」作「建」，師古曰「以獄建之意而不直也。」

貰

附案：貰音世，鉅鹿縣名，今本漢志作「貫」，蓋傳寫訛。春秋僖二年「盟於貫」，杜注云「梁國蒙縣西北有貫城」。貰與貫字相似，酈道元亦云「攷文準地，貰邑明矣」。見水經注二十三。地雖不同，可證此字之屢訛也。

以都尉擊項羽，千六百户。

案：「羽」下缺「侯」字。又漢表作「六百户。」

齊侯呂

附案：貰侯之姓名所書多異，史但云呂，徐廣作「台」，索隱本作「呂博國」，漢表云「合傳胡害」，水經注十作「呂博」。蓋此侯姓呂名博國，索隱乃史表原文，傳刻脱失，止書其姓。「台」與「合」並「呂」字之訛，「傳」又「博」字之訛。「胡害」當是其字，或有二名。酈注亦脱「國」字。通志氏族略五、路史後紀十二撰爲合博氏，蓋本廣韻「合」字注，以合博爲漢複姓，並妄也。

侯倩元年。

附案：漢表「倩」作「猜」，必形近致訛，且「猜」似不可爲名也。然攷侯之名倩者，有高苑侯丙倩，壯侯許倩，而漢表皆作「猜」，豈俱誤歟？

海陽

附案：索隱謂「海陽亦南越縣，地理志闕」，非也，小司馬以此侯越將，宜封南越之海陽，不知廣州海陽，晉始置爲縣，且其時地屬趙佗，高祖安所取而封之。漢志海陽屬遼西，原未嘗闕，水經濡水注言是此侯所封，然地太遠。攷國策蘇秦説楚曰「東有夏州、海陽」，吴注「盧藏用云『在廣陵東』」。今揚州海陵縣，疑此。

千八百户。

案：漢表「八」作「七」。

齊信侯搖毋餘

案：侯乃東越之族，何以與閩君搖同時同名，毋餘亦與閩越王無諸相類，而齊信之謚又別，是皆可疑者。

哀侯昭襄

附案：史詮謂「哀」乃「克」之訛，以漢法諸侯無後則謚哀，昭襄不應謚之。且昭襄之孫爲哀侯省，更不應祖孫同謚耳。然余攷史、漢表中非無後而謚哀者甚多，即父子祖孫同謚者亦不少，恐未定是誤也。

南安

附案：索隱謂「縣，屬犍爲，建安亦有此縣」，其説非也。漢志犍爲郡，武帝建元六年始開，南安乃今四川嘉定府夾江縣是。高祖時爲閩越之域，安得取犍爲之南安以封宣虎。建安即今福建泉州，漢會稽治縣地，亦爲閩越，至陳始置南安郡，隋更名縣，統於建安郡，高祖時又安得以封侯國乎？然則宣虎何封？曰：是必豫章郡之南埜縣也，三國吴時分南埜爲南安縣後人傳寫，遂以孫吴縣名妄改史、漢原文耳。

以亞將破臧荼，

案：漢表作「重將」，師古曰「主將領輜重也。一云持重之將也。」則「亞」字必「重」之誤。索隱引漢表作「連將」，非。

千秋坐傷人免。

案：「千秋」上缺「侯」字。

六十二（金陵本作「六十三」。）

附案：南安侯第是六十三，湖本訛「三」作「二」。

肥如遼西。

以車騎都尉

案：據漢表，「都尉」當作「將軍」。

莊侯成

附案：漢表作「戎」，字形相近，疑譌。

侯奴元年。

案：侯奴缺謚。

曲成

附案：漢志曲成屬東萊，索隱謂「志闕，表在涿郡」，謬也。以曲成爲在涿，見漢王子表，當是別一鄉名。

以曲成户將卒三十七人

案：「卒」上缺「將」字。

爲執珪，

附案：漢表作「執金吾」，誤也，武帝太初元年始有執金吾之官。

圉侯蠱逢元年。

附案：圉侯之名，此與索隱引楚漢春秋及漢表俱作「達」，卽索隱本亦作「達」，則「逢」字訛也。而侯姓惟漢表作「蟲」，廣韻、通志據以證蟲氏。此與楚漢春秋作「蠱」，豈皿蟲爲蠱古省借通用歟？但漢表書位次曰夜侯，夜卽東萊掖縣。楚漢春秋同，又豈圉侯初封於夜，其後定封曲成歟？

恭侯捷

案：「恭」字衍。

垣河東。

附案：漢表誤書「垣」字於位次格中，而各本又訛「垣」爲「恒」，惟索隱引作「垣」。（按金陵本作「垣」字。）

侯臯柔

案：漢表作「皇柔」。

二十五

案：表例不數奪侯之年，故臯柔以建元二年立，元鼎三年國除，在位二十五年，書曰「二十五。」而漢表謂元鼎二年爲鬼薪，在位二十四年，未知孰是。

河陽河内。

起碭從

案：「從」字當在「起」上。

淮陰臨淮。

爲連敖典客，

附案：本傳，入漢爲連敖，繼爲治粟都尉，則連敖是司庾之官，而粟客是治粟内史之異名也。言都尉誤，説在傳。「典」字乃傳寫之訛，韓信何嘗爲典客之官，索隱引漢表作「粟客」，固一確證。天官書「箕爲敖客」，亦可參連敖、粟客二官之義。宋均云「敖，調弄也。箕受物去去來來，是客之象也。」徐廣以連敖爲典客官，張晏以爲司馬，如淳以楚有連尹莫敖，後合爲一號，皆憑臆强説，不足爲據。至若今本漢表之作「票客」，與小司馬所見本異，明是「粟」字之訛，而師古音頻妙反，以票疾客禮釋之，不亦妄乎？

別定魏、齊，爲王。

案：漢表云「定魏、趙，爲齊王」是也，此誤定魏、趙、齊，乃韓信之大功而書曰「爲齊王」，則定齊不必言矣。

六年四月

案：淮陰之封，史、漢高紀在六年十二月甲申日前，此前四月誤。漢表無月，異姓表作十一月封，非。侯表以受封先後爲次，則淮陰當居羣侯之首，不知何以稱「四月」，置河陽侯後也。

信謀反關中

案：「信」上缺「侯」字。

芒沛郡。

爲武定君，

案：漢表作「定武」。

侯昭元年。

案：侯姓耏，此缺。但漢表以始封之侯名跖，昭乃跖之子，與盜跖同名，奇。此以昭爲始封，不同也。

徐廣謂「昭」一作「起」，疑非。

九年，侯昭有罪，國除。

案：漢表言跖薨無後，高祖九年昭嗣，蓋庶子也。在位四年免，至孝景三年復封於張。而昭之薨與昭子申之嗣，皆不書其年，與史大異，今不可詳知矣。

張

附案：廣平張縣，高帝以封毛澤之，傳國至孝景中六年始除，安得孝景於前三年又封耏昭，必別一張也，疑是東郡之張，說見絳侯世家。

孝景二年，昭以故芒侯

案：「二」字當作「三」，湖本譌刻也。「昭」上缺「侯」字。其謚，史、漢皆失不書。

三月，張侯申元年。（金陵本無「張」字）

案：「張」字衍。「三月」兩字不可解，亦當衍。

十（金陵本作「十七」。）

案：「十」下湖本缺「七」字，武帝時侯申在國十七年也。

故市

附案：河南縣名也，漢表誤作「敬市」。

遷爲假相，

附案：漢表作「殷相」，誤甚。漢二年三月己虜殷王卬置河内郡矣，是時閻侯以河上守，遷假相，擊項羽，尚何殷相之有。況殷爲項立，漢方鋤而去之，安得爲之置相。經史問答反據殷相之文，以駁紀、表三月虜殷之謬，不亦戾乎！

柳丘

附案：地未聞。索隱謂勃海縣名，而勃海是柳縣，武帝以封齊孝王子陽已，非柳丘也。

千户

案：漢表作八千户。

六年六月丁亥，

案：此下四侯，史、漢表皆作「丁亥」封，而是年六月無丁亥，疑是乙亥，或封在七月，必有一誤。

魏其琅邪。

以舍人從沛

案：「沛」上缺「起」字。

莊侯周定

附案：漢表作「周止」，誤，蓋脱「定」之半也。

侯間

附案：漢表作「簡」是，此訛脱「竹」耳。

祁

附案：索隱以爲封於太原之祁，但沛有祁鄉縣，曹相國世家所謂取碭、狐父、祁、善置也，疑封於沛。

以連敖擊項籍，漢王敗走，賀方將軍擊楚，追騎以故不得進。漢王顧謂賀祁：「子留彭城軍，執圭東擊羽，急絶其近壁。」

案：祁侯功狀，史、漢所書微異，且各有缺誤，故疑莫能明，而注家不免妄解，益滋讀者之惑。如「追騎」之爲「追騎」，「急絶」之爲「爭惡」，師古云「爭惡地。」「近壁」之爲「延壁」，壁壘之名。此其異也。「執圭」上脱「以」字，此其缺也。「祁」字當衍，「子」字漢表訛「王」，此其誤也。蓋「漢王顧謂賀，子留彭城軍」，子猶汝。作二句讀，漢表「漢王顧謂賀戰彭城」作一句讀。「斬項籍」是「擊項籍」。兩表因賀封於祁，遂謬入「祁」字。而轉相傳寫，又以「子」字爲「王」，師古不知其誤，謂「嘉賀之功寵號之，許爲祁王」，不亦誕乎！

穀侯繒賀

附案：徐廣於文紀云謚敬，與史、漢表異，疑非。

頃侯湖

附案：漢表作「胡」，此加「水」，古通用，如湖陵作胡陵也。

平河南。

功侯比費侯賀，

史詮曰「『功』字在『侯』上，誤」。

悼侯沛嘉

案：漢表作「工師喜」，豈此侯有二姓名乎？而廣韻「公」字注云「漢書功臣表有公師壹，工公古通借。晉穆公子成師之後」，則又名壹矣。

魯魯國

死事，無代侯。（金陵本作「母代侯」。）

案：「無」字誤，因「母」訛「毋」，因「毋」訛「無」耳。母代侯者，魯侯奚涓死事，無子，故封其母代子爲侯也。史不書奚涓姓名，殊屬疎略。若非漢表，幾不知爲何人之母矣。婦人封侯，千古僅事，蓋自高祖封魯侯及鳴雌侯許負始，其後如蕭何、霍光之妻，並封酇侯，樊噲妻封臨光侯，劉伯妻丘嫂封陰安侯，後漢東海王彊三女皆侯，封拜濫矣。又高祖以延鄉封翟母。

母侯疵元年

案：疵，漢表作「底」，字形相近，未知孰誤。母侯之稱亦奇，不知何以無謚？又漢表始封格中有「重平」二字，勃海縣名。豈此侯又曾改封乎？疑。

故城

案：漢表作「城父」，是，縣屬沛也，此誤爲「故城」。

功比厭次侯，

案：「功」上缺「侯」字。

侯方

案：侯名開方，此缺「開」字。

任廣平。侯（金陵本無「侯」字。）

案：史詮謂「任，國名，『侯』字衍」，是也。又失書侯第。

侯張越

附案：索隱本作「張成」，恐謁。

棘丘

附案：漢志地闕。攷左傳襄十八年「楚伐鄭，右師城上棘，遂涉潁。」水經注謂潁水逕上棘城，在陽翟縣西。此侯以定魏功封，宜在魏地，則棘丘或卽上棘乎？蓋鄉侯也。又項羽紀鉅鹿南有棘原，亦近。

六年，侯襄元年。

案：襄後奪侯，故無謚。史、漢表皆無姓，蓋失之。又失書侯第。史詮曰「芒、魯、故城、任、棘丘五侯，俱六年中封，表不得其月，當次於北平之後，與高胡、厭次二侯相從，今本亂其次矣」。

四

案：「四」字衍。

四年，侯襄奪侯爲仕伍，

案：「四年」當作「元年」，漢表謂襄免侯在高后元年是也，何以斷之，表例不數免侯之年，若襄之奪侯在高后四年，則當中書「三」字，不當書「四」字。若果高后時襄爲侯四年，則下方當書「五年奪侯」，不當書「四年」，明是誤也。仕、士古通。

阿陵涿郡。

附案：漢表誤「阿」爲「河」。

從單父，（金陵本作「從起單父」。）

案：「從」下缺「起」字。

以塞疏入漢。

附案：漢表作「塞路」，是也。徐廣亦曰一云「塞路」，索隱曰「路」字誤爲「疏」。小顏云「主遮塞要路」。

侯勝客

附案：漢表作「勝侯客」，誤也。

南

附案：水經注三十四云「秦以漢南地置南郡，周書曰南，國名也。韓嬰敍詩云其地在南郡、南陽之間」。有南之國，見周書史記解。但三國志呂布傳注引英雄記「丁原爲南縣吏」，孔融傳注引九州春秋「融在徐州轉至南縣」，則青徐間有此縣，而兩漢志失之。

靖侯延居

案：「靖」上失書「復封」二字。

元鼎四年

案：「四」當作「五」，漢表是五年。

昌武

附案：昌武屬膠東，索隱謂漢志闕，妄。

九百八十户，比魏其侯。

案：漢表作「九百户」。又「比」上缺「功」字。

靖信侯單甯　夷侯如意

案：漢表「甯」作「究」，「夷」作「惠」，豈兩侯名謚有二乎？

侯得

附案：漢表作「德」，古通用。易升卦順德，釋文姚本作「德」。左傳哀六「不穀雖不德」，韓詩外傳二作「不得」。天官書「行得盡勝之」，晉灼注「星經作德」。後書光武紀二年「真定王德」，十三年作「得」。安帝紀延光元年河間王開子得，本傳作「德」。

元朔元年

案：「元年」乃「三年」之誤。

高苑千乘。

以舍人從，

案：漢表云「以客從」也。

千六百户，比斥丘侯。

案：漢表作「千六百五户」。比上缺「功」字。

制侯丙倩

附案：漢表作「丙猜」，一本作「猾」，譌。説在賁侯下。

孝侯武

附案：漢表作「平侯」，蓋有二謚。

宣曲

附案：宣曲未知何地，貨殖傳有宣曲任氏，索隱引上林賦「西馳宣曲」爲證，宣曲，宫名，在昆池西。謂當在京輔。正義亦云，合在關内。

爲郎騎

案：漢表「騎」下有「將」字，此脱。

有罪除。

案：「除」當作「絶」，表例也。

發婁

附案：地未詳。

中六年，侯通有罪，國除。

案：通以孝景中五年復封發婁侯，中六年國除，在位一年，則當中書「一」字，此缺。漢表謂復封十一年免，誤，當衍「十」字。

絳陽

案：漢志無絳陽，河東之絳已封周勃，不應再封華侯。水經注六以絳陽卽新田，並引華侯爲證，蓋在絳澮之陽也。閻氏四書釋地云「括地志新田在絳州曲沃縣南二里。杜注左傳以新田爲平陽絳邑，誤。而周嬰卮林又辨水經注引史絳陽侯不足以證新田，則其地仍疑莫能定。」漢表作「終陵」，或謂「絳陽」形近致訛，卽雁門郡之中陵縣。古中與終通用，如終南山，左傳昭四年及詩秦風毛傳作「中南」。又左傳昭十四年「中人」，淮南子道應訓作「終人」，可驗已。然地太遠。仁和趙氏一清漢表舉正云「終、絳皆誤，乃濟南之於陵也，華毋害曾孫告爲於陵大夫，當以此爲正」。

恭侯勃齊

案：漢表無「齊」字是也，若名勃齊，則恭侯之父不得謚齊矣。

東茅

附案：索隱云「一作『柔』」，豈琅邪柔縣耶？漢志無東茅。攷左傳隱十一「攢茅」注云「在修武縣北」，此河内郡修武之茅也。僖二十四「邢茅」注云「高平昌邑縣西有茅鄉」，此山陽郡槖縣之茅也。郡國志「槖有茅鄉城」。文三年「茅津」注云「在河東大陽縣西」，此河東之茅也。水經注二十二「洧水又東南過茅城邑之東北」，酈注以爲在新汲縣，此潁川郡之茅也。茅有四地，未知東茅何屬？至索隱本作「東第」，恐非。路史國名紀以東茅爲邢茅之茅。

以舍人從碭

案：「從」下缺「起」字。

補韓信（金陵本作「捕韓信」。）

附案：「補」乃「捕」字之訛。

敬侯劉釗　侯吉

附案：漢表「釗」作「到」，「吉」作「告」，聲形相近，未知孰是。然攷同時有平都侯劉到，而告之音，與釗、到二字又相混，疑漢表訛耳。

斥丘魏郡。

爲東郡都尉，擊破籍武城

案：漢表「東郡」訛作「東部」。而「武城」作「成武」，又「籍」下有「侯」字，則甚明確，此未免缺誤矣。徐廣曰一云「城武」，與漢表合，師古謂初爲成武侯，後更封斥丘也。攷成武在曹州，此侯爲東郡都尉，自當封成武。

懿侯唐厲

附案：水經注九引作「唐廣」，疑誤。唐書世系表以厲爲唐睢孫。

八

案：「八」字乃「七」之誤，高祖時懿侯在國七年也。

侯賢元年。

案：侯賢失謚。

一十五金陵本作「二十五」。

附案：此武帝時侯賢在國年數，各本皆作「二十五」是也，湖本訛「二」作「一」。

侯尊

附案：唐表「尊」作「遵」。

臺

附案：戴侯之國，索隱以爲臨淄郡臺鄉縣，妄也。攷前、後漢志，濟南郡有臺縣，水經八「濟水過臺縣北」，酈注云「臺縣故城，漢高帝封戴野爲侯國」，斯爲的證，奈何以臺鄉當之乎？況漢有齊郡無臨淄郡也。若常山之平臺縣，孟堅注曰「侯國」，乃宣帝以封史元，非戴野矣。各本漢志濟南下誤作「平臺」，蓋以鄉平縣名離而下屬也。

以都尉擊籍，

案：水經注作「東郡尉」，與史、漢表異。

以將軍擊燕，

案：漢表「燕」下有「代」字。

侯才

案：一本有作「年」者，訛也。然漢表作「午」，字形相近，未知孰是。

安國中山。

以客從起豐，以厩將別定東郡、南陽，從至霸上。入漢守豐，上東，因從戰不利，奉孝惠、魯元出淮水中，及堅守豐于雍侯，五千户千户

案：安國侯王陵之功狀，不但漢表與史表異，即史表與陳平世家亦異，漢書陵傳襲世家。余以爲俱誤也。漢表云「以自聚黨定南陽。漢王還擊項籍，以兵屬，從定天下。」世家云「陵自聚黨居南陽，不肯從沛公。及漢王還攻項籍，乃以兵屬漢，卒從漢王定天下。以善高帝之仇雍齒，而陵本無意從高帝，故晚封，爲安國侯。」攷張丞相傳，陵救張蒼，在沛公初定南陽未入武關之前，而陵之封侯同在六年，又位居十八人中，安得謂陵不肯從漢及攻羽時始從，以故晚封耶？善乎經史問答之說曰，「王陵自是聚黨定南陽者，未嘗從起豐，未嘗從至霸上，未嘗爲漢守豐。但陵自定南陽，歸漢甚早，而不從入關，蓋高祖留以爲外援耳。陵不屬漢何以能免張蒼於死？而次年高祖即用其兵以迎太公，非陵屬漢之明文乎？且陵母之賢，一死以堅陵之從漢矣，則謂陵不肯屬漢，高祖恨之，其封獨晚，非也。」「于雍」疑是「平雍」之譌，徐廣於陳丞相世家云陵封雍侯，恐未可據。

定侯安國。

案：四字衍。

樂成

附案：南陽、河間並有此縣，索隱謂漢志闕，妄也。河間之樂成爲王都，丁侯蓋封南陽。

從碭中，（金陵本作「從起碭中」。）

案：漢表「從起碭」，是也，此缺「起」字，衍「中」字。

定三秦，侯。

案：漢表云「定三秦爲正奉侯」，此缺。

武侯客

案：漢表作「式侯吾客」，此缺「吾」字。而「式」與「武」形近，必有一訛。

侯義

案：漢書郊祀志此侯名登是已，史、漢表並誤作「義」。蓋侯義之曾祖丁禮與宣曲侯丁義同時受封，其從起爲騎將，定三秦亦同，雙丁必兄弟也，則丁禮之曾孫安得名爲義哉！

辟陽

附案：漢書王陵傳云「辟陽近淄川」，則水經濁漳水注及索隱以爲封於信都之辟陽，非矣。水經注沭水篇有辟陽城，疑封此，其後武帝又封城陽王子劉壯。

侍呂后、孝惠沛三歲，

案：「三」當作「二」。

十月，呂后入楚，食其從一歲，

案：漢書高紀及本史月表呂后入楚在漢二年四月，其歸也在四年九月，則此所書「十月」乃「四月」之誤，「一歲」乃「三歲」之誤。

幽侯審食其元年。

案：此失書食其爲丞相，説在武彊下。

三年，平坐反，國除。

案：「平」上缺「侯」字。孝景三年，漢表訛「二年」。

安平

附案：漢志安平有五，而惟豫章注云「侯國」，蓋據成、哀時見存者而言，非謂漢初也，索隱定爲涿郡，則非菑川、遼西、遼東之安平矣，然不知何據。

秋舉蕭何，

案：此鄂千秋也，而獨單稱「秋」，漢表作「鄂秋」，疑並脱「千」字。孫侍御云「秋，一本作『秩』，屬上讀。」

坐與淮南王女陵通，

案：「坐」上缺「侯但」二字。又徐廣於蕭何世家注依漢表作「與淮南王安通」，而淮南王傳注依史表言「鄂千秋玄孫伯與淮南王女陵通而中絶」，蓋因與淮南王通而并及其女陵耳。然侯名伯，與但異，且亦無所爲中絶也。

蒯成

附案：「蒯」乃「崩」之誤，崩卽「鄌」字，集韻載之矣，故漢書表及遷傳作「崩」，本傳作「鄌」，蘇林音簿催反，師古曰「字從崩從邑，呂忱音陪」。師古又音普肯反，本郭璞穆天子傳注。楚漢春秋作「憑成侯」，陪、憑聲相近，此其實也。成與城同。服虔音「菅蒯」之「蒯」，索隱引崔浩音苦壞反，並非。然因服、崔二音，可知此字之訛已久，而説文繫傳引史作「鄘城」，豈徐鍇獨見史記善本乎？至鄘之地，晉灼據漢表以爲在長沙，因楚漢春秋作「憑城」，蒼梧有憑乘縣故也。索隱據三蒼以爲在沛之城父，正義據輿地志以爲在陳倉。説文云右扶風鄠鄉。攷穆天子傳「西征至於鄘人，鄘柏絜逆天子舍於漆澤」，則其地自在扶風，故晉志屬始平，且以前食邑池陽例之亦合。學林言「穆天子西征，至鄘，則在鎬京西，是一國名，非扶風之鄘」，恐不然。若蒯鄉則在河南縣西南，見左傳昭二十三年注及續郡國志。又志注亦引晉地道記云在縣西南有蒯亭，索隱謂地道記屬北地，誤也。

至霸上，侯。

案：本傳周緤至霸上時未爲侯也，「侯」字衍，漢表無之。

食邑池陽，

附案：漢志左馮翊之池陽縣，惠帝四年置，蓋此時爲鄉聚名，非汝南細陽之池陽鄉也。

遇淮陰侯

案：漢表作「韓信」是，史表、傳稱「淮陰侯」非。

楚、漢約分洪溝，以緤爲信，

附案：漢表同。古人謂使者爲信，蓋兵交使在其間也。然緤傳徐廣引表云「以緤爲信武侯」，則今本脱「武侯」二字。
三千三百户。
附案：「三百」，漢表譌作「二百」。
尊侯周緤
附案：緤之謚，此作「尊」，漢表作「制」，皆謚法所無，傳寫之誤也，當依傳作「貞」。正義又謂一作「卓」，乃「貞」字之訛。
緤薨，子昌代，
案：侯表例不書薨，何以此獨變其文？史詮謂當云「六年，子昌代侯」，是也。漢表作「侯昌嗣」。
鄲
附案：鄲縣屬沛，蘇林音多寒翻。音多者非也，説在經史問答。
居坐爲太常，有罪，
案：侯名中居中卽仲。此缺「侯中」二字。本傳亦失「中」字。
北平中山。
爲代相，從趙相，侯。（金陵本作「徙趙相」。）
案：「從」乃「徙」字之譌。但攷蒼相趙後，復徙相代，以代相從攻臧荼有功封侯，非爲趙相時侯也，此誤。

千三百户。

附案：「三」當作「二」，訛刻也。

其四爲丞相，五歲罷。

案：「四」下缺「年」字，「五」上缺「十」字。孝文四年張蒼爲丞相，凡十五年而免也。

侯預元年。

附案：此侯名類，漢表、傳與史本傳同，則作「預」譌也。而徐廣謂一作「蘔」，音瞶，恐非。索隱又誤引漢書作「毅」。

高胡

附案：地未詳。漢表陽河侯狀云「功比高湖侯」，湖、胡古通。攷後書光武紀「諸賊高湖、上江、檀鄉等」，注謂「以山川土地名」，則其地在趙、魏之間。

以都尉定燕，

案：「都尉」誤，當依漢表作「將軍」，蓋前以都尉擊籍矣，則定燕時必不尚爲都尉也。

厭次

附案：漢志平原郡富平縣注云「侯國」，應劭曰「明帝更名厭次。」續志亦曰厭次本富平，明帝更名。考成與故城敍功云「功比厭次侯」。漢書東方朔傳云「平原厭次人」。師古曰「高祖功臣表有厭次侯爰類」。厭次之名，其來久矣，而説者云後漢始爲縣，於此致疑，斯未通也。師古注本於酈道元水經注五，云「漢書昭帝封張安世爲富平侯，薨，子延壽嗣國，在陳留，別邑在魏郡。陳留風俗傳曰尉氏縣安陵鄉，故富平縣也。是乃安世所食，延壽自以無功德，上書減户，徙封平原，并食一邑。十三州志曰，明帝永平五年改厭次。按史記高帝封元頃爲侯國，是知厭次舊名，非始明帝，蓋復故耳」。據道元所辨，則厭次國除之後，仍爲厭次縣，宣帝移富平侯國於此，始去厭次之名，明帝時復舊。其實昭帝以前平原無富平也，漢志不書厭次，續志謂厭次本富平，並屬誤條，應劭亦未考而漫注之。漢書攷異曰南陽博山故順陽，哀帝封孔光改名。明帝改順陽從舊，正相類。

侯元頃元年

案：高胡、厭次二侯，不得其封月日，故次於六年之末，乃二侯之謚亦失傳，何也？而厭次侯之姓名，史、漢所書又多不同。史作「元頃」，水經注引之，而漢表作「爰類」。其於城父侯尹恢敍功云「功比厭次侯頃侯諸莊」，余疑此侯姓爰，名類，字諸莊，謚頃，史表誤以「元」代「爰」，而「類」與「頃」形近，復誤以謚爲名耳。

平皋河内。

功比戴侯彭祖，五百八十户。

案：漢表云「功比軑侯，五千八百户，」與此不同。余謂比功是史表誤，户數是漢表誤。知者，侯第戴侯在百二十六，軑侯在百二十，而平皋位次在百二十一，則功比軑侯爲確矣。軑侯七百户，平皋自應五百八十户，惟其功相並，故户數亦略等。若戴侯千二百户，漢表作「千一百户」。殊不當對。而漢表作「五千八百」，更爲懸絶，高祖何忽優於項它乎？必「五百八十」之訛也。

七年六月，

案：「六月」乃「十月」之誤。

復陽

附案：索隱以爲在南陽，豈以漢志注「侯國」之故乎？非也。南陽之復陽，故湖陽樂鄉，元帝元延二年置。水經淇水注以爲封於清河復陽，是。

十二

案：「二」當作「三」，孝文時恭侯嘉在國十三年也。

坐父拾

案：「坐」上缺「侯彊」二字。

陽河

附案：「河」乃「阿」之譌。索隱云「縣屬上黨」，而水經注五以此侯封於平原阿陽，卷九以爲封於上黨陽阿，似平原非也。攷漢書外戚傳，孝成趙皇后屬陽阿主家，師古曰「陽阿平原之縣。今俗書『阿』字作『河』，又或爲『河陽』，皆後人妄改耳。」寰宇記「阿陽城在禹城縣南七十里，漢、魏以下改爲陽阿。」趙氏一清水經注釋辨善長一事兩隷之繆，而以萬訢封平原阿陽，齊侯其石封上黨陽阿，分一侯爲二人，其誤與酈之兩載同。

以郎中起（「起」金陵本作「騎」。）

附案：「起」乃「騎」之譌，毛本是「騎」。

齊哀侯元年。

附案：表中侯謚固有兩字者，而此侯漢表單稱齊侯，索隱本亦作「齊侯」，蓋「哀」字衍。又索隱引作「齊侯卞訢」，則今本史表缺書姓名。然水經注九作「卞訢」，卷五別作「萬訢」，而漢表作「其石」，廣韻「其姓」，通志「其氏」，並引陽阿爲證，何不同若是耶？表序正義誤引作「齊仁」，豈此侯又姓齊乎？王孝廉曰「卞」乃「丌」之誤，丌即古其字。「丌」訛爲「万」，故又作「萬石」，乃漢表之誤，「齊」又因謚而誤。

侯安國

案：安國失謚。

侯午元年。中絶。

案：午亦失謚。「中絶」二字衍，侯午未嘗中絶也。

埤山，侯仁元年。

案：埤山未詳。路史國名紀作「崥山」。此乃更封國名，當大字中書之，此誤在旁。又更封始於仁之父恭侯章，漢表甚明，惟以章在位三年爲十三年，則誤也。史表因誤書「埤山」於旁，遂若更封侯仁矣。而「侯」上反缺「今」字，仁是太初見侯，例稱「今侯」也。

二十，征和二年十月，仁與母坐祝詛，大逆無道，國除。（金陵本作「征和三年」。）

附案：此當削之。

朝陽

附案：索隱以爲南陽縣，非也。史記攷異曰「濟南有朝陽，水經注以爲華寄封國」。

後攻韓王信，

附案：漢表「後」作「復」，是，此訛。

三月丙寅，

案：漢表作「壬寅」，是也，高祖七年三月無丙寅。

以卒從胡陵（金陵本作「從起胡陵」。）

案：「從」下缺「起」字。

棘陽南陽。

以擊諸侯，

案：漢表作「擊項籍」，是也。

千户

案：漢表作「二千户」。

七年七月丙辰

案：是年七月無丙辰，疑月誤，或六月、八月。

涅陽南陽。

比杜衍侯。

案：「比」上缺「功」字。但中水、杜衍、赤泉、涅陽、吴房五侯，俱以斬羽封，而獨於涅陽書曰比杜衍，何也？

莊侯吕勝

附案：漢表作「騰」，非。

平棘常山。

懿侯執

附案：此侯是林摯，傳寫失其姓，而「摯」字又脱其半也。但師古於地理志引功臣表作「杜摯」，何歟？疑誤。

八年，侯辟彊元年。

案：史謂懿侯二十年薨，故其子辟彊以高后八年嗣。漢表謂懿侯二十四年薨，辟彊以孝文五年嗣，依漢表當作「四年」。又不言其在國、免侯之歲。二表不同，未知孰是。

鬼薪

案：「鬼」上缺「爲」字。

羨頡

案：索隱謂羨頡爵號，非縣名，以其櫟釜故也。正義引括地志云羨頡山在嬀州懷戎縣東南十五里，高祖取其山名爲侯號。方輿紀要謂安徽盧州府舒城縣西北三十里有羨頡城，相傳劉信所築。二地未知孰信。懷戎爲上谷潘縣。滹南集君事實辨曰高祖爲櫟釜之故，以醜名加之，殆不若不封之愈也。

侯劉信

附案：文紀蘇林注云「羨頡侯終」，豈信又名終耶？然未知何據。

元年，信有罪，削爵一級，爲關内侯。

案：此高后元年也。信母封陰安侯，縣屬魏郡。見孝文紀，必是高后封之，當附書羨頡下，以母從子，義所宜然。夫蕭何之妻表尚書之，而丘嫂之封反不書，何耶？「信有罪」上缺「侯」字。

深澤

附案：漢志有二深澤，一在涿，一在中山。索隱定爲中山，豈以在涿者名南深澤之故乎？若水經注十一以涿之容城當之，則誤甚。蓋容城縣之改名深澤，始於王莽，高帝時寧有此稱？

屬淮陰侯

案：此時當云「韓信」。

齊侯趙將夜

附案：漢表「夜」作「夕」，必字訛脱，他處並作「將夜」。

奪，絶。

附案：史表謂將夜在位十三年，以高后二年奪絶，三年復封，一年又絶，至孝文十四年復封，在位四年薨，子戴侯頭嗣。漢表謂將夕以高后元年免，二年復封，在位二年薨，至孝文後二年戴侯嗣。與史不同，蓋漢表非。

復封將夜

案：「封」下缺「侯」字。

侯循

附案：漢表名「脩」，是也，此訛，説在文紀。

罪，絶。

案：「罪」上缺「有」字。

更

附案：漢表作「臾」，則此作「更」，訛也。其地疑卽顓臾，在泰山南武陽。

柏至

以駢憐從起昌邑，

附案：其地未聞。

附案：漢表作「駢隣」。索隱引姚氏云「聲相近」。而其解有二，師古謂二馬曰駢，並兩騎爲軍翼也；索隱云「猶比隣也。」

七月戊辰，靖侯許温元年

附案：漢表「十月戊辰」是，此譌作「七」。而「許温」作「許盎」，聲相近。

二年，復封温如故。（金陵本作「三年」。）

案：湖本訛「三年」爲「二年」。又「温」上缺「侯」字。

哀侯昌

案：表失書昌爲丞相，説在武彊下。

共侯如安

附案：漢表作「安如」，史詮以「如安」爲誤也。

中水涿郡。

後共斬項羽，

史詮曰「『後』當作『復』，『共』上當有『從灌嬰』三字」。

夷侯假　共侯青肩

附案：漢表「假」作「瑕」，「肩」作「眉」。

廿三　宜成坐酎金，

案：「廿三」當作「二十二」。「宜成」上缺「侯」字。

杜衍南陽。

屬淮陰，

案：當作「韓信」。

從灌嬰

案：「從」上當有「復」字。

莊侯王翳

附案：漢表作「翥」，非。

侯市臣　侯翕

案：漢表市臣謚孝，此失書。「翕」作「舍」，疑亦此誤，曾祖名翳，不應又從羽名翕也。

有罪，絶。

附案：史詮曰「三字當横書於『十二』之左右，今本誤」。

彊侯郢人元年。

案：郢人之謚，漢表失書。徐廣又作「景」，或是兩字謚爲「景彊」也。

十二

案：此武帝時侯定國在位年數也。漢表謂定國在位十三年，以元狩五年免，較多一歲。

赤泉

附案：赤泉地闕，索隱於項羽紀謂是南陽丹水，非，路史亦以爲謬。魏書地形志臨洮郡有赤水縣，地太遠。方輿紀要云赤城在魯山縣南陽魯陽。東北三十里，或曰漢赤泉城也。史詮曰「柏至、中水、杜衍、赤泉四侯封年月，本次陽阿之後，漢表同，今本亂其次矣。」

屬淮陰，後從灌嬰

案：「淮陰」當作「韓信」，「後」當作「復」。

一

案：「一」字衍，楊喜於高后元年奪絶矣，安得書其年乎？

定侯殷　侯無害

案：「殷」乃「敫」之誤，漢、唐表並作「敫」也。而唐表謂無害是字，胤其名，與史、漢表又異矣。

臨汝

附案：此汝南鄉名，説在潁陰侯下。

栒（金陵本作「栒」。）

附案：漢表作「揟」，索隱本作「栒」，並同，即右扶風栒邑縣，古豳國也。此作「栒」，誤。

從曹咎軍

案：史詮謂「從」下缺「破」字，是也。

以燕相國定盧奴，
附案：漢表作「盧綰」，然攷盧奴屬中山，似不誤。
頃侯温疥
附案：唐世系表云謚順，恐非。
侯河元年。
附案：「河」乃「何」之訛，漢、唐表並作「何」也。
武原
附案：縣，屬楚國，索隱謂漢志闕，非。史詮曰「武原封年月，本次磿之後，漢表同，今本失其次序。」
漢七年，
史詮曰「七」當作「四」。
功比高陵
史詮曰「高陵侯，缺『侯』字」。
十三
案：侯不害以孝景四年嗣，後二年免，則在位十一年，不得有十三年，此「三」字誤也。但漢表謂共侯寄三十七年薨，不害以孝景三年嗣，在位十二年免，較史前多一年，疑。
不害坐葬過律，

案：缺「侯」字。

九十二

案：武原侯第是九十三，此誤。

磿

附案：漢表作「歷」，縣，屬信都。史訛爲「磿」，當作「磿」，音歷。古與「歷」通用，山海中山經歷石之山，郭注「或作『磿』」，是也。周禮地官「遂師抱磿」，釋文「音歷。」史樂毅傳「磿室」，國策、新序作「歷室」。春申君傳「濮磿之北」，説苑作「歷」。今本俱訛「磿」爲「磨」，顔氏家訓勸學篇譏太山羊肅讀世本容成造歷，以爲「碓磨」之「磨」，則知此字傳訛久矣。

七月癸丑，

案：封侯月日，當依漢表作「十月癸酉」，此誤。

竈有罪，

案：缺「侯」字。

九十一

案：磿之侯第當是九十七，若在九十一，則與高陵侯同位矣，此誤。

槀

附案：此侯封於山陽郡之橐縣，水經注二十五卷可證。史、漢表並訛作「槀」，師古郎音公老反，妄矣。後書東平憲王傳亦譌作「稟」。

祇侯陳錯

附案：漢表作「祖侯陳錯」，謚名並異。盧學士曰「獨斷記謚法『治典不殺曰祈』，祈即『祇』也，『祇』或作『袥』因誤爲『祖』」。又水經注依史名錯。

三年，共侯（金陵本作「七年」。）

附案：此孝文七年也，湖本訛刻「三年」。

侯安元年。

案：安謚節，此失書。

宋子鉅鹿。

以趙羽林將初從，

案：漢表作「右林將」，蓋右羽林將也。

功比磨侯，五百四十户。

案：「磨」乃「曆」之訛。漢表作「五百三十六户」。

十二月丁卯，

案：漢表作「二月丁卯。」

共侯不疑

附案：漢表作「留」，蓋有二名。

猗氏河東。

二千四百户。

案：漢表「千一百户。」

靖侯交　頃侯差

附案：漢表「交」作「支」，「差」作「羌」，疑訛。

清東郡。

擊項羽、代，

史詮曰「定代，缺『定』字」。

比彭侯，

史詮曰「缺『功』字」。

簡侯空中

案：徐廣曰「空，一作『窒』。」索隱曰「窒中，姓，見風俗通」。漢表作「窒中同」。通志室中氏引此爲證。蓋侯姓窒中，名同，史表失書名，而又訛「窒」爲「空」也。水經注五誤依史作「空中」。至漢表之以「窒」爲「室」，乃古字通用，如論語「果敢而窒」，鄭氏曰「魯論作『室』」。隸釋韓勑修孔廟後碑「室中」作「窒中」。

恭侯右

附案：漢表作「古」，疑非。

生坐酎金，

史詮曰「缺『侯』字」。

彊

附案：地無考。

代侯，比彭侯，（金陵本「代」字屬上讀，與清侯功狀「擊項羽、代侯」同。）

史詮曰「定代功，比彭侯，缺『定』『功』二字」。

三月丙辰，簡侯留勝元年。

案：「丙辰」乃「丙戌」之誤，無論漢表是「丙戌」，而此侯前後皆以三月丙戌封，則三月安得有丙辰乎？又漢表作「圉侯留肹」，謚名並異，未知孰是。

戴侯章　侯服

附案：漢表作「章復」，而服又作「復」，是父子同名矣，不可從。

彭

附案：彭凡兩封，高祖封秦同，武帝封劉彊。漢書王子表謂在東海，然漢志無之。漢表劉屈氂封澎侯，晉灼云東海，亦無考。方輿紀要云彭河在嶧縣東南五十里。

代

案：史詮謂「代」上缺「定」字。

吳房汝南。

從下邽

史詮曰「從起下邽，缺『起』字」。

擊夏陽（金陵本作「陽夏」。）

附案：漢表作「陽夏」，是，卽高紀楚距漢陽夏事也，此誤倒。

二月辛巳，

案：侯表以所封先後爲序，此上四侯皆三月丙戌封，可驗吳房之非二月封矣。而三月書丙戌，則是月亦不合有辛巳，當依漢表作「三月辛卯」爲是。

去疾有罪，

案：缺「侯」字。

甯

附案：甯卽河內郡之修武縣，水經注九「修武故甯也，高帝封魏遬爲侯國」，此是的證。史、漢表原未嘗誤，乃索隱以甯陽當之，謂漢表甯陽屬濟南，反似表脱一「陽」字。攷漢書王子表無濟南之文，或今本缺失。然地理志泰山郡寧陽縣注云「侯國」，寧、甯古通，係武帝封魯共王子劉恢者，恢一作「恬」。

與甯侯魏遬無涉，且非濟南所屬，此小司馬之誤也。上谷有寧縣，亦非所封。

八年四月辛卯，莊侯魏選元年。

附案：吴房之封是三月辛卯，安得四月又有辛卯，蓋「辛酉」之訛也。而「選」又「遬」之誤，將相表、漢表、水經注並作「遬」。

昌琅邪。

從淮陰侯

案：漢表云「從韓信」，是。

八年六月戊申，圍侯盧卿元年。（金陵本作「圉侯」。）

附案：漢表「戊申」作「戊辰」，非。下二侯六月壬子封，戊辰後壬子十六日，故知非也。是月乃壬寅朔。「圍」爲「圉」字之譌。盧，姓，漢表作「㫰」非，當爲「㫰」字，卽「盧」也。索隱引漢表作「張」，廣韻「旅」注云「漢功臣表有旅卿，封昌平侯」。通志略旅氏注云「昌平侯旅卿傳封六代」，姓氏及國名代數俱誤，不足據也。通志于後共侯之姓氏代數亦誤。

二年，侯通反，（金陵本作「三年」。）

案：通反在孝景三年。

共河內。

從淮陰侯

案：當作「韓信。」

懷侯商

附案：漢表「商」作「高」，未知孰是。

閼氏

案：索隱以爲安定縣名，而漢志安定有烏氏無閼氏，則小司馬妄矣。攷水經注十云「粱榆城卽閼與故城，趙奢破秦於閼與，謂此也。司馬彪、袁山松郡國志並言涅縣有閼與聚，漢高帝封馮解散爲侯國。」據酈所説是「閼氏」乃「閼與」之誤，其地在上黨涅氏縣，蓋因「涅氏」訛作「閼氏」耳。趙氏一清漢書顔注拾遺云「或謂『閼』乃『烏』之譌，蓋篆文於、烏相近，後人又誤加一『門』」。似迂曲。

以代太尉

案：「太尉」誤，當依漢表作「大輿」，音余。師古曰「主爵禄之官」。

節侯馮解敢

附案：漢表「敢」作「散」，疑此譌。

安丘

附案：北海、琅邪並有安丘，索隱據水經注二十六卷定爲北海。

屬魏豹，二歲五月，以執鈹入漢，

附案：漢表作「執盾」，小異。至二歲之作「一歲」，則誤也。考豹以漢二年三月降，五月叛，此侯入漢必在斯時，安得謂一歲五月乎？

三千户。

案：漢表「三」作「二」。

四年，敬侯執元年。（金陵本作「三年」。）

案：漢表孝景三年執嗣，是也，此訛「三」爲「四」。執在位一年薨。

三年，康侯訢元年。（金陵本作「四年」。）

案：康侯以孝景四年嗣位，此作「三年」，誤。又漢表名新。

侯指

案：漢表作「拾」。

侯指坐入上林謀盜鹿，國除。

案：漢表兼坐搏揜。

合陽馮翊。

高祖八年

案：「八」當作「七」。

八年九月丙午，侯劉仲元年。（金陵本作「丙子」。）

案：仲之降封爲侯，當高祖七年十二月，而史、漢表皆誤作「八年九月」，已説見高祖紀。丙午日尤誤，是年九月辛未朔，無丙午也。應作「七年十二月丙子」，王本作「丙子」。蓋漢書高紀帝立子如意爲代王是十二月辛酉，故知郃陽是十二月丙子封，敍次應在陽阿侯之後。又表例書名，宜改曰「劉喜元年。」徐廣曰一名嘉，乃「喜」之訛，徐於元王世家固云名喜字仲也。

五

案：「五」當作「六」，高祖時侯喜在國六年也，又二年薨。

尊仲謚爲代頃侯。

史詮曰：「『王』作『侯』，誤。」

襄平

附案：索隱以爲在臨淮，而水經注十四謂紀通封於遼東之襄平也。

功定平侯，

案：漢表云「功比平定侯」，此脱誤。

八年九月丙午，

案：是年九月無丙午，史、漢表俱誤，若是後九月則有之。

侯紀通元年。

案：通在位五十二年，以孝景中二年薨，子康侯相夫嗣。而漢書景紀前三年詔稱襄平侯嘉，余疑紀通更名，詔書不應有誤也。晉灼謂相夫更名，甚謬。相夫以景中三年嗣侯，安得前三年已見於詔耶？通失謚。

夷吾元年。　元封二年夷吾薨，

案：「夷吾」上並缺「侯」字。其謚失之。「二年」當依漢表作「元年」。

五十六

案：此襄平侯第也，表缺，漢表作六十六，誤。

龍

附案：索隱謂即廬江之龍舒縣，則表何以不稱龍舒？漢表作「龍陽」，而晉書志龍陽屬武陵，表又何以不稱龍陽？蓋並爲誤端，史固不誤也。攷水經注二十四「汶水南逕博縣故城東，又西南逕龍鄉故城南，春秋成公二年齊侯取龍者也，漢高帝封陳署爲侯國。」然則龍在泰山博縣界，爲今泰安州西南。路史亦云是太山龍矣。

八月後九月己未，敬侯陳暑元年。（金陵本作「八年」，作「陳署」。）

案：「八月」是「八年」，「暑」是「署」，湖本訛也。惟「後九月己未」，漢表作「九月乙未」，攷高祖八年九月辛未朔，後九月庚子朔，若九月當是乙未，後九月當是己未，莫定孰是。

繁

附案：漢表作「平」，誤，表自有平侯沛嘉，豈一地兩封乎？或謂六國時趙有平邑，地近繁水，故表以平爲繁，說亦未確。漢志平邑屬代，不近繁水也。而索隱謂「地理志魏郡有繁陽，恐別有繁縣，志闕」。此語殊疎，攷志蜀郡有繁縣，並未嘗闕，又何得以繁陽當之。

比吴房侯，

史詮曰：「缺『功』字。」

九年十一月壬寅，莊侯彊瞻元年。

案：十一月，漢表作「十二月」，誤，蓋是年十二月無壬寅也。又此侯姓張名瞻師，蓋此脱「師」字，而又誤爲「彊」也。

康侯昫獨

附案：史詮謂「昫」當作「朐」，並非也。漢表作「侯惸」，師古音煢。徐廣亦曰一云「侯惸」，則「昫」乃「惸」之訛。漢表脱「獨」字。康侯以煢獨爲名，可謂僻矣。

中三年，侯安國元年。

案：史表謂侯寄其謚缺。在位六年，以孝景中二年薨，安國以中三年嗣，所書甚明。而漢表謂寄與安國之薨嗣不得其年，未知何故？

安國爲人所殺，

案：「安國」上缺「侯」字。

陸梁

附案：如淳據始皇紀所謂陸梁地，非也，其地未聞。索隱本與漢表作「陸量」。

三月丙辰，侯須毋

案：漢表作丙戌，誤，是年三月戊戌朔，只有丙辰也。須毋失謚。

高京

附案：周昌傳及漢書表、傳皆作「高景」則此訛脱爲「京」也。其地未聞。沈進士云「疑高爲封地，而景其謚。地理志沛郡有高縣。」

以内史入

案：「入」字宜衍。「内史」誤，說在汾陰侯下。當作「客」。

功比辟陽

案：「陽」下缺「侯」字。但攷周苛以守滎陽，城破罵項羽死，忠烈懋著，當與紀成、奚涓諸人比績。彼辟陽者，徒以侍吕雉得侯，柰何比之，辱周御史矣。侯第辟陽在五十九，高景在六十，豈非陳平阿吕后意，差録倒雜乎？

四月丙寅，

案：漢表作「戊寅」，是，四月丁卯朔，不得有丙寅。

坐謀反，

案：「坐」上失「侯成」二字。

繩

附案：繩地不見於漢志，水經注二十六「繩水出營城東，西歷貝丘，昔晉侯與齊侯宴，齊侯曰：『有酒如繩，』指喻此水也。」疑周侯改封，卽在其地。

封成孫應

案：「應」上缺「侯」字。其謚無考。

元狩四年

附案：漢表作「五年，」非，公卿表可據。

平坐爲太常

史詮曰「缺『侯』字。」

離

附案：其地未聞。此侯以長沙國臣封，疑是「灕」也。灕水出湘南。或曰卽楚鍾離，漢屬九江郡。或曰郡國志注「江夏南新市，侯國，有離鄉聚。」

元年四月戊寅，鄧弱元年。（金陵本作「九年」。）

史詮曰此當書高祖横行，今本升侯功横行，誤也。「九年」作「元年」，亦誤，又缺「侯」字。謚亦失之。

失此侯始所起及所絶。

案：此九字當書於侯功格内，今本誤在高祖横行。又漢表引成帝時光禄大夫滑湛索隱引作「滑堪」。

日旁占驗曰「鄧弱以長沙將兵侯」，是始所起也。侯第亦失考。

義陵

附案：縣，屬武陵。此侯以長沙柱國封，故在楚地也。而徐廣謂一作「義陽」，索隱謂義陽縣，在汝南，謬甚。無論長沙國臣不應封於豫州境内，而汝南亦無此縣名。攷武帝封衞山爲義陽侯，在南陽平氏，東海厚丘亦有義陽，平帝以封師丹，非汝南也。

九年九月丙子，

案：是年九月乙未朔，無丙子，疑是丙午，或是八月也。

侯吳程

附案：漢表「程」作「郢」，古通。孟子「畢郢」，司馬相如傳集解引作「畢程」。逸書史記解有畢程氏，呂覽具備又作「畢裎」。然侯名當作「郢」，不然與其子名種類矣。

侯種

附案：漢表作「重」字，脱其半耳。

皆失謚。

案：諸表中侯之失謚者多矣，豈獨義陵二侯哉，疑此三字是後人之注，非史本文。

宣平

附案：宣平是號，蓋關内侯之類。三輔黄圖云長安東出北頭第一城門名宣平門，後書宋宏亦封宣平侯。

九年四月，武侯張敖元年。

案：敖封無日，漢表並無月。而高紀作「正月」，與此又異。侯表以先後爲序，依漢紀正月宜在陸梁侯前，依此表四月當與離侯相次，何以居義陵後乎？

信平

案：信平者，徐廣謂高后改封敖之國名也，然徧檢史、漢並無高后改封張敖爲信平侯之事，獨見於此。且信平亦非地名，趙廉頗封信平君，高祖以杜恬爲信平侯，景帝封信平君起爲南鄖侯，蓋與宣平同爲名號，何必改之。又攷通志略引風俗通云「張敖尚魯元公主，封于信都」，豈張敖侯號宣平，邑在信都，而信平爲信都之誤歟？然何以書於高后時也。又豈敖無封邑，至高后始食信都乎？高后立敖子偃爲魯王，更封敖他子侈爲信都侯，亦是一證。或曰宣、信音相近，二字當衍。

薨

案：「薨」上缺「侯敖」二字。

以故魯王爲南宮信都。侯。

案：史詮謂南宮更封國名，當大書於「十五」之上，今本誤書在旁，偃以故魯王爲侯，今本缺「偃」字。程說是也，然攷漢表偃謚共，其元年亦失書，當云「共侯偃以故魯王爲侯，元年，」方合。又索隱曰「楚漢春秋南宮侯張耳，此作宣平侯敖，陳平録第時耳已薨故也」。夫南宮之號，孝文以封敖子偃，不聞張耳先有斯稱。且耳薨於趙王之位，未嘗降黜爲侯。容齋三筆以楚漢春秋爲誤，班固十八侯銘稱南宫侯張敖，蓋據孝文時書之，其實敖亦未封南宫也。今世無此書，不能詳知。而陸賈所記皆當時目驗之事，似不應誤，恐是引賈書者誤耳。

侯生

附案：漢表誤作「壬」，漢傳亦作「生」也。

罪絶

案：「罪」上缺「有」字。

睢陽

案：縣屬梁國，乃梁王國都，漢書表、傳並作「睢陵」，則此誤也。睢陵在臨淮。

封偃孫侯廣

案：侯缺謚。其名，漢書功臣表作「廣孫」，公卿表及傳作「廣國」此單稱「廣」，三處不同。

十三，太初三年，侯昌爲太常，乏祠，國除。

案：此謂昌在位十三年，以太初三年失侯。漢表謂在位十二年，以太初二年免。未知孰是。「爲太常」上缺「坐」字。

三

案：此張敖侯第也，高祖作十八侯位次，決不以敖居第三，并不知敖在十八人中否？居第三者，莫攷何人矣。師古曰「張耳及敖並無大功，蓋以魯元之故，呂后曲升之也」。

東陽

附案：縣，屬臨淮。元和郡縣志以爲清河之東陽，恐非，乃清河綱王子宏所封，故漢志注云「侯國」。

開封河南。

附案：漢表開封在慎陽之後，此在慎陽前，紊其序矣。蓋慎陽以十二月甲寅封，開封以十二月丙辰封，甲寅先二日也。

比共侯

史詮曰「缺『功』字」。

沛沛郡。

二月癸巳，

案：沛侯十二月封，此脫「十」字，其封與東陽同月日也。

慎陽

附案：慎陽者，慎水之陽也，漢志縣屬汝南。師古曰「慎」字本作「滇」，音真，後誤爲「慎」，今猶有真丘、真陽縣，字并單作「真」，知其音不改也。路史引作「震陽」，誤。闞駰云「永平五年，失印更刻，遂誤以『水』爲『心』」。義門讀書記曰「合馬伏波傳覩之，知小學壞於王莽之亂矣。誤以『水』爲『心』，亦或因汝南更有慎故。」

二千户。

案：漢表「二」作「三」。

侯欒説

案：此侯失謚。其姓，漢表作「樂」，晉灼引楚漢春秋作「謝」，疑侯有欒、謝二姓，猶陳武之爲柴武。而「樂」乃「欒」之訛耳，故水經注三十依史作「欒説」。

靖侯願之元年。

案：漢表作「靖侯願」，無「之」字。此作「願之」與其子買之相類，豈此侯如西晉王氏，代以「之」字爲名，唐孟郊東野集所云「羲之又有之」乎？

禾成

附案：史、漢表並同。索隱云漢志闕。或謂漢志常山郡鄗縣，王莽改爲禾成，蓋後人誤改，表文自當作「鄗」，其後武帝又以封趙敬肅王子劉延年。此説非也。攷水經注十曰「大白渠又東南逕和城北，漢高帝封公孫耳爲侯國」。其地蓋在鉅鹿之下曲陽，而表於「和」字脱其半耳。郡國志南陽武當有和城聚，亦非所封。城、成史、漢通寫。

以卒漢二年初從，

案：「二年」當依漢表作「五年」。

十二年（金陵本作「十一年」。）

附案：湖本譌「一」作「二」。

公孫耳

附案：漢表名昔，疑非。

堂陽鉅鹿。

爲惠侯，坐守滎陽降楚免，後復來，以郎擊籍。

附案：此言降楚之後復來歸漢也，而漢表「來」作「求」，謂「求以郎擊籍」，屬下句讀，並通。惠地無考。

十三（金陵本作「十二」。）

案：「十三」乃「十二」，孝景時侯德在位十二年也。

祝阿平原。

以客從起齧乘，（金陵本作「齧桑」。）

附案：齧桑地名，此訛作「乘」。而漢表作「齒桑」，又訛「齧」爲「齒」也。

以上隊將入漢，

案：「上」，一本作「十」，而史詮謂「二隊」之誤。

屬淮陰侯，

案：當作「韓信」。

八百户。

案：漢表「千八百户」。

正月己未，孝侯高邑元年。

案：「己未」，漢表作「己卯」，未知孰是。至「高邑」作「高色」，乃漢表之訛，水經注八亦作「邑」。

長脩河東。

以内史擊諸侯，功比須昌侯，

案：内史之誤，説在汾陰侯下。功比須昌侯，漢表誤作「攻項昌。」

以廷尉死事，

史詮曰「史表疑有誤也。漢法臣死事者其子封侯，若長脩侯杜恬以廷尉死事，即子當封侯矣，何得自爲侯四年乎？攷百官表孝惠三年長脩侯杜恬爲廷尉，正與其子襲侯之年相合，殊不可曉」。盧學士曰「疑上文擊諸侯下脱一『侯』字，後以廷尉死事也。漢表於『死』事下衍一『侯』字，百官表亦有誤」。

千五百户。

案：漢表「千九百户」。

正月丙辰，平侯杜恬元年。

案：是年正月丁巳朔，不得有丙辰日，當依漢表作「丙戌」爲是。又侯名，徐廣謂一云「杜恪」，恐非。

侯喜

案：漢表作「意」。

罪絶。

案：缺「有」字。

陽平，東郡。侯相夫

附案：百官表作「杜相」，缺「夫」字。

三十三，元封四年，侯相夫坐爲太常與樂令無可當鄭舞人擅繇不如令，闌出函谷關，國除。

案：漢表謂相夫元封三年免，與百官表合，則此「三十三」當作「三十二」，「元封四年」當作「三年」，蓋相夫於武帝時在位三十二年也。至相夫所坐之罪，百官表云「坐擅繇大樂令論」，其文甚簡。侯表云「坐爲太常與大樂令中可當鄭舞人擅繇闌出入關免」。師古曰「擇可以爲鄭舞而擅從役使之也」。盧學士曰「無可、中可皆人名，不辨何者爲是。京師在關内，此大樂乃供朝祭之用，而乃擅繇使爲鄭、衞之舞，又闌出關外也，不當有『入』字」。

江邑

附案：地未詳。疑是春秋時江國，爲漢汝南之安陽，其後文帝又以封淮南厲王子勃也。

從御史大夫周昌爲趙相而伐陳豨（金陵本作「徙御史大夫」。）

周孝廉曰：「當去『從御史大夫周昌爲趙相而代之，從擊陳豨』，此有訛缺。」

正月辛未，

案：漢表不書月日，但言十一年封。今本漢表訛「十一月。」此必別有據，前四侯有以正月己未封者，有以正月己卯封者，有以正月丙戌封者，辛未先己卯八日，先丙戌十五日，後己未十二日。

營陵北海。

附案：史詮曰「營陵封年月本次平州之後，今本失其次也」。

以三年爲郎中，

案：「三年」上缺「漢」字。

世爲衞尉，

案：百官表劉澤在孝惠、高后時爲衞尉，安得言世，字必有誤。

萬二千户。

案：漢表「二」作「一」。

十一年

史詮曰：「十一年中，缺『中』字。」

五，六年，侯澤爲琅邪王，

案：澤以高后七年封王，則高后時爲侯六年。此誤以封王在六年，故中書「五」字。

土軍西河。

千二百户。

案：漢表「二」作「一」。

武侯宣義

案：漢表謚式。

廣河（金陵本作「廣阿」。）

附案：此鉅鹿廣阿縣也，湖本訛爲「河」字。百官表作「廣安」，師古曰誤也。

三（孝文二十三年，金陵本孝文格分書「二」、「一」、「二十」，二爲懿侯在位年，一爲夷侯在位年，二十爲敬侯在位年。）

附案：各本皆訛「三」字，乃「二」字、「一」字，孝文時懿侯在國二年薨，夷侯一年薨也。

夷侯竟

附案：漢表誤作「敬」，蓋夷侯之子爲敬侯，但豈有以父名作謚之理乎？

侯越

案：漢書侯表、百官表、列傳俱作「越人」，此缺「人」字。

須昌東郡。

雍軍塞陳謁上，

案：漢表作「雍軍塞渭上」，則「謁」乃「渭」字之誤。史詮謂雍王章邯之軍陣於渭上，遮塞漢出兵道也。而沈進士謂此卽元年漢王從故道襲雍，雍王迎擊漢軍陳倉時事。似「陳」下有「倉」字，陳倉縣屬右扶風，正章邯地也。説勝程氏。

二月己酉，

案：漢表作「己丑」，先己酉二十日。

臨轅

附案：漢志不載，疑其地臨轘轅關，故名，當在河南緱氏縣界。或云左傳哀十年「晉伐齊取轅」，杜注「祝阿縣西北有轅城」。續志注謂卽平原之瑗縣。臨轅疑此，俟再考。

以中尉

案：此下有缺文。

二月乙酉，

案：是年二月丙戌朔，不得有乙酉，疑與前封須昌己酉日同。

共侯忠

附案：漢表作「中」，蓋古通用。商書「建中于民」，釋文云「中，本作『忠』」。又見隸釋。

汲侯

案：史詮謂「汲國名，衍『侯』字」，是也。但索隱云「漢表作『伋』，伋與汲並縣名，屬河内」。此語殊不可曉，漢表與史並作「汲」，百官表亦同。諸本無作「伋」者，而地理志河内有汲、波二縣，別無伋縣，豈古本漢表作「波」，小司馬並列以著其異，而傳刻索隱者訛乎？水經注七「淇水逕汲縣故城北，漢高帝封公上不害爲侯國」，則非封於波明已。趙氏水經注釋本作「波」，謂酈從史表作「波」，與各本異。

千二百户。

案：漢表「二」作「三」。

爲趙太傅，

附案：漢表作「太僕」，誤也，此侯以漢太僕封侯，不應降爲趙太僕矣。

二月己巳，終侯公上不害元年。

案：漢表作「三月乙酉」與此作「二月己巳」並誤，二月丙戌朔，不得有己巳日，而下有二月封者，寧得以三月居前，蓋此侯以二月乙卯封也。終侯，漢表作「紹侯」，謚亦不同。又通志氏族略有公士氏，引此侯爲驗。注云「古爵也，久居是爵者，子孫氏焉」。然則史、漢作「公上」皆非歟？不知鄭氏何據。

二年，夷侯武元年

附案：夷侯以孝惠二年立，孝文十三年薨，在位二十七年。此失刻高后時夷侯在國年數，當中書「八」字。而誤以孝文之年入高后格内，遂遞誤升上一格，反空武帝横行矣。

廣德坐妻精大逆罪，

史詮曰「精其妻名也，缺『侯』字」。

寧陵陳留。

從陳留，

史詮曰「從起留，『起』作『陳』，誤」。

爲上解隨馬，都尉擊陳豨，

案：漢表無「解隨馬」語，蓋呂臣爲高祖解追騎之厄也。「都尉」上缺「以」字。隨與追同，離騷「背繩墨以追曲」，注「追，古『隨』字。」追猶隨也。

戴侯射

附案：漢表「射」作「謝」，古字通。

一，五年，侯始薨，

附案：此以始在位一年，故云孝景五年薨。而漢表謂始在位十七年，是以武帝建元四年薨矣，疑漢誤。

汾陽太原。

前二年從起陽夏，

案：「前二年」當作「漢二年」。漢表云「前三年從起櫟陽」，「前三年」亦誤也。而陽夏又櫟陽之誤，二年十一月漢王都櫟陽也。

二月辛亥，侯靳彊

附案：「二月」，漢表作「三月」誤。又此侯謚莊，故漢表作「嚴」，今本史表脱謚，索隱本作「壯侯」也。而侯姓史、漢侯表同，獨百官表作「蘄」，疑非。

江鄒

附案：地未聞。百官表作「江都」，誤也。

侯石元年。

案：「侯石」上缺「復封今」三字。

十九，太始四年五月丁卯，侯石坐爲太常，行太僕事，治嗇夫可年，益縱年，國除。

附案：史訖太初，安得記太始時事，此妄續，當削。但攷漢書侯表云「坐爲太常，行幸離宮，道橋苦惡，太僕敬聲繫以謁聞赦免。」百官表云「太始四年爲太常，四年坐爲謁問囚，故太僕敬聲亂尊卑免。」謂以征和三年免。罪狀不同，年數亦異，未知孰誤，坐罪書月日，表例所無。

戴

案：漢志梁國甾縣注云「故戴國」，此不稱甾而用舊名者，當因其名不美耳。水經汳水注云「戴，秦之穀縣，後遭漢兵起，邑多災年，故改曰甾。漢章帝以其名不善，改曰考城。」說恐非。傅寬傳言「破邢說軍甾南」，則其名舊矣。

以中令擊豨

案：中廄令也，缺「廄」字。

千二百户。

案：漢表「二」作「一」。

敬侯彭祖

附案：漢表彭祖姓祕，師古曰「讀如祕書」。索隱本作「秋」，則是史表原作「秋」，而今本脱耳。然「秋」字非。

共侯悼

附案：漢表作「憚」，疑「悼」字譌。

侯安期

案：漢表作「安侯軫」，但此侯之父名安國，其子不得以安期爲名，亦不得復以安爲謚，而期與軫又不同，史、漢二表俱有誤。

元鼎五年，侯蒙元年。廿五，後元元年五月甲戌，坐祝詛，無道，國除。

案：「侯蒙」上缺「今」字。「廿五」以下削之。

衍

案：蘇秦説魏有卷、衍之語，蓋即始皇紀九年楊端和所攻之衍氏，亦河南郡地。但水經注七謂封丘縣爲燕縣之延鄉，在春秋爲長丘，漢高帝封翟盰音況于反，或作「盱」。藝文類聚五十一引陳留風俗傳云「高祖與項氏戰，厄於延鄉，有翟母免其難，故以延鄉爲封丘以封翟母」。漢志封丘屬陳留，孟康注云「今翟溝是」。此侯翟盰必翟母之子，乃其所封之國，史、漢表皆不曰延鄉，亦不曰封丘，而以爲衍者，豈翟母先自食邑，其子又以功别封乎？抑或衍、燕、延音近，字隨而變也？

十一年七月己丑，（金陵本作「乙巳」。）

案七月甲寅朔，無己丑，疑是「乙丑」，或六月及八月。

不疑坐挾詔書論罪，

案：「不疑」上缺「侯」字。挾詔書者，師古謂「詔書當奉持之，而挾以行，故爲罪也。」應城程氏大中讀史偶見云「詔書無挾以行之理，此當如『挾貴』『挾長』之『挾』，謂挾詔書以威令人，借端生事者。師古注非。」

平州

附案：漢志無平州，索隱引晉書地道記屬巴郡，豈以此侯玄孫爲涪不更之故乎？晉置巴西郡平州縣，似不可以徵漢初侯國。而武帝封王唊爲平州侯，漢表明言在梁父，當即此侯所封之地。梁父屬泰山郡，左傳宣元年杜注云「平州在泰山牟縣西」。魏志牟縣注云「有萊蕪城、平州城」，則在今泰安府萊蕪縣西。或以西河平周縣當之，亦非。

共侯昭涉掉尾

案：昭涉姓也，而廣韻注、通志略皆作「昭沙氏」，豈史、漢「涉」字誤歟？荀子議兵篇「垂沙」，禮書引作「垂涉」。

戴侯福

附案：漢表名種，疑此誤。蓋掉尾玄孫名福，戴侯爲掉尾子，不應同名。

中牟河南。

二千三百户。

案：漢表「三」作「二」。

共侯單父聖

附案：漢表作「單右車，」索隱引漢表作「單父左車」。蓋單父複姓，聖其名，左車其字，故水經注二十二亦作「單父聖」。今本漢表誤也。

十二年（金陵本作「十三年」。）

案：「二」當作「三」。

邔南郡。

以故羣盜長臨江將，

案：「臨」上缺「爲」字，漢表有。

慶侯榮盛

附案：漢表作「夷侯榮成」，蓋有二謚。成與盛古通。

遂坐賣宅縣官故貴，國除。

案：「遂」上缺「侯」字，漢表書侯遂之罪云「坐搒搏，奪公主馬」，與此異。

百十一（金陵本作「百十三」。）

案：邵侯位次漢表是百十三，此誤。毛本「一」作「三」。

博陽

附案：「博」乃「傅」字之訛，卽春秋偪陽國，穀梁及漢志作「傅陽」，故索隱云屬彭城，若汝南之博陽，則封陳濞矣。

十一月

案：漢表作「十月」，是。

十二（金陵本作「十一」。）史詮曰「自孝景元年至中四年，侯遬在國十一年，『一』作『二』誤」。

中五年，侯遬奪爵一級，

案：史表以遬奪爵在孝景中五年，爲侯二十六年，漢表以遬孝景元年免，在位十五年，未知孰是。

陽義

漢表「遬」作「遫」。

附案：漢表作「陽羡」，是也，此訛。縣屬會稽。索隱謂丹陽，亦誤。

徙爲漢大夫

案：漢表作「中大夫，」此脱「中」字。

二千户

附案：漢表「二」作「一」。史、漢凡一起數者多不著「一」字，在中間者始有，漢表必是「二」字而脱其畫耳。

下相臨淮。

十月乙酉，

案：漢表作「己酉」，是也。

莊侯泠耳

附案：漢表作「泠」，音零，此訛爲「冷。」

侯慎

附案：漢表作「順」，古通。

德

附案：德蓋鄉名，漢書王子表謂在泰山，而侯表有德侯景建，武帝封。謂在濟南，則今濟南府德州是也，於漢近平原之安德。

以代頃王子侯。

案：代頃王者，劉仲也，惠帝二年追尊。侯第定於吕后，表不妨稱之，然德侯封時劉仲見爲合陽侯，不比周吕之可稱悼武王，吕公之可稱吕宣王也，當依漢表作「兄子」爲允。

侯歒

案：漢表謚康，此缺。

高陵琅邪。

以將軍擊布，

史詮曰「缺『侯』字」。

十一月丁亥，

案：漢表作「十二月丁亥」，是年十二月壬子朔，方有丁亥，漢表是也。

圉侯王周

附案：漢表名虞人，蓋有二名。

惠侯并弓

案：漢表作「弄弓」。

二年反，（金陵本作「三年反」。）

案：「二年」乃「三年」之訛，「反」上又脱「侯行」二字。

期思汝南。

赫蔑，無後，國除。

案：「赫」上缺「康侯」二字。攷漢書賈捐之傳「期思侯可爲諸曹」，師古曰當是賁赫之後嗣。而表不載，然則非無後國除矣。

穀陵

案：漢表穀陽侯在戚侯之後，史表誤以穀陵居前，失封侯之序矣。而「穀陵」亦「穀陽」之誤，屬沛郡，應劭曰在穀水之陽。

三年，隱侯卬元年。

案：此孝景三年也。漢表以隱侯嗣於孝景二年，而卬又作「卯」，未知孰是。

獻侯解

案：漢表作「懿侯解中」，蓋有二謚，而此失一「中」字。

侯偃

案：偃當稱「今侯」，此缺。

戚

附案：索隱謂「漢志闕。晉地道記屬東海」。此語殊疎。戚屬東海，明載漢志，並未嘗闕，何必引晉記。況李必之封，恐非東海戚縣，水經五河水故瀆東北逕戚城西，酈注云「春秋哀公二年晉納衞太子於戚，今頓邱衛國縣西戚亭是也，爲衛之河上邑，高帝封李必爲侯國矣」。

別屬丞韓信

案：史詮言「丞」字當衍。余謂「丞」下缺「相」字，時韓信爲相國。

合千户。

史詮曰「衍『合』字。漢表千五百户」。

園侯季必（金陵本作「圉侯」。）

案：「園」乃「圉」字之訛。此侯姓李，故灌嬰傳云「重泉人李必」。又百官表云「戚侯李信成爲太常」，索隱引漢紀「桓帝追録李必後黄門丞李遂爲晉陽關内侯」，水經注亦云李必，則史、漢表作姓季，並誤。毛本作「圉侯李必」。

三

案：三者，孝文元年至三年，賁侯長在國之年數也，史表於孝文格内失書「元年，賁侯長元年」七字，遂若此三年爲其父李必矣。謚法無賁。

齊侯班

案：漢表作「躁侯瑕」，謚名俱異，未知孰是。

壯

附案：徐廣云「一作『莊』。」古字通，故漢表作「嚴」，説在廣侯下。莊乃齊地名，左傳「反陳於莊」，孟子「莊嶽之間」是也。

漢王三年降，

案：漢表作「二年」，未定。

敬侯許倩

附案：漢表「倩」作「猜」，説在貰侯下。

殤侯則

案：漢表作「煬侯」。

元光五年，侯廣宗元年。元鼎元年，侯廣宗坐酎金，國除。

案：此所書誤，攷漢表「元光五年，節侯周嗣，三年薨。元朔二年，侯廣宗嗣，十五年元鼎五年坐耐金免」，此失書節侯一代，而又誤書廣宗之年。

成陽

附案：成陽有二，索隱據水經注三十定爲汝南，非濟陰也。

正月乙酉

案：是年正月辛亥朔，無乙酉，毛本作「己酉」，亦非，疑是「癸酉」之誤。

定侯意

附案：侯姓奚，今本脱，索隱本有。

侯信罪，鬼薪，

案：漢表云「有罪要斬」，乃「鬼薪」形近而訛。此處「罪」上缺「有」字。

桃

侯信罪，鬼薪，

附案：索隱以桃爲信都屬縣，誤甚。信都雖有桃縣，而此侯實封於東郡之桃城，春秋桓十年所謂「公會衞侯於桃丘」是，杜注「桃丘，衞地，濟北東阿縣東南有桃城」。晉之濟北卽漢之東郡。百官表稱姚丘侯劉舍，「姚」乃傳寫之訛，固可證桃侯之非封信都也。水經注卷十既誤認信都之桃爲封劉襄，而卷八又誤認南燕縣之桃城爲襄封國，以一襄而封二桃，寧有是事，況均非其地乎？攷續志燕縣桃城雖同屬東郡，判然兩地。項羽紀正義引括地志曰「桃城在滑州胙城縣東四十里，高祖封劉襄爲侯國」，蓋亦謬指燕縣之桃爲東阿之桃矣。

爲淮陰守，

案：漢表作「淮南」，是也，淮陰縣名，有何太守乎？

二月丁巳

案：漢表「二」作「三」是，三月庚戌朔，方有丁巳也。

復封襄

史詮曰「缺『侯』字」。

哀侯舍

案：漢表謚懿，疑「哀」字誤。舍爲侯三十年，又爲丞相，尚何哀乎？

厲侯申

附案：漢表謁作「由」。

高梁

案：此卽左傳高梁之虚也，水經汾水注更可證。然酈食其傳云封疥爲高梁侯，後更食武遂。侯表以後封爲標名，何以不曰武遂乎？漢書誤作「武陽」，蓋景帝改封蕭嘉爲武陽侯矣。而水經注二十四引陳留風俗傳曰「酈氏居高陽，沛公攻陳留，食其有功，封高陽侯」。不但封國乖異，且言食其及身爲侯，恐不足據。此武遂乃韓地，非河間之武遂。

子疥

附案：水經注六作「介」，非。

以列侯入漢，

案：酈生號廣野君，何曾爲侯，史、漢表並誤。

三月丙寅，

附案：漢表作「二月」，誤，是年二月無丙寅也。

元光三年，侯勃元年。元狩元年，坐詐詔衡山王取金，當死，病死國除。

附案：史、漢表名勃，而史本傳正義引表作「敵」，漢傳作「遂」，豈一人而三名乎，疑非也。又此以勃在位十年失國，缺侯平一代，勃失謚。故以詐金爲勃事，與本傳及漢表、傳大乖。蓋勃與平之薨嗣，雖不得其年，而此表以平并勃，中書「十」字，固灼知其譌矣。正義引表云敞嗣卒，子平嗣，然則唐初史記本尚未誤耳。

六十六

案：酈之侯第必是三十八，故功比三十二之平侯也。若在六十六，不但比平侯太遠，且與肥如同位矣。

紀信

附案：其地未詳。史記考異曰「疑封紀侯而衍『信』字」。或云「信」、「匡」兩字，謚。

十二年六月壬辰，匡侯陳倉元年。

案：紀信已下六侯惟鄢陵無月，餘皆書六月。攷高祖以四月甲辰崩，則此六侯者豈孝惠封之歟？抑誤書「六月」也。漢表鹵侯無月數。

後三年六月，侯陽元年。

案：「六月」二字衍。列侯嗣位，例不書月，且何以不十月即位乎？漢表「陽」作「煬」。

陽反，

案：缺「侯」字。

甘泉

附案：地理志無甘泉，索隱疑卽甘水，在河南縣西南。殊非，猶以赤泉爲丹水矣。必欲求其地以實之，何不引雍之甘泉乎？然非也。攷漢表作「景」，史表徐廣亦云一作「景」，則是封於勃海之景城縣，其後宣帝又封河間獻王子劉雍爲景城侯。隋屬河間。蓋「甘泉」卽「景」之訛分爲二字耳。

以都尉從軍侯，

案：漢表云「五百户」，此缺。

侯王敬

附案：漢表作「嚴侯王競」，索隱本亦作「壯侯王競」，則此無謚而爲「敬」者，今本之妄也。毛本作「辰侯王竟」亦譌。

戴侯莫摇

案：漢表作「真粘」。

侯嫖

附案：漢表作「嬹」，師古音許孕反。錢宮詹曰，予弟晦之云「嫖，古文作『嫖』譌爲『嬹』耳」。

貰棗

附案：貰棗有二，濟陰冤句有貰棗城，見續志，蘇秦説魏王所云「東有淮潁貰棗」也。清河棗彊有貰棗城，見魏書志，晉灼樊噲傳注亦云。方輿紀要謂在北直冀州棗彊縣西九十五里。徐廣、酈道元並以此侯封于冤句。

從起豐，別以郎將入漢，

案：漢表「豐」作「薛」，「郎」作「越」，未知孰是。

靖侯赤

附案：漢表作「端侯革朱」，索隱本作「端侯棘朱」。棘、革古通，然則今本缺侯姓，而又訛其謚名耳。水經注八亦云「革朱」，惟百官表書「賁棗侯乘昌」，是誤作「乘」耳。廣韻乘姓誤據之。

七、八、一，

案：此謂革朱在位年數，孝惠時七年，高后時八年，文帝時一年也。但漢表云朱以孝惠七年薨，嗣子有罪不得代，至文帝二年始以它子紹封，中間曠絶十年。則此所書妄矣，當衍去「八」字「一」字，而高后格内補書曰「嗣子有罪，不得代」，表例也。

康侯武

案：漢表名式。

有罪，

案：「有」上缺「侯昌」二字。

張

附案：方輿紀要謂山東壽張縣南有張城，毛釋之封此，非也。索隱以爲在廣平，是，其後宣帝又以封趙頃王子。

七百户。

案：此上缺「侯」字。

節侯毛澤

附案：漢表名釋之，澤、釋古通。今本脱「之」字，索隱本有。

夷侯慶

附案：漢表誤名鹿。

鄢陵潁川。

附案：史詮云「鄢陵以十二年中封，不得其月，本次菌之後，今本失其次耳。」余又攷漢志、表並作「傿陵」，與「鄢」同，而水經注二十二作「隱陵」，蓋聲形盡鄰，故字讀俱變。晉書安帝紀隆安三年有義興太守魏隱，而孫恩傳作「傿」，謝琰傳作「鄢」也。淮南氾論作「陰陵」，非。

七百户。

案：漢表作「二千七百户」。

莊侯朱濞

附案：水經注誤姓諸，亦以音同而訛。

六

案：「六」當作「七」，恭侯以孝文七年薨也。

菌

附案：地無名「菌」者，徐廣云一作「鹵」，與漢表同，則「菌」字傳寫誤耳。鹵縣屬安定郡。或云是代郡鹵城縣也。至索隱謂又作「鹵」，路史引漢表作「卤」，明係「鹵」字之訛矣。

以中涓

案：漢表作「中尉」。

四十八

案：鹵之侯第當是六十八，若居四十八，則與東茅侯同位矣，其誤無疑。

史記志疑卷十二

惠景間侯者年表第七

太初已後

附案：此四字當衍，説在高祖侯表。

便

附案：漢志便屬桂陽，漢表謂在編，不可曉。編屬南郡，與桂陽甚遠，水經耒水注謂吴淺封便，不云編也。

九月，頃王吴淺元年。（金陵本作「頃侯」。）

案：漢表便以九月癸卯封，此失「癸卯」二字，又「頃侯」譌作「頃王」。

前六年，侯廣志元年。元鼎五年，侯千秋坐酎金，國除。

案：廣志之薨，千秋之嗣，史、漢俱不得其年。史詮謂當書曰「千秋嗣，不得元年。」

百三十三

附案：此乃便之侯第也，史失書。

軑江夏。

侯利倉

案：漢表作「黎朱蒼」，則此缺「朱」字。蓋侯姓黎，名朱蒼也。倉、蒼古通，黎之與利語音有輕重耳。故水經注三十五引作「利倉」。但百官表書「吴利」，似姓吴名利。其在位年數亦與侯表不合，疑百官表誤。通志氏族略又云「來氏，本作郲，軑侯來蒼」，則以氏來名蒼，未知何據，豈以「朱」訛「來」作姓，而以「利」爲謚耶？

二年，侯豨元年。（金陵本作「三年」。）

案：豨以高后三年嗣，此誤「二年」。又朱蒼及豨子彭祖之謚，史、漢皆缺。而豨之謚孝，漢表書之，此缺。

三十

案：此當作「十」字、「二十」字，十者，孝武建元元年至元光四年，侯彭祖在國年數也。漢表云彭祖三十四年薨。二十者，元光五年至元封元年侯秩在國年數也。格内又缺横書「元光五年，侯秩元年」八字。

侯秩爲東海太守

案：漢表「秩」作「扶」，疑非。「秩」下缺「坐」字。

百二十

附案：此軑之侯第也，書以補之。

平都

附案：縣屬上郡。而方輿紀要以爲在北直深州武强縣東二十五里平都村。武强，晉置縣，即漢武邑信都。武隧河間。二縣地，則非上郡平都也，未知孰是。若索隱謂在東海，則爲都平矣。平都已下扶柳、郊、南宮、博成、沛、襄成、軹、壺關八侯俱有侯第，今失考。漢表謂平都百十一，誤，乃平州侯之位也。

二

案：「二」當作「三」，劉到孝惠時在國三年也。

扶柳

案：索隱正義皆引漢志信都國扶柳爲證，然諸吕之封俱在近地，不應吕平獨遠在信都。攷水經注二十六云「膠水又逕扶縣故城西，地理志琅邪之屬縣，漢吕平爲侯國」，則扶柳誤矣。扶即㭒縣也。

元年四月庚寅，侯昌平（金陵本作「吕平」。）

附案：此格内「廿三」字當在高后表中，譌刻孝惠第三格。（金陵本扶柳、郊、南宮三侯孝文格俱空。）「昌」乃「吕」之訛。吕平爲高后姊子，不得姓吕，而謂之吕者，時太后方封吕氏，平冒母姓，得封。此冒母姓之始，唐則天后賜皇太子中宗。姓武氏，且有天子而冒母姓者矣，異哉！又攷吕后紀于元年四月云「太后欲侯諸吕，迺先封高祖之功臣，」夫謂之先封功臣，則非先侯諸吕可知，并非同日受封可知。乃此表書扶柳及郊二呂氏之封于前，書南宮、梧、平定、博成四功臣之封于後，未免倒置。而所書封侯之日，扶柳是庚寅，漢表作「丙寅」，誤。郊是辛卯，俱在四功臣丙寅、乙酉後，則明是今本亂其次矣。

郊

案：「郊」當作「洨」，說在呂后紀。

封武王少子

案：「武」上缺「悼」字。

六年七月壬辰，產爲呂王。

案：產爲王在十月丙辰，說在漢諸侯王表中，此誤。「產」上亦缺「侯」字。

高后八年九月，產以呂王爲漢相。（金陵本無「高后」二字。）

案：「高后」二字衍。產以高后七年二月徙王梁，更名梁曰呂，故仍稱呂王也。而產之爲相在七年七月，此作「八年九月」，誤已，辨見呂后紀中。

南宮

附案：縣，屬信都。漢表謂在北海，不可曉。

以父越人

附案：水經注十引此作「張越人」。

以太中大夫

案：漢表作「中大夫」。

高后八年，侯買坐呂氏事誅，國除。（金陵本無「高后」二字。）

案：「高后」二字衍。漢表云「侯生嗣，孝武初有罪，爲隸臣」，則張買固薨于位，且傳子至孝武時，但不得其年耳。而此謂買以八年誅，其事迥異，疑漢表誤。孝文封張偃南宮侯，傳至偃孫生于元光二年免，蓋誤以張偃之後移於張買耳。

梧楚國。

七年，侯去疾元年。一。（金陵本作「二」。）

案：「一」當作「二」，高后時去疾在國二年也。去疾謚敬，此失之。

七十六

附案：此梧之侯第也，表不書，故補。

平定

案：漢志西河有平定縣，然西河，武帝元朔四年置，則非也。索隱云「漢志闕，或鄉名」。趙氏漢表舉正據齊受玄孫安德爲安平大夫，疑平定是涿郡安平之譌。

敬侯齊受

案：「受」一作「壽」，説在呂后紀。

五十四

附案：此補書平定之侯第也。

博成

附案：索隱謂「漢志闕」，非也，此卽泰山郡之博縣，所謂「嬴、博之間」。「成」卽「城」字，呂后紀作「博城。」「博」之連「城」，必當時人所習稱，史因而書之，至隋卽定爲縣名。或曰宣帝封張章博成侯，漢表云淮陰，蓋鄉名，豈又此乎？

攻雍丘，

附案：攻雍兵也，湖本訛刻。

四月乙酉，

案：漢表作「己丑」，相去五日，未知孰是。

沛沛郡。

四月乙酉，

案：沛侯不應與封功臣同日，疑「辛卯」之誤。

七，爲不其侯。

案：沛侯呂種以高后七年改封不其，琅邪。則當中書「六」字，不得作「七」。而「爲」上亦缺「七年更」三字。

襄成潁川。

侯義

案：此侯名山，至進封常山王始改名義，呂后紀甚明，則表宜作「侯山」也。

軹河内。

壺關

附案：縣，屬上黨，索隱謂在河内，誤。

沅陵武陵。

十一月壬申，

案：前所封十侯皆在高后元年四月，沅陵居後，安得謂十一月壬申封。況是年十一月無壬申日也，當依漢表作「七月丙申」。

頃侯吴陽　頃侯福

史詮曰「父子同謚，必有一誤。福之謚頃，疑當作『順』」。

百三十六

附案：此沅陵侯第也。

上邳

附案：東海郡有下邳，故此稱上邳，在魯國薛縣西，漢志及水經注二十五可證。

孝文元年，侯郢客爲楚王。（金陵本書「一」爲「二」字，又作「二年」，無「孝文」二字。）

案：郢客爲王在孝文二年，史、漢紀表世家列傳甚明，惟此誤爲「元年」，當改作「二年」，衍去「孝文」兩字，格内再中書「一」字，以補其缺。蓋郢客爲侯八年，漢王子表謂七年爲楚王，則亦仍史誤耳。

百二十八

附案：此上邳之侯第也。

朱虚琅邪。

孝文二年

史詮曰：「衍『孝文』二字。」

百二十九

附案：此朱虚之侯第也。

昌平

案：索隱謂昌平屬上谷，雖據漢志爲説，然王子分封，不應遠在幽州之域，何不以魯昌平鄉言之乎？但此與漢恩澤表作「昌平」，而呂后紀及漢書異姓王表並作「平昌」。地理志平原郡有平昌，琅邪亦有平昌，而平原之平昌是侯國。疑此侯先封于平原，而「昌平」爲誤矣，胡三省反以平昌爲誤，殊失考。

侯太元年　太爲呂王

案：「太」字誤，當作「大」，説在呂后紀。「大爲呂王」上缺「侯」字。

贅其臨淮。

中邑

附案：縣，在勃海，索隱謂漢志闕，非也。

以執矛（金陵本作「執矛」。）

附案：「執」訛「執」。

真侯朱通

案：漢表作「貞侯朱進」。

樂平

案：漢志無樂平，而宣帝之封霍山，表在東郡，蓋東郡清縣之鄉名，故漢志應劭曰「章帝改名樂平」。

侯修坐以買田宅不法，又請求吏罪，

案：「坐」下衍「以」字，「求」當作「賕」。

山都

附案：縣，屬南陽，索隱謂志闕，非也。

三，二十，

案：釋之傳稱中尉條侯周亞夫與梁相山都侯王恬開見釋之持議平，結爲親友。攷亞夫爲中尉在文帝後六年，釋之爲廷尉亦在是時，而王恬開以高后四年封，文帝三年薨，則相去十八年，安得與周、張並時耶？蓋恬開以後四年卒，其子中黄以後五年嗣，表誤以後五年爲四年，而中書「三」字、「二十」字，又誤倒耳。吴仁傑亦辨之曰「恬開以後四年卒，表書二十者，恬開在文帝朝爲侯之歲，又書三者，中黄在文帝朝嗣侯歲數也。班表不能攷正，遂揔之云恬開八年薨。以釋之傳推之，其實二十五年然後薨也」。此辨甚覈。有疑釋之傳誤書恬開姓名者，謬甚。

四年，惠侯中黄元年。

案：「四年」當作「後五年」。又漢表謚憲。

侯當坐與奴闌入上林苑，國除。

案：漢表云「坐闌入甘泉上林，免。」

松兹

附案：此廬江之縣也，徐廣謂「松」一作「祝」，非，説在孝文紀。

以郎吏入漢，

案：「吏」字誤，當依漢表作「郎中」。

成陶

附案：徐廣謂「陶」一作「陰」，漢表亦作「成陰」。方輿紀要言山東萊州府高密縣，亦謂之城陰城，鄭康成碑城陰卽高密。則此「陶」字譌也。古書陶、陰二字多混，如始皇紀「屬之陰山」，水經注三誤作「陶山」。建元侯表有菼苴侯，史表傳作「韓陰」，漢表、傳作「韓陶」。秦穰侯封陶，而國策俱作「陰。」徐廣于穰侯傳「封陶」下注云「一作『陰』。」蓋史仍策文，後人以「陰」爲誤而改作「陶」耳。索隱曰「陶卽定陶，徐廣作『陰』，陶、陰字本易惑。王劭案：定陶見有魏冉冢，作『陰』誤。」誠昔人所云簡牒磨滅，以典爲與，以陶爲陰者也。或曰此侯疑封于濟陰郡之成陽縣，濟陰宣帝更名定陶，轉相譌舛，遂有陶、陰之異耳。或又曰「成陶」乃「定陶」之訛。

爲呂氏舍人，度呂氏淮之功，

案：漢表「呂氏」作「呂后」，是，蓋時有寇難，得渡淮以免也。

孝侯勃（金陵本無「孝」字。）

附案：史詮曰「漢法，諸侯以罪失國者，殁不賜謚。今本侯勃謚孝，後人誤加」。漢表無謚。

俞

附案：清河郡鄃縣，史、漢多省作「俞」，其實當作「鄃」也。史景紀、河渠書、漢書溝洫志、欒布傳皆作「鄃」。

以連敖從高祖

案：「以」字上當依漢表增「父嬰」二字，此缺。

功比朝陽侯。

案：此語最可疑，高祖功臣表侯狀，每云功比某侯，蓋高后二年陳平奉詔差録列侯之位次也，鄃侯呂它以父呂嬰死襲封，在高后四年，已落陳平差録之後，尚何侯功可比。朝陽侯華寄以高祖七年封，位次六十九，若呂嬰功與相比，則宜久登侯籍，何以高祖不封，孝惠又不封，直至高后四年始侯乎？蓋高后欲侯呂氏，空張其功以封呂它，當時希旨之臣謬爲此語，以混丹書，欺人耳目，史公作表，仍而不去，未可爲信。漢表仍史。不然，呂氏之黨，法固宜誅，而嬰死它襲，誰不恤之稍從末減，胡亦駢首就戮乎！

滕

附案：索隱本作「勝」，注曰「一作『滕』。劉氏云作『勝』，恐誤。滕縣屬沛郡，勝未聞」。余攷路史國名紀亦作「勝」，而勝地無之，明是「滕」之譌字，今本漢、史並作「滕」，惟漢高后功臣表末誤作「騰」也。但沛之公丘縣即古滕國，不知何時更名，蓋秦始置滕縣，漢初猶未改，故高祖之爵夏侯嬰，高后之封呂更始，皆稱爲滕，至武帝封魯共王子劉順乃稱公丘侯。竊疑更名在武帝時，孟堅作志失書耳。

醴陵

附案：索隱謂「縣名，今在長沙」。攷水經漉水注謂縣爲此侯封國，然漢志長沙十三縣無醴陵，至後漢始有之，蓋是鄉名，因曾爲侯國而置縣也，當由臨湘縣地分置。

爲河南都尉長沙相侯，（金陵本作「河内」。）

案：「河南」，漢表及他本史記皆作「河内」，此誤。「長沙」上當有「用」字，漢表有，此缺。

侯越

案：此侯失其姓。

孝文四年，（金陵本無「孝文」二字。）

史詮曰：「『孝文』衍」。

呂成

附案：水經淯水注言南陽宛縣西有呂城，疑呂忿封此。又新蔡縣有大呂、小呂亭，未知所是。路史國名紀據漢書高后功臣表末謂一作「昌成」，謬也。

東牟

附案：此東萊縣也。廣韻「登」字注云「漢文帝封悼惠王子爲牟平侯卽此地，周爲登州，取文登山而名。」蓋既誤以呂后爲文帝，而又誤以東牟爲牟平也。牟平亦在東萊。

鉦

附案：漢志有腄縣而無鉦縣，漢表作「腄」，屬東萊。始皇紀「過黃腄」，主父偃傳「起于東腄」，漢書作「黃鉦」。皆是也，則此「鉦」字誤。但封禪書有「黃鉦史寬舒」，非人姓名。字亦從「金」不從「月」，豈古通用乎？至徐廣云一作「鉅」，非。

信都信都。

侯侈有罪，國除。

附案：信都與下樂昌以張敖前妻之子侯，本不當封，故孝文免之。不當封而封，即以爲有罪也。漢表云「以非正，免。」

樂昌

附案：水經注五以爲東郡之樂昌，非也。史記攷異曰「後書張酺傳張敖子壽封細陽之池陽鄉。蓋析細陽地爲樂昌國，細陽隸汝南，宣帝封王武爲樂昌侯。漢表在汝南，即壽故封也。樂昌侯國元始初尚存，不審地理志何以闕之」。

侯受元年。

案：「受」一作「壽」，說在呂后紀。

祝兹

附案：索隱謂在琅邪，誤據漢書也。祝兹即東海即丘縣，說見王子侯表。

建陵東海。

東平

附案：徐廣謂一作「康」，非也。東平之地，兩爲侯國，高后封呂庀，武帝封劉慶，漢書王子表云在東海，索隱于諸侯王表云屬梁國，于侯表云縣名，屬東平。攷東海無東平，蓋是誤耳。漢東平國即故梁國，據水經注二十四卷即無鹽縣地。

侯呂壯

案：「壯」當作「庀」，說在呂后紀。

右高后時三十一。

案：三十一者，高后封侯之數也。然攷高后元年封呂祿爲胡陵侯，二年封蕭何夫人爲酇侯，蕭延爲筑陽侯，四年封女弟嬃爲臨光侯，又封劉信母爲陰安侯，此皆失數，則當作三十六矣。

孝文二十三，孝景十六。（金陵本無此九字。）

附案：二帝年數，前已書之，此是今本重出，當衍。

陽信

附案：索隱云「表在新野，志屬勃海，恐有二縣」。攷漢表並無新野之文，因外戚恩澤表陽新侯鄭業封下有「新野」字而誤，不得有二縣，固專屬勃海也。

元年三月辛丑，侯劉揭元年。

案：「三月」，有本作「十一月」，是也。又失書揭謚夷。

軹河內。

高祖十年爲郎，從軍，十七歲爲太中大夫，

案：以十七歲計之，則宜作「高祖十一年」，此缺「一」字。漢表作「七年」，尤非。「太中大夫」，漢表作「中大夫」。

四月乙巳，

附案：漢表作「正月」，是，有本亦作「正月」，史詮謂「四月」誤。

十

案：漢書文紀十年書「將軍薄昭死，坐殺漢使者罪，」此脱不書。詳漢書文紀注。有罪而死，自當奪絶，文帝不除其國者，爲太后也，故漢表曰「帝臨爲置後」。

侯梁

史詮曰「今侯梁，缺『今』字」。

壯武膠東。

以都尉從之滎陽，

案：漢表無「之」字。史記考證天台齊氏召南曰「『之』字當是『守』字」。

十一

案：「一」字衍。

清都

附案：「都」當作「郭」，説在孝文紀。

鈞有罪，

案：缺「侯」字。

周陽

案：索隱云「屬上郡」，則爲陽周矣。漢志不載周陽之地，竹書惠王元年，「周陽有白兔舞于市」，水經卷六「涑水出河東聞喜縣東山黍葭谷，又西過周陽邑南」。文紀正義引括地志「周陽故城在絳州聞喜縣東二十九里」。史記考異曰「趙兼以淮南舅父得侯，其封邑當在淮南境內，且兼得罪失侯，未幾卽以淮南王子賜爲周陽侯，則此周陽宜在淮、楚之間，不特非上郡之陽周，恐亦非河東之周陽也。」余攷倉公傳言「齊中御府長信使楚，至莒縣陽周水。」疑所封卽其地，蓋鄉名之同于縣者，此與淮南王傳及漢表皆誤作「周陽」，當依此表，下文書王子賜封陽周爲是，觀諸侯王表及漢書表、傳作「陽周」可證。錢宮詹未檢及此，故以陽周爲誤。

兼有罪，

案：缺「侯」字。

樊東平。

高祖初起從阿，

史詮曰「『從』字當在『高』上」。

恭侯平元年。

附案：湖本「平」字訛「干」。

管

附案：史、漢表並作「管」。攷管城縣自漢迄晉爲中牟縣地，隋始置縣，故漢志河南中牟注云「有管叔邑」，則管卽中牟也。而中牟之地，高祖以封單父聖，其時尚未奪絶，不合一邑兩封。且此所封乃齊王之子，何以在河南，其誤審矣。水經卷八「濟水又東北過菅縣南，」道元注引此侯爲據，是知「管」當作「菅」，縣屬濟南。古艸、竹通寫，故訛。索隱謂屬滎陽，蓋唐時已傳誤爲「管」字，經史問答亦辨之。

恭侯戎奴（金陵本無「恭」字。）

附案：史詮曰「今本誤增謚」。

瓜丘

附案：漢表作「氏丘」，地皆無考。而索隱本作「斥丘」，謂卽魏之縣，則妄甚。齊王子所封不應國于魏郡，且斥丘侯唐厲其時見存，安得取以封劉寧國哉。或以郡國志南陽宛縣之瓜里當之，亦非。

二年，侯偃反，（金陵本作「三年」。）

案：「二」當作「三」。

營

附案：索隱謂「表在濟南」，蓋據趙充國封號著之，妄也。充國封營平，此侯封營而謚平，小司馬誤讀爲營平，故云在濟南。攷營卽營丘，在齊郡臨淄縣中，水經注二十六所謂「繩水出營城，漢封劉信都爲侯國」者。

楊虛

附案：漢志無此地名，水經注五謂「地理志楊虛平原之隷縣也，漢封齊悼惠王子將廬爲侯國」。城在高唐西南，然則卽漢志平原之樓虛，故注曰「侯國」。其地兩漢凡三封，文帝封劉將閭，元帝封訾順，東京以封馬武，並在此處。

恭侯劉將廬

案：漢表悼惠子有楊丘在濟南，見水經注濟水二。方輿紀要云在章邱縣東南十里。恭侯安與菅侯罷軍等十人同日受封，在位十二年薨，子偃嗣，十一年坐出國界失侯。此遺脱楊丘一侯，而又移劉安之恭爲將閭之謚，古廬閭通。豈不謬哉！將閭卽齊孝王也。當補楊丘。索隱本楊虛共侯後又有楊虛共侯平，蓋小司馬補入而誤其文耳。

侯將廬爲齊王，有罪，國除。

案：「有罪」二字當削之，乃楊丘侯偃格内之脱誤，楊虛國之除，因嗣封于齊也，何罪之有？

朸平原。

安都

附案：正義云「在瀛州高陽縣西南三十九里」，則屬涿郡也。

平昌

附案：水經注二十六謂此侯封子琅邪之平昌，則索隱以爲平原之平昌，非也。

侯劉卬

附案：水經注名永，恐非。

武城

案：左傳晉、楚、魯皆有武城，漢志清河、定襄皆有武城，而魯之武城有二，故加南與東以別之。齊王子所封者，必是南武城，即漢東海郡南成縣，錢塘高氏士奇春秋地名攷略言之矣。但漢既改名南成，後漢加土旁作「南城」，屬泰山郡，則此似當作「南成」也。索隱于世家謂縣屬平原，固妄，而正義謂貝州縣，亦誤。

白石

附案：索隱謂縣屬金城，甚謬，齊王之子何以遠封西塞。世家正義云「白石故城在德州安德縣北二十里」。經史問答曰「是時河西尚未開，豈封于匈奴境內乎？安德在平原，正齊所分地。」

波陵

案：漢表作「泝陵」，疑「波」字誤。泝，水名，蓋即泝鄉，在漢中，魏置爲縣，左傳桓十三年疏所云「新城泝鄉縣也」。水經注二十八作「洓」，晉灼以爲古「泜」字，索隱引漢表作「泜」，皆誤。

以陽陵君侯。

附案：一本作「陵陽君」，疑是也，在丹陽。若馮翊之陽陵，景帝始更名，似非所稱。

三月甲寅，

案：漢表作「丙寅」。

南鄭

附案：地未詳。索隱引李彤云「河南有郥亭也。」湖本訛刻「河內」。徐廣云一作「朝」，非。

侯起

索隱曰「史失其姓」。

一

案：此侯不得其奪侯之年，則「一」字當衍。

孝文時坐後父故奪爵級關內侯。

案：「級」上缺「一」字，下缺「爲」字。師古曰「會于廷中而隨父，失朝廷以爵之序，故削爵也」。

阜陵九江。

安爲淮南王

史詮曰「缺『侯』字」。

安陽

附案：漢志有四安陽，此在汝南，水經注卷三十可證。而索隱本作「安陵」，謂在馮翊，謬甚。無論安陵屬扶風不屬馮翊，而淮南王子之封，史、漢無作「安陵」者，且亦不應封于扶風，況安陵惠帝所葬，豈有建爲侯國之理耶？

陽周

附案：此乃城陽莒縣之鄉名，說見上。

東城九江。

犂

附案：此即東郡黎縣也，古字通。

侯澤

案：侯失謚，漢表又訛名「瀆」。

侯延坐不出持馬，斬，

附案：史詮曰「今本『特』作『持』，誤。」

絣

附案：漢表作「缾」，琅邪縣名。絣、缾古通。其後武帝又封菑川靖王子劉成。或曰絣屬陳留，水經注二十四陳留有絣亭、絣鄉。

侯孫鄲（金陵本作「單」。）

案：漢表作「單」，匈奴傳徐廣亦作「單」，則加「邑」者非。

弓高

附案：漢表在營陵，而地理志屬河間，則非北海營陵矣。

前元年，侯則元年。

案：此以韓穨當子則嗣于景之前元年，薨于元朔五年，漢表謂不得隤當子嗣侯者年名，元朔五年侯則嗣䔾，與本傳頹當傳子至孫合，此誤也。則亦缺謚。

襄成

附案：此在潁川，高后曾以封孝惠子矣。而漢表以此爲在魏，豈以戰國時屬魏故耶？

千四百三十一户。

案：漢表作「二千户」。

故安涿郡。

功侯

案：侯者爲關内侯也，缺「爲關内」三字。

用丞相侯，一千七百一十二户。

案：漢表不書申屠嘉食户，嘉前以從高祖功食邑五百户，此因丞相封侯之户，未知除前所食歟？抑并前所食歟？攷朱博讓食邑書曰，「故事封丞相不滿千户，公孫宏用丞相侯六百五十户」，此依詔書，若表所書則「三百七十二」。是其證也。則無論嘉之食户，或除或并，揔不應踰制有千七百十二户之多，其誤必矣。

後元三年四月丁巳，節侯申屠嘉元年。（金陵本作「後三年」，無「元」字。）

案：將相表、百官表在孝文後二年八月庚午，攷張蒼以後二年八月戊辰免相，百官表訛作「戊戌」。則史、漢侯表言後三年四月丁巳，誤也。蓋斷無虚相位七月之理，豈爲相在二年，而封侯在三年乎？

恭侯（金陵本作「恭侯蔑」。）

案：侯名蔑，見本傳，此缺。漢表又誤以共爲名。

清安侯臾

案：清安未詳其地，張丞相傳徐廣引作「靖安」。史詮曰「清安更封國名，當大書於十九之下。更封侯臾，缺『更封』二字」。

臾坐爲九江太守有罪，

史詮曰「侯臾，缺『侯』字」。

章武勃海。

萬一千八百六十九户。

案：漢表「萬一千户」。

恭侯完

附案：漢表及唐書世系表作「定」，此譌爲「完」。

侯常坐

附案：漢表作「常生」，此譌「坐」字。而唐表云「竇少君二子定、誼，誼生賞」，是以常生爲賞，定之弟子也，恐不足據。

侯常坐謀殺人未殺罪

案：「常」下缺「生」字。

南皮勃海。

侯竇彭祖

案：彭祖失謚。

右孝文時二十九。

案：孝文共封二十九侯，而表中止二十八者，因脫誤楊丘一侯也。然攷孝文後二年封周亞夫爲條侯，又路史國名紀四引輿地志謂文帝封東海王搖之子期視爲顧余侯，（通志謂搖別封其子也，居會稽。）乃後世顧氏得姓之由。三國志諸葛瑾傳注及廣韻「諸」字注並引風俗通云「葛嬰爲陳涉將，有功，非罪而誅，孝文追封其孫爲諸縣侯，（諸在琅邪。）因并氏焉。」表皆失之，則二十九當作「三十二」也。（章武、南皮，漢表屬孝景世，似得之。）

孝景十六（金陵本無此四字。）

附案：孝景年數前已重刻，此又誤重，當衍。

平陸

附案：此侯封於東平國之東平陸，水經渠水注可證。胡三省云「東平近楚」爲得之，索隱以西河郡之平陸並言，非也。

一云「乙卯」。（金陵本此四字是集解裴駰引證史文「乙巳」者。）

附案：此是注，然非也，當衍之。

休

附案：休，鄉名，卽孟子去齊居休之地。四書釋地續曰「故休城在今兖州府滕縣北十五里」。方輿紀要言「在滕縣西二十五里」。至路史國名紀七謂休在潁川。或云介休。介在膠西，並非。

侯富以兄子戊爲楚王反，富與家屬至長安北闕自歸，不能相教，上印綬，詔復王。後以平陸侯爲楚王，更封富爲紅侯。

附案：富之上印綬，因自爲王戊季父，不能教兄子，以示待罪之意。而其更封紅侯者，以與母太夫人奔京師故也。乃漢書表、傳謂「坐戊反，免侯削籍」，深爲枉誣。楚元王五子封侯，曰平陸，曰休，曰沈猶，曰宛朐，曰棘樂，惟宛朐以同反除籍，沈猶、棘樂如故，平陸且續封楚王矣，豈富之舉家自歸，反免侯削籍乎？當時吳濞首逆，其弟德侯尚不緣坐，景帝方議封爲吳王，以太后不許乃止，何獨于富而罪之。則知景帝削籍之詔專指宛朐劉埶及吳濞言之耳。至刊誤補遺以爲富非更封，因自歸之早，益食紅鄉以優寵之。復疑紅、休是一邑，不可分爲二，則尤舛甚。史、漢之誤在休、紅並列，失侯表之例，不得以書更封爲誤。益食紅鄉之説，毫無左驗，紅、休判然兩處，亦不得合爲一區，蓋未核地理，見索隱引王莽封劉歆紅休侯，又史、漢誤以紅、休並列，遂欲改「更封」爲「益食，」合紅、休爲一邑，殊不知歆之封紅休因歆是富五世孫，而富爲紅、休二侯，故取以併號之也。餘説在紅侯下。

沈猶

附案：索隱謂漢表在高苑，則是鄉聚之名。孟子謂沈猶氏，當亦因地爲氏。今本漢表無高苑之文，傳寫缺耳，漢書楚元王傳晉灼曰「王子侯表屬千乘高苑。」漢表「猶」作「猷」，同。

夷侯劉穢

附案：漢表作「薉」，與「穢」同，今本訛爲「歲」字。

紅

案：表例凡更封者，即附書初封之下。劉富先封休侯，更封紅侯自當連書之，乃並列若兩人，謬也。索隱云「此並列誤，漢表一書而已。」然漢表雖正史記並列之失，其後揔敘侯數，依舊列紅、休爲二，與史記同，師古亦言其誤。至索隱以紅爲虹縣者，杜昭八年左傳注云「紅，魯地，沛國蕭縣西有紅亭」，遠，疑。水經獲水注實指沛之虹縣爲魯蒐之紅地，爲劉富封國。檢郡國志泰山奉高縣注曰「左傳大蒐于紅，紅亭在縣西北。」則春秋所書，當在奉高，而劉富所封當在沛郡虹縣，酈誤合爲一。但劉昭亦不能無誤，奉高之紅亭引蒐紅以證之是也，而沛之虹縣復據地道記引左傳以注之，豈非歧頭別論乎？

元年四月乙巳，莊侯富元年。

案：富之更封與封劉禮爲楚王同時，在三年六月乙亥，此誤。富之謚漢表作「懿」，豈有二謚歟？

悼侯澄

索隱本作「雅」，集解一作「禮」，俱非。

案：漢表作「懷侯登」，名謚皆異。

敬侯發元年。

案：集解發，一作「嘉」，而漢表正作「嘉」，則「發」字非也。

侯章

案：章謚哀，此缺。

宛朐濟陰。

魏其琅邪。

扞吴、楚（金陵本作「扞吴楚」。）

附案：「扞」乃「扞」之譌。

三年六月乙巳，

案：是年六月辛亥朔，無乙巳日，史、漢表俱誤，疑當作「乙亥」。

九

案：九者，武帝時侯嬰在國之年數也。然嬰以元光三年誅，則「九」字當作「八」。

元光四年，侯嬰坐争灌夫事，上書稱爲先帝詔，矯制書，（「書」，金陵本作「害」。）

案：「四年」乃「三年」之誤，説在嬰傳。又各本皆作「矯制害」，此譌「書」字。漢傳作「矯先帝詔害」，鄭氏曰「矯詔有害、不害也」。再攷建元表宜春侯衛伉坐矯制不害免。浩侯王恢坐矯制害，當死。漢表如淳注云「律：矯詔大害，要斬。有矯詔害，矯詔不害。」

棘樂

附案：左傳襄二十六年「吴伐楚克棘」，注「譙國酇縣東北有棘亭」。楚王子所封，當是此地。棘樂猶云棘鄉，樂者村落之謂，古字通用，爾雅釋古以「剥落」爲「暴樂」，宋劉義慶世説新語以「落拓」爲「樂託」，可證也。世説「王耆之樂託出自門風」。

三年八月壬子，敬侯劉調元年。

案：漢書元王傳「景帝卽位，以親親封元王寵子五人爲侯」，則同是元年四月受封矣，何此侯在封魏其後，獨遲至三年八月乎？必史、漢表之誤。

建元二年，恭侯應元年。

附案：漢表應嗣侯後一年，非。

俞清河。

擊齊有功。

附案：將相表云「欒布爲大將軍擊齊」，元王世家云「欒布自破齊還」，酈商傳「欒布自平齊來」，吴王濞傳「天子遣欒布擊齊」，又濞傳、魏其傳云「監齊、趙兵」，漢書表、傳同。齊未嘗偕七國反，何爲擊之？布所擊破者，乃膠西等圍齊四國之兵，齊悼惠王世家言「三國」，非。救齊則有之，豈其破齊哉！悼惠世家書之甚明，蓋此「齊」字猶吴濞傳末所云「連齊、趙」，敍傳所云「㡯齊、趙」，孝王世家及韓長孺傳首所云「吳、楚、齊、趙七國反」，漢書五行志亦稱「四齊」，蓋統膠西、膠東、菑川、濟南而言，四國皆自齊分也。

侯欒布

案：侯失謚。

中元五年，侯布薨。十二。（金陵本無「十二」二字。）

案：鄃侯國絶之事無攷，史、漢表傳所書年數皆舛錯不合。今細校之，欒賁以元朔二年續封，以元狩六年奪侯，在位十年，此史表之可信者；則謂賁以孝景中六年嗣，在位二十二年，以元狩六年免，誤也。布以景六年封，中四年薨，在位六年，此史、漢表之可信者；則謂布以景中五年薨，或又謂以元朔元年薨，在位二十四年，亦誤也。然則何以書？曰「薨」當作「絶」，「十二」當作「十三」。但「十三」兩字是衍文，自景中五年至孝武元朔元年，布絶十八年，惟其中絶故田蚡爲相得以食邑于鄃，見河渠書，不然欒氏見爲侯，何得田蚡以鄃爲奉邑哉？蚡卒而鄃歸有司，其卒在元光三年，迨元朔二年仍以鄃續封布子賁也。

侯賁坐爲太常廟犧牲不如令，

附案：「廟」乃「雍」字之譌，漢表可證。師古曰「雍，右扶風縣也，五時祀在焉。」

建陵東海。

敬侯衞綰

案：漢表謚哀，疑非。又失書綰爲丞相，説在高祖功臣表武彊侯下。

建平沛郡。

哀侯陳嘉

案：漢表作「敬侯」，當是也。

侯回

案：回缺謚，疑當謚哀。

平曲

案：索隱謂「漢表在高城」，謬也。高城屬勃海，都尉所治。平曲縣，漢地理志、王子表皆云東海，並無高城之文。但東海有二平曲，不知此侯何封？而水經注二又謂封于西平，在金城，非汝南臨淮之西平，不可解。趙氏漢表舉正曰兩平曲，一莽曰平端，一莽曰端平。全祖望疑下平曲當作「曲平」，故莽改端平，不然不應一郡二縣同名，後書萬脩傳鄧太后封脩曾孫豐爲曲平亭侯，是其證也。巴郡亦有平曲，見後書岑彭臧宫傳，可知地名相同者多矣。水經注與史、漢表全乖，豈因曲平而誤爲西平乎？

侯公孫昆邪

附案：「昆」一作「渾」，古渾、混、昆俱通用。

江陽

案：索隱謂「縣名，在東海」，此仍漢表之誤，因漢王子表於孝昭封城陽憲王子仁江陽侯下云東海也。水經注三十三謂封於犍爲郡江陽縣，而犍爲武帝始開，蘇侯安得封之，當依孝景紀作「江陵」爲是，南郡縣名。

康侯蘇嘉

附案：徐廣「蘇」作「籍」，非。漢表名息，蓋有二名。

懿侯盧

附案：徐廣作「哀侯」，非。

侯明元年。

案：漢表誤作「朋。」其於江陽侯封嗣年數多有譌脱，故知「朋」字誤也。又此失書謚。

遽

附案：索隱謂「漢表鄉名，在常山。」此據孝宣封劉宣遽鄉侯言之，不得其地。路史國名紀七以遽即菑川之劇，恐非。攷續志齊國西安有蘧丘里，古渠丘。又水經注八陳留長垣有蘧伯鄉。疑遽即蘧也，但未知二地何封？

户千九百七十。

案：漢表作「千一百七十户」。

四月己巳，（金陵本作「乙巳」。）

附案：「己巳」乃「乙巳」之譌。

侯橫

案：史、漢失書姓。

新市鉅鹿。

以趙内史王慎，王遂反，慎不聽死事，子侯。

附案：史詮云「今本『悍』作『慎』，誤也。事具元王世家」。

侯康元年。

案：漢表侯名棄之，則當云「康侯棄之元年」，蓋漢表失書謚，史表失書名，而又誤以謚作名也。其姓已見功狀，故此不書，與商陵、山陽同。

殤侯始昌

附案：始昌爲人所賊殺，則謚殤爲允，漢表作「煬侯」，疑非。漢表于康、殤二侯薨嗣年數多有脱誤，不可從。

商陵

案：此與漢書侯表及申屠嘉傳並作「商陵」。索隱云漢表在臨淮，蓋誤也。地理志臨淮無商陵，豈封于富陵而譌爲「商」字乎？然今本漢表無臨淮之文，似當依將相表及張丞相傳作「高陵」爲是，在琅邪。至百官表作「南陵」，亦誤。

趙夷吴

附案：吴、吾古通，然各本皆作「夷吾」。

侯周

案：此失書爲丞相，説在高祖侯表。

二十九

案：當作「二十八」，侯周于武帝時在國年數也。

山陽

附案：縣屬河内，非山陽郡也。路史一作「陽山」，非，陽山在桂陽。百官表稱山陽侯張當居，可證。

程博士弟子

附案：漢表「程」作「擇」，徐廣作「澤」，義並同。

安陵

附案：漢志潁川傿陵注李奇曰「六國爲安陵」，疑于軍封此。

户一千五百一十七。

案：漢表作「千五百五十户」。

侯子軍

案：侯缺謚。史詮云「今本『于』作『子』，誤」。

五

案：「五」當作「六」。

垣

附案：漢表作「桓」，蓋古通借字。而索隱以爲河東垣縣，似誤。河東之垣，其時景帝改封曲成侯矣。攷水經注十二云「垣水東逕垣縣故城北，涿有垣縣，景帝封匈奴降王賜爲侯國，王莽之垣翰亭」。則此垣疑卽漢志涿郡之武垣也。後書公孫述傳注引風俗通云「垣，秦邑，因以爲姓，秦始皇有將垣齮」。而本紀是「桓齮」。

十二月丁丑，

案：此下六侯封月，史、漢表皆作「十二月丁丑」，而是月癸卯朔，無丁丑日，必「正月」之誤，故景紀言封侯在春也。

侯賜

案：失書姓及謚。

三

案當作「四」。

六年，賜死不得及嗣，

案：「六年」上失書「中」字。史詮曰「侯賜薨不得其嗣，今本缺誤」。

迺涿郡。

户，五千五百六十九。

案：「五千」誤，漢表是「千五百七十户」。

侯隆彊

附案：水經注十二與此同，漢表作「陸彊」，誤也，而索隱本作「李隆彊」，是今本缺姓，其謚已前失之。

後元年四月甲申，侯則坐使巫齊少君祠祝詛上，大逆無道，國除。徐廣曰「漢書云武後二年。」

附案：史迄太初，何得書武帝後元時事，此後人妄增。史、漢表皆不得隆彊嗣侯之年也，文、景無年號，而表于其中後改元多稱「中元」、「後元。」武帝之後元，實係年號，而此稱「後元年」，漢表同。何相反若是？徐廣以爲「後二年」，亦與漢書不合。史詮曰「此二十五字乃褚生所續者，專指褚生何據？在太初横行，今本誤升建元横行，當削之」。

容成涿郡。

侯攜徐盧（金陵本作「唯徐盧」。）

附案：漢表作「攜侯徐盧」，索隱本、毛本及水經易水注作「唯徐盧」，通志有唯徐氏，引容成侯爲證。蓋攜其謚，唯徐其姓，盧其名。百官公卿表「太始三年容城侯唯塗光爲太常」，徐、塗音近。

康侯綽

案：漢表名纏。

侯光元年。

案：「侯」上缺「今」字。

十八，後二年三月壬辰，侯光坐祠祝詛，國除。

附案：十七字當削，後人妄續也。

易涿郡。

以匈奴王降侯

案：漢表云「千一百十户」，此缺。

侯僕黥

案：黥爲墨刑，不應爲名，豈又黥而王乎，當依漢表作「黚。」楚有熊黚。但史失其謚耳。

無嗣

案：缺「國除」二字。

范陽涿郡。

户千一百九十七。

附案：漢表「六千二百户」，「六千」必誤也。

端侯代

附案：漢表作「靖侯范代」，此似失書姓。然正義引漢表無「范」字，可疑也。「端」字今本訛刻，索隱本固云「靖侯代。」

二

案：「二」當作「三」，懷侯德在位年數也。

翕

附案：翕地無考。武帝又以封趙信，漢表謂在內黄，魏郡。蓋鄉名。而趙氏漢表舉正云「張騫傳『傅父布就翎侯』，李奇曰『翎侯，烏孫官名』。師古曰『烏孫大臣官號，布就者又翎侯中之別號』。西域傳大月氏有五翎侯，與翕同，陳湯傳亦作『歙』。內黄是邯鄲、趙信二人食邑所在，翕侯則仍其故官以爲封號，非內黄有地名翕也」。余謂漢封匈奴降人，未必取異國官名爲侯號。

侯邯鄲

案：史失其姓。

亞谷

附案：一作「惡谷」，古字通用。索隱謂一作「惡父」，誤也。索隱引漢表云「在河內」，今本無。而趙氏漢表舉正曰「寰宇記渾泥城在容城舊縣南四十里，水經注泥洞口有渾泥城，見易水注。漢景帝改爲亞谷城封盧它之。方輿紀要云城在雄縣，則非河內矣」。

故燕王盧綰子

案：此侯盧它之爲盧綰孫，史、漢本傳可證，表作「綰子」，誤矣。

千五百户。

案：漢表作「千户」。

簡侯它父

附案：本傳及漢表作「它之」，則此作「父」與漢本傳作「人」俱誤也。攷景紀正義引此表作「它之」，知傳寫訛。

建元元年，康侯偏元年。十一，

案：漢表康侯之名一本作「漏」，一本作「�」，未知孰是。又謂康侯以建元五年嗣，父種在位七年薨，無十一年，與史表異，疑莫能定。

侯賀

案：「侯」上缺「今」字。

十五，征和三年七月辛巳，侯賀坐太子事，國除。

附案：此十八字當刪。

隆慮

附案：縣，屬河内。索隱本作「隆盧」，古通，説在王子表雷侯下。

户四千一百二十六。

附案：漢表「萬五千户」，何其多也？必誤。

五月丁丑，

案：「丑」當作「卯」，說在景紀。

侯蟜

案：侯姓陳，此失書，卽堂邑侯陳嬰之曾孫也。又「蟜」一作「融」，說在景紀。

乘氏濟陰。

桓邑

附案：世家索隱云「地闕。」攷此侯後爲濟川王，水經注七以濟川爲陳留之濟陽，則桓邑當是陳留長垣縣。文三王傳作「垣」，二字古通。

爲濟川王

案：「爲」上缺「侯明」二字。

蓋

附案：索隱謂「漢表在勃海」，今本無之，蓋在泰山非勃海也。

侯偃

案：漢表蓋侯王信薨，頃侯充嗣，又侯受嗣。雖不書充、受薨嗣之年，而傳位三世甚明。此止書二代，年名並異，則所謂偃者，充耶？受耶？

塞

附案：塞地說在高祖功臣表博陽侯下。

前將軍兵

案：「軍」字衍。

侯直不疑元年。

案：侯謚信，此缺。

二

案：「二」當作「三」，武帝時不疑在國年數也。

侯相如

案：相如謚康，此缺。

侯堅

附案：漢表亦作「堅」，漢傳作「彭祖」，史傳作「望」，三處不同。疑彭祖是堅之字，而「望」與「堅」形近故誤。王子表周堅侯劉何，漢表作「周望」，亦其類也。

堅坐酎金，

案：「堅」上缺「侯」字。

武安魏郡。

侯田蚡

案：蚡謚缺，又失書爲丞相。

侯梧

案：列傳及漢書表、傳皆作「恬」。

坐以禬褕（「以」，金陵本作「衣」。）

史詮曰：「『衣』作『以』，誤。」

周陽

附案：地在河東聞喜縣，水經注六可證。索隱以上郡陽周當之，舛矣。

侯彭祖

附案：漢表脱「彭」字。

坐當歸與章侯宅不與罪，

案：漢表作「軹侯」是，表無「章侯」，故知誤也。上「與」字亦衍，歸卽與也。

右孝景時三十一。

案：表中止三十人，而此言三十一者，誤以休改紅並列也。然攷景前二年封蕭嘉爲武陽侯，祁昭爲張侯，中元年封周應爲鄲侯，周成之孫應爲繩侯，中二年封周左車爲安陽侯，中三年封酈堅爲繆侯，中五年封薛澤爲平棘侯，陳始爲塞侯，董赤爲節氏侯，蟲捷爲垣侯，丁通爲發婁侯，趙胡爲臾侯，楊無害爲臨汝侯，杜相夫爲陽平侯，中六年封陳最爲巢侯，郭延居爲南侯，後元年封周堅爲平曲侯，俱見高祖功臣表。又前六年封岑邁爲陽陵侯，見將相表，此皆失數，則孝景封侯凡四十八人。至宋人五色線（撰人缺。）載盧元明緱山記云「王奕隱緱山，景帝再徵不屈，就其山封侯，因以爲名」。此無徵之言，不足信也。（武安、周陽，漢表入孝武世。）

史記志疑卷十三

建元以來侯者年表第八

將卒以次封矣

史詮曰：「卒當作『率』。」

國名

案：史詮太初，表所載自翕至涅陽凡七十三，其實繚嫈一侯當入王子表，則是封七十二國矣。然攷高祖功臣表，元光二年封灌賢臨汝侯，三年封張廣睢陵侯，作「睢陽」非。元狩三年封蕭慶酇侯，元鼎五年封靳石江鄒侯，元封元年對卞仁埤山侯。又攷漢表海西侯李廣利、新畤侯趙弟，皆以太初四年四月伐大宛功得封。史、漢武帝紀及南越傳有越歸義侯二人，一名嚴，一名甲，復有馳義侯名遺。後漢書武帝封夜郎竹王三子爲侯。表俱不書，綜而數之，蓋有八十五國也。

太初已後

附案：「已後」二字衍，後人增入。

翕

附案：㑹地説在惠景侯表。

益封

案：漢表益封「千六百八十户」，此缺。

七月壬午

案：漢表作「十年」是，是年七月丁酉朔，無壬午日。

五

案：元光止六年，而侯信以四年封，安得書「五」字。史詮云「『三』作『五』，誤也」。

持裝

附案：漢表作「特轅」，在南陽，然未詳。

降侯

案：漢表「六百五十户」，此缺。

六年後九月丙寅，侯樂元年。

案：樂以元光六年封，漢表以爲元朔元年，誤。又失書姓謚。

侯樂死

案：「死」當作「薨」。

一

附案：樂以元鼎元年薨，則當中書「一」字，此缺故補。蓋表例凡以罪奪侯者不數其奪侯之年，若無罪薨絕者則并其薨年書之，今本多譌脱，或疑表例不一，非也。

親陽

降侯

附案：漢表在舞陽，當作「舞陰」，南陽之縣，㵐水所出。「親」即「㵐」之省。

案：漢表「六百八十户」。

五

史詮曰：「侯月氏以元朔二年封，至五年國除，在國實三年也。『三』作『五』誤。」

若陽

附案：漢表在平氏，則屬南陽矣，而未詳其地。疑是南郡之若，即春秋鄀也。

降侯

案：漢表「五百三十户」。

侯猛

案：失書姓。

五

案：「五」亦「三」之誤，與親陽侯同。

長平

附案：索隱謂汝南縣名。攷水經沁水注，以爲封於上黨泫氏長平亭，然以其子封汝南宜春觀之，疑汝南是。

益封三千户

案：衞青本以三千八百户封長平侯，而兩次益封，一益封三千户，（漢書作「三千八百户」。）即在封侯之年；一益封六千户，（漢書作「八千七百户」。）在元朔五年。此既脱去本封及再益封户數，遂誤以收河南地益封之户數爲破左賢王户數矣。至王莽傳言武帝裂三萬户以封衞青，乃是妄説。

二月丙辰（金陵本作「三月」。）

案：漢表「三月」是。

六

案：青以元封五年薨，則元封格内當書「五」字，誤作「六」。

太初元年，今侯伉元年。

案：伉宜以元封六年嗣，而史、漢表俱言太初元年，則中絶一歲矣，必是誤書。當衍「太初元年」四字，改作「六年」，而以「六年今侯伉元年」七字移在元封格内，再於元封格中補「一」字，太初格中補「四」字，方合。

平陵

附案：漢志右扶風、濟南皆有平陵，而漢表謂在武當，是屬南陽也。日知録二十二云是鄉名之同於縣者。攷隋義寧二年析武當置平陵縣，即此，見舊唐書志。

以都尉

案：傳是「校尉」。

益封

案：此缺户數，漢表連益封止千户，而傳言建本封已千一百户，未知孰是。

二月（金陵本作「三月」。）

案：「二」當作「三」。

五

案：「五」當作「四」，以元朔二年封，六年國除，在位四年也。

六，六，六年，侯建爲古將軍，與翕侯信俱敗，獨身脱來歸，當斬，贖，國除。

案：建敗在元朔六年，則「六年侯建」二十四字當移入元朔格内，而衍兩「六」字，若依此表，是建爲侯至元鼎六年矣，豈非大誤。

岸頭

附案：漢表在皮氏，列傳索隱引晉灼云「亭名」。正義引服虔云「鄉名」。方輿紀要云「岸頭亭在河津縣南，縣屬絳州。古岸門也」。漢河東皮氏縣地。郡國志潁川潁陰有岸亭，劉昭引岸門釋之，即岸頭亭。

蓋異地而同名，是爲非矣。

以都尉

案：傳是「校尉」。

元朔六年，從大將軍，

案：「六年」乃「五年」之誤。張次公以五年爲將軍，出右北平擊匈奴，若六年，不在六將軍中矣。

益封

案：漢表「二千户」。

六月壬辰

案：漢表作「五月己巳」。

平津

附案：武帝詔稱「高成之平津鄉」，則其地在勃海也。南郡亦有高成，非宏所封。

以丞相詔所褒侯

案：漢表「三百七十三户」，此缺。但漢傳載封宏詔是「六百五十户」，詔書尤可據，乃表誤也。

三年十一月乙丑，獻侯公孫弘元年。

通鑑考異曰：「史記將相名臣表、漢書百官公卿表宏爲相皆在元朔五年，建元以來侯者表、恩澤侯表皆云元朔三年封侯。案三年宏始爲御史大夫，蓋誤書『五』爲『三』，因置於三年耳。」

四

案：「四」當作「二」。

侯慶

附案：宏傳及漢表傳皆作「度」，此譌爲「慶」。

涉安

附案：此乃名號，非地名，言匈奴來降，登涉長安，猶左傳「涉吾地」云爾。下有涉軹侯亦同此意，未知實封之地何在。

侯於單音丹。

案：史失謚。

三，五年卒，（金陵本無「三」字。作「五月卒」。）

案：於單以元朔三年四月封，五月薨，此漢表也，與匈奴傳言「降漢數月而死」正合，則「三」字當衍，「五年」當作「五月」，「卒」當作「薨」，而「五月」下當有「侯於單」三字，此並缺誤。

昌武

附案：索隱謂漢表在武陽，而今本漢表作「舞陽」。武舞古通，説在魏世家。攷地理志昌武屬膠東，不得與武陽合爲一區，細檢乃知今本史記之誤。蓋武陽有四，此侯封於東郡之東武陽，王莽更名武昌，漢表依莽更名書之，故仍注於下方云武陽也。因傳寫訛舛，以「武昌」爲「昌武」，後人不知漢表之訛，又妄改史表爲「昌武」也。驃騎傳「昌武」同誤。

益封

案：史、漢皆不書封户，而益封「三百户」則見於傳中。

四年七月庚申

案：元朔四年七月壬戌朔，無庚申，必是「十月」之誤。史、漢於昌武、襄城二侯並誤作「七月」也。

二月，侯充國元年。（金陵本作「二年」。）

案：此言充國父趙安稽薨於元鼎元年，充國以元鼎二年嗣，太初元年薨。而漢表謂安稽薨於元鼎六年，充國以太初元年嗣，四年薨。未知孰是。

太初元年，侯充國薨，

案：「太初」二字當衍，又失其謚。充國既以元年薨，則當中書「一」字，此亦缺。

襄城

案：史、漢表皆作「襄城」，而索隱引漢表作「襄武」，是今本漢書譌。蓋襄城屬潁川，匈奴降相之封不應在潁，必隴西襄武縣。漢表謂在襄垣者，乃「相桓」之誤，王莽改襄武爲相桓，若襄垣則又屬上黨矣。或問孝文封匈奴降相韓嬰於襄城，與此侯同，何以言不應封潁川？曰：韓嬰乃韓王信之孫，信本王潁川，故取其舊地封之，非乘龍可比。况乘龍以元朔四年十月封，韓嬰子澤之以元朔四年免，雖同在一年中，而韓侯失國之月無考，又安見乘龍之必繼韓侯乎？

降侯

案：漢表「四百户」，此缺。

七月庚申

案：「七月」當作「十月。」

侯無龍

案：漢表作「桀龍」，通志據以爲桀姓。而此集解一云「乘龍」，索隱引漢表亦作「乘」。余謂此侯實姓乘，史表之「無」，漢表之「桀」並誤。蓋古「乘」字作「椉」，又作「兖」也。其謚失書，此侯以戰死，尤必賜謚褒之。

一，太初三年，無龍從浞野侯戰死（金陵本作「二年」。）

案：龍以太初二年戰死，授命之臣，不得削其年，則「一」字當作「二」，「三年」當作「二年」，此俱誤。「太初」二字衍。「乘龍」上缺「侯」字。漢表謂龍二十二年死，誤少一年，當作「二十三」。

四年，侯病已元年。（金陵本作「三年」。）

案：病已以三年嗣，此作「四年」，與漢表作「二年」並誤。「侯」上缺「今」字。

南奅

附案：衛青傳作「窌」，古通用。索隱引韋昭云「縣名」，未詳。趙氏漢表舉正疑即左傳成二年之石窌，杜注謂在濟北盧縣東。又攷元朔五年封侯者十人，樂安以四月乙巳封，（史誤「丁未」。）南奅、合騎、龍頟、宜春、陰安、發干以丁未封，隨成、從平、涉軹以乙卯封，史誤涉軹爲「丁未」。是其序也。此表以南窌、合騎列樂安之前，以隨成、從平、涉軹列宜春之前，蓋傳寫失次耳。

功侯

案：傳，公孫賀以千三百户封，史、漢表並缺。

四月丁未

附案：漢表作「丁卯」，誤。四年戊子朔，無丁卯也。

絶十歲

附案：「十」乃「七」之誤，賀以元鼎五年免，太初二年復封，是絶七歲。

太初二年三月丁卯，封葛繹侯。征和二年，賀子敬聲有罪，國除。

案「太初」二字衍。「葛繹」二字當大書於中。在東海下邳。又有缺脱，當云「復封今侯賀元年。」「征和」已下十二字，後人妄續，與列傳同，當删之。

十三

附案：「十」字衍，自太初二至四，今後賀在國三年也，此三字當書於下方，今誤在「復封」上。

合騎

附案：漢長在高城，蓋此侯號爲合騎而食邑於南郡高城縣。胡三省謂勃海高成恐非，無論勃海高成爲都尉治，而公孫宏見爲丞相，尚止食平津一鄉，則不以封合騎明矣。索隱曰「合騎非邑地，因戰功爲號，謂軍合驃騎，故云合騎，若『冠軍』、『從驃』然」。晉灼亦曰「猶冠、驃之名」也。漢書甘延壽傳「益置揚威、白虎、合騎之校」，亦可證。

功侯

案：傳封户一千五百。

元朔六年益封

案：漢表「益封九千五百户」，然敖本封一千五百，何以一益封而户若是多乎？疑漢表誤。

樂安

附案：漢表作「安樂」，誤倒也。索隱本亦誤「安樂」。史、漢他處皆作「樂安」。水經注八言千乘樂安封李蔡，可證。而漢表云在昌，蓋即千乘之博昌矣。

功侯

案：傳封户千六百，漢表作「二千户」，雖所書不同，而此自失書。

年四月丁未，侯李蔡元年。（金陵本作「五年四月」。）

案：湖本「年」上失刻「五」字。「丁未」又「乙巳」之誤。蔡爲丞相，表亦缺不具。

龍頟平原。

功侯

案：傳封一千三百户。

元年五月丁卯，案道侯説元年。

案：此元封元年也，「丁卯」漢表作「己卯」，未知孰是。案道是更封國名，當大書於中。「復侯」二字已見上格，故此不書，但「侯」上缺「今」字耳。案道是號，蓋取周書小明武解案道攻巷無襲門户之義，漢表謂在齊，言食邑在齊也，然其處無考。索隱引韋昭云案道屬齊，誤。至漢表以封龍頟者名讙，封案道者名説，分爲二人，甚謬，小司馬已非之矣。

十二（金陵本作「十三」。）

附案：當作「四」，後人妄改爲「十三」。

征和三年，子長代，有罪絶。子曾復封爲龍頟侯。

附案：十八字後人妄續，與韓信傳同，當删之。且所續亦誤，説之子名興，字長君，乃稱「子長」。曾爲興弟，乃言「子曾。」何足信哉！

隨成

附案：隨成是號，謂隨大將軍成功也。漢表作「城」，古通。漢表言在千乘，未知食邑在千乘何地。或云封於南陽隨縣，非。

功農吾，先登石累，得王功侯。（金陵本作「攻農吾」。）

案：漢表云「攻辰吾，先登石壘，侯，七百户」，則「農」字誤。師古曰「辰吾水之上也」。功攻二字古亦通。至封户，列傳是千三百户，未知孰是。

三

案：趙不虞以元狩三年失國，則「三」字當作「二」。漢表謂「封三年，以元狩二年免」，尤誤，當作「封四年，以元狩三年免」，蓋匈奴入定襄在元狩三年也。

坐謾

史詮曰「『坐』當作『爲』。漢表無『坐』字」。

從平

附案：漢表在樂昌，蓋封於東郡樂昌縣，而號爲從平耳。從平者，從大將軍平匈奴也。

功侯

案：漢表作「千一百户」，傳作「千三百」。

爲上郡太守

附案：漢表作「上黨」，誤。

涉軹

附案：漢表在西安，蓋封於西安齊郡。而號曰涉軹。漢表脱「涉」字。索隱云「涉軹猶從驃然，皆當時意也，故上文有涉安侯」。

功侯

案：傳「一千三百户」。

四月丁未
　案：當作「乙卯」。
元年，侯朔有罪，國除。
　案：此元狩元年。漢表言「元朔六年免」，比史表先一年。
宜春
　附案：汝南、豫章皆有宜春縣，此蓋封於汝南，豫章之宜春，當元光六年已封長沙定王子劉成，並時見存也。
攻侯（金陵本作「功侯」。）
　案：功與攻通，然各本是「功」字。又宜春、陰安、發干皆失書封户，據傳是各千三百户。
陰安魏郡。
發干東郡。
　侯衛登
　附案：西京雜記云「衛青生子，或有獻騧馬者，乃命其子曰騧，字叔馬。其後改爲登，字叔昇。」則史、漢所書，皆從其改名也。
博望
　附案：漢志縣，在南陽，武帝封張騫始置。索隱曰「博望封號，非地名。小顏云取其能博廣瞻望。

尋武帝置博望苑，亦取斯義」。此說非也，田完世家有三晉朝齊於博望之語，則其名舊矣。宣帝又以封許舜。至西漢末廢不爲縣，故何武封於南陽犨之博望鄉，見漢書武傳。

六年三月甲辰

案：元朔六年三月癸丑朔，無甲辰，而史、漢表皆作「甲辰」，誤。

冠軍

附案：此南陽之縣，武帝置。應劭以功冠諸軍釋之。

以嫖姚校尉再從大將軍

案：嫖姚二字本傳作「剽姚」，漢書作「票姚」，荀氏漢紀作「票鷂」。余謂當作「驃鷂」，蓋合兩物爲官名，取勁疾武猛之義。趙破奴爲鷹擊司馬，與「鷂」字義同，去病後稱驃騎將軍，尚仍斯號。「票」乃「驃」之省文，漢書「驃騎」皆作「票騎」，又從驃侯作「從票」，亦可證。「剽」、「嫖」、「姚」並非也。楊慎謂「票」當作「鷂」，妄。驃鷂讀去聲，惟服虔音飄搖。六朝時如梁蕭子顯詩日出東南隅云「漢馬三萬匹，夫婿仕票姚。十五張內侍，十八賈登朝」。周庾信開府集夜聽擣衣云「擣衣明月下，夜靜秋風飄。寒衣須及早，將寄霍票姚」。唐人槩作平聲用，後遂因之，所謂寧道孔聖誤，諱言服、鄭非也。而文選王融曲水詩序復作「彯搖」，竟未有讀去聲者。顏師古音頻妙、羊召反，以讀平聲爲不當其義，考古質疑曾辨之。學林謂平去二聲皆可讀，于義無害。

六年，從大將軍擊匈奴，斬相國功侯。元狩二年，以驃騎將軍擊匈奴，至祁連，益封；迎渾邪王，益封；擊左右賢王，益封。

案：去病本以千六百户封冠軍侯，漢書作「二千五百户」。而又四益封，一因出隴西有功益二千户，漢書「二千二百」。一因破祁連益五千户，漢書「五千四百」。一因迎渾邪益千七百户，一因擊左右賢王益五千八百户。此與漢表皆缺不具。

六年四月壬申

案：元朔六年四月壬午朔，無壬申，史、漢表俱誤。

一

附案：哀侯嬗以元封元年薨，當中書「一」字，此缺故補。

衆利

附案：漢表與此同，衛霍傳作「終利」，古字通。索隱謂「表在陽城姑莫，後以封伊卽軒」。然漢表無「陽城」二字。姑莫屬琅邪，蓋衆利是姑幕莫、幕同。縣之鄉名。「陽城」疑「城陽」之譌，城陽與琅邪不遠，故晉志姑幕屬城陽郡也。又漢表伊卽軒之孫輔宗薨亡後爲諸縣，則與郝賢封名雖同，而食封稍異矣。

功侯

案：封千一百户。

潦

附案：孫侍御曰「潦、瞭、瞭、膫疑一地，字有異耳。先封煖訾繼封次公，後又封異取，乃潁川郡舞陽縣之鄉名也。方輿紀要謂舞陽東有潦河，地蓋因水得名。」

降侯

案：封五百六十户。

趙王煖訾

案：漢表「煖」作「援」。

煖訾死

史詮曰「缺『侯』字。『薨』作『死』，誤」。

宜冠

附案：漢表在昌，則封於琅邪昌縣，而號爲宜冠耳。驃騎傳正義曰「孔文祥云從冠軍將軍戰，故宜冠，從驃之類也」。

出再擊匈奴（金陵本作「再出」。）

附案：史詮曰「『再出』作『出再』，誤」。

功侯

案：封一千一百户。

正月乙亥

附案：漢作「五月庚戌」，誤。煇渠，以二月封，列宜冠後，則非五月封宜冠矣，况元狩元年五月無庚戌乎？

不識擊匈奴

史詮曰「侯不識坐擊匈奴，此缺」。

煇渠

案：索隱云「鄉名。表在魯陽」，是屬南陽也。匈奴傳晉灼曰「本匈奴官名」，恐非，但廣韻引風俗通稱「渾渠侯僕多」，見二沃僕字注，則史、漢作「煇渠」誤，説見後。

功侯　功益封

案：此侯封户及益封户數並缺。

忠侯僕多

附案：史、漢列傳及廣韻侯名多，漢表及通志作「朋」，索隱于傳誤作「明」。師古、小司馬以「多」字爲誤，而考證婁縣張氏照又以「朋」爲誤也。

侯電

案：「侯」上缺「今」字，「電」上缺「雷」字。漢表、通志並名雷電也。侯名甚奇，唐之韓霜露、李日月正堪作對。漢匈奴傳晉灼注引表又無「電」字。

從驃

附案：張晏曰「從驃騎將軍有功，因以爲號」，實封未知何地。

得兩王子騎將功侯

案：據漢表及列傳，「子」字乃「千」之譌，謂得兩王又得千騎將也。千騎將，匈奴王號。至其封户，史傳本封千五百，益封三百。漢表云「二千户」。雖有小異，而此自失書。

涅野

附案：地未詳。

下麾

附案：傳及漢書並作「下摩。」史詮曰「摩，古『麾』字」。漢表在猗氏，則河東猗氏縣之鄉名也。

降侯

案：漢表「七百户」。

二年六月乙亥，侯呼毒尼元年。五。

案：是時匈奴降者五人，下麾乃降王渾邪之裨王也，安得先封。況其降在元狩二年秋，安得六月已封侯乎？史、漢表俱誤，當作「三年十月壬午。」中間所書「五」字，當改作「四」，説又見後。

煬

煬侯

附案：「煬」當作「今」，後人妄改爲謚。

漯陰

附案：縣，在平原。漢表及續志並作「濕」，乃「漯」本字，後世借爲「燥溼」字也。宋孫奭孟子音義曰「漯作『濕』，誤」。非也，説文作「濕」隸變曰「從『田』，又省一『系』耳」。

二年七月壬午

案：此所封渾邪王也，與後順梁河綦常樂三侯同封，則「二年」乃「三年」之誤。然攷渾邪王與下麾侯等五人降漢，在元狩二年之秋，其封侯亦宜在二年秋，即遲至三年，時日必不甚遠，何以緩封直待七月乎？五人之封，渾邪宜先，餘四人應稍後，以渾邪是王，且獨先乘傳詣長安也，何以漯陰反後於下麾乎？驗情準義，其誤無疑。蓋渾邪封於元狩三年十月乙亥，下麾等封於十月壬午，五侯俱以三年封，俱以十月封，特其封日先後相差七日耳。凡書「二年六月乙亥」、「二年七月壬午」、「三年七月壬午」者，皆誤。漯陰當列下麾之前。

定侯渾邪

案：以渾邪王而名渾邪何也？蓋失其名。

順梁（金陵本作「煇渠」。）

附案：史詮作「煇梁」，以「順梁」是誤。列傳及漢書俱作「煇渠」言在魯陽，他本史表及索隱本亦作「煇渠。」而煇渠鄉已封僕多，何以又封扁訾？小司馬先引韋昭云「僕多封煇渠，應它封渾渠，皆鄉名，在魯陽。今並作『煇』，誤」。繼引孔文祥云「同是元狩中封，則一邑分封二人」。蓋謂共食其地，而中分戶數也。而索隱於傳又云「其地俱屬魯陽，未詳所以」。余取廣韻「渾梁侯僕多」參而校之，知封僕多者是渾梁，封扁訾者是煇渠，二鄉皆在魯陽。扁訾謚愼。「煇」既近「渾」，「渠」又似「梁」，故傳譌耳。

七月壬午

案：「七月」是「十月」之譌。

悼侯扁訾

案：「悼侯」當依漢表作「愼侯」，愼、順古通，故傳寫舛倒作「順梁」，乃又以「悼」替「愼」，誤矣。至侯之姓名，所書各異，史記表作「扁訾」，傳作「應庇」；漢書表作「應疕」，傳作「雁疵」；徐廣作「篇訾」。文穎音「雁」爲「鷹」，音「疵」爲「庇」。師古曰「疕，匹履反。其字從『疕』，非『庇』也」。余謂庇、疕、疵疑皆「庇」之譌，庇音疵，亦音刺，與訾音近，故通借用之，如楚文王名熊貲而亦作「熊庇」也。

其姓疑「應」字爲是。

侯扁訾死

案：「死」當作「薨」。

河綦

附案：漢表在濟南，未詳。

以匈奴右王與渾邪降侯

案：「右」下缺「賢」字。漢表封六百户。

七月壬午

案：「七月」乃「十月」之誤。

康侯烏犁

附案：傳又作「禽梨」，漢則表作「烏黎」，傳作「禽黎」，索隱本又作「烏犁」。徐廣曰「禽一作『烏』。」蓋此侯姓烏，因「烏」訛「鳥」，因「鳥」變「禽」，師古亦以「禽」爲轉寫誤也。黎、梨、犁通用。

餘利鞮元年

案：失書「今侯」二字。

常樂

附案：漢表在濟南，未詳。

降侯

案：漢表五百七十户。

七月壬午

案：「七月」乃「十月」之誤。

肥侯稠雕

案：謚肥甚疑，漢表不載也。「稠雕」，傳作「銅雕」，漢傳又作「調雖」，徐廣作「稠離」，索隱引漢傳作「雕離」，顔師古及野客叢書引漢表別作「稠雎」。形近字變，唐、宋以來已各本不同，故小顔知其有誤，亦莫定爲孰是。

太初三年，今侯廣漢元年。（金陵本太初格有「二」字。）

案：「太初」二字衍。又下方之中失書「二」字。

符離

附案：漢志在沛，水經睢水注亦以爲路博德封國。而漢表作「邳離」，注云「朱虛」。朱虛屬琅邪，豈即郡國志東莞縣之邳鄉耶？疑非。又衞將軍傳「破符離」，師古曰「塞名。」趙氏漢表舉正謂路將軍當封此，亦非。

擊右王，將重會期，

案：史詮云缺「賢」字，是也。漢表「右」作「左」，小異。將重會期者，將輜重至軍及期而會，傳所謂「路博德屬驃騎將軍，會與音余。城不失期」也。漢表「將」誤作「得」，師古以得輜重解之，殊非。索隱以「將」字上屬，重會期言再赴期，尤謬。

功侯

案：封户千六百。

太初元年，侯路博德有罪，

史詮曰「衍『太初路』三字」。

壯

附案：史作「壯」，漢作「杜」。「壯」字譌也，高祖功臣壯侯許倩，時未失國，故知「壯」誤。漢表云在重平，則勃海重平縣之鄉名。索隱言「表在東平」，誤。

以匈奴歸義匈奴因淳漢表「淳」作「孰」、作「就」，並誤。王，從驃騎將軍。

史詮曰「因上衍『匈奴』二字」。

捕虜二千一百人功侯

案：漢表作「三千一百人。」又「封千三百户。」

侯復陸支

案：其謚缺。復陸是姓，見漢書宣紀蘇林注。

衆利

附案：此蓋琅邪姑幕縣之鄉名，説見前。

擊右王，手自制劍合，

案：漢表作「擊左王手劍合」。

功侯

案：傳「封户千八百」，漢表作「千一百户」。

質侯伊卽軒

附案：此侯與下麾侯同名。史、漢列傳「軒」作「軒」，當是也。

湘成

附案：此乃鄉名，凡兩封。漢表於此云陽城，於後云堵陽。地理志王莽改南陽郡堵陽爲陽城也。但曹相國世家云「與南陽守齮戰陽城郭東」，應劭曰「今堵陽。」則陽城即堵陽，王莽因舊名改之，非潁川、汝南之陽城矣。

降侯

案：漢表「千八百户」。

六月丁卯

案：湘成與散、臧馬同封，漢表皆是六月丙子，在丁卯後十日。此謂三侯俱以六月丁卯封，因表錯以湘成一侯列義陽之前而誤也。

義陽

附案：漢表在平氏，則南陽所屬。舊唐書志云平氏縣義陽鄉也，魏爲縣，晉爲郡。又義陽當列湘成之前。

擊左王，得王功侯。

案：史詮謂「左王」缺「賢」字，然漢表云「擊匈奴得王」也。又史傳云衛山封千二百户，漢表千一百。

侯衛山

附案：凡嗣侯見在者則加「今」字，其始封之君見在乃初侯也，故不加「今」字。

散

附案：漢表在陽城。趙氏漢表舉正曰「水經『洛水又東北過宜陽縣南，又東北出散關南。』此卽函谷新關，在河南新安縣東，與潁川陽城境近，蓋以關名爲封號也」。

降侯

案：漢表千一百户。

六月丁卯，侯董茶吾

案：「丁卯」乃「丙子」之誤。其謚失書。侯名漢表作「舍吾」，索隱曰「『茶』蓋誤耳，其人名余吾。余吾，匈奴水名」。攷茶有舒音，舍亦有舒音，小雅何人斯篇以舍與車盱叶，可證。而春秋哀六年「齊陳乞弑其君荼」，公羊作「舍」。又律書「舍者舒氣也」，則字義並通。小司馬「余吾」之説，恐非。

太初三年

案：「太初」衍文。

臧馬

附案：漢表在朱虛，未詳。趙氏漢表舉正曰「方輿紀要馬陵臺在壽光縣西南六十里，亦曰臧臺，相傳臧武仲葬此，因名。水經注濁水又北逕臧氏臺西，臧馬或是矣」。

降侯

案：漢表八百七十户。

六月丁卯，康侯延年

案：「丁卯」當作「丙子」。又失書侯姓，漢表作「雕延年」，廣韻注、通志雕氏注皆舉此侯爲證。

侯延年死，不得置後，國除。

附案：延年必以罪死，故不得置後，漢表云「亡後」，恐非。

周子南君

附案：漢表在長社，則是分潁川長社縣三十里以爲國也，在今河南汝州治。子南説見衛世家末。

鹽鐵論誅秦篇作「周子男君。」

以周後紹封

案：漢表三千户。

侯姬嘉

案：「侯」當作「君」，又缺謚。

君買

案：「君」上缺「今」字。漢表名置，疑此譌。

樂通

附案：漢表在高平。集解韋昭曰「在臨淮高平也。」

以方術侯

案：漢表三千户。

瞭（金陵本作「瞭」。）

附案：「瞭」字訛刻。漢表又作「瞭」，别本史記及索隱本於次公之封作「瞭」，於畢取之封作「瞭」，其實一也，説見前。漢表於畢取之瞭謂在南陽，乃「舞陽」之譌耳。索隱引漢表云在「下邳」，亦非。

降侯

案：漢表七百九十户。

術陽

附案：漢表在下邳。東海。蓋其地在術水之陽，師古曰「術水卽沭水也」。索隱本作「述陽」。

越高昌侯

案：漢表此下有「侯三千户」四字，此缺。

侯建德

案：史、漢表皆失書趙姓。

四年

附案：漢表稱元鼎五年三月壬午封，此缺書月日。然漢表誤也，元鼎五年建德使南海反矣，豈封侯之歲乎？依史缺爲是。

龍亢

附案：此與南越傳同。索隱引蕭該云「廣德所封止是『龍』，有『亢』者誤也。」並據左傳「齊侯圍龍」，以爲此卽魯之龍邑，殊屬乖妄。沛郡龍亢縣明載地理志。索隱於傳亦曰「龍亢屬譙國」，何此處忽生異端，蓋見漢書單稱「龍」，不知爲傳寫訛脱。蕭氏謬説於前，遂仍其説而不檢耳。

繆世榮（金陵本作「繆世樂」。）

案：「世」字誤增，當衍。

子侯

案：漢表六百七十户。

六

案：史詮謂「六」當作「五」，是也。但史表謂廣德於元封時在國五年，而漢表謂元鼎六年坐酎金免，在國止一年，不及元封時，未知孰是。

成安

附案：漢志潁川、陳留皆有成安。此屬潁川，漢表謂在郟，蓋成安分郟縣所置，韓千秋潁川人，故封此也。索隱既引漢表云在郟，而又以志在陳留言之，未免歧見。然水經注於汝水、汳水兩處雙載韓延年封國，已先誤矣。

子侯

案：漢表千三百八十户。

三月壬子，侯延年

案：漢表成安與龍亢並以三月壬午日封，此作「壬子」誤，是年三月無壬子也。

六

史詮曰「『五』作『六』，誤」。

昆

附案：漢表在鉅鹿，未詳。趙氏漢表舉正謂「昆亦塞上地名，衞霍傳『郭昌擊昆無功』，陳湯傳劉向上疏云『揚威昆山之西』，詩混夷即昆也，此侯之封是其地，與路博德封符離一例」。恐未然。

功侯

案：史、漢皆缺封户。

昆侯

案：「昆」字衍。

騏

附案：漢表在北屈，以騏近北屈也。二縣並屬河東。

功侯

案：漢表五百二十户。

五年五月壬子

案：元鼎五年五月無壬子，當在六月，史、漢表俱誤。

梁期魏郡。

得復累絺縵等

案：此以復累、絺縵爲二人名，得者虜之也。漢表「得復」二字作「將軍」，則以「累絺縵」爲匈奴一將軍名。未知孰是。

功侯

案：封户闕。

七月辛巳

附案：漢表作「五月」，非。

牧丘

附案：漢表在平原，未詳。

侯

案：封户缺。

恪侯

附案：據傳及漢書，「恪」乃「恬」之誤。

侯德

案：缺「今」字。

瞭

附案：漢表作「瞭」，說在上。

降侯

案：漢表五百一十户。

將梁

附案：此地武帝先以封中山靖王子。漢表云在涿。攷水經注十一「博水東逕廣望縣故城北，又北逕清源城東，即將梁也」。則其地在涿郡廣望縣界，蓋鄉名矣。秦本紀有將梁氏。

侯

案：封户缺。

三，四年，侯僕有罪，

案：朝鮮傳及漢書紀、傳，楊僕免侯在元封三年，則史、漢表俱誤。當中書「二」字，「四年」作「三年」。

安道

附案：漢表在南陽，未詳。

侯

案：漢表六百户。

侯揭陽令定

案：「定」上缺「史」字。

隨桃

降侯

附案：索隱於表引漢表在南陽，今本無之。於南越傳引韋昭云「縣屬南陽」，然未聞。

案：漢表三千户。

湘成

降侯

附案：此乃南陽堵陽縣之鄉名，說見前。

案：漢表八百三十户。

海常

附案：漢書王子表在琅邪，而南越傳徐廣云在東萊，皆未詳。

功侯

案：封户缺。

太初元年，侯弘死，

案：「太初」二字衍。「死」當作「薨」。又格中失書「一」字。

北石

案：史作「北石」，漢表作「外石」，傳作「卯石」。師古疑「外石」爲誤。又兩粤傳一本作「印石」。宋祁漢書校本曰「印當作『卯』。」然則「北石」亦誤也。漢表在濟陽，陳留。索隱引表作「濟南」，非。

功侯

案：漢表千户。

侯吴陽

案：失其謚。

太初四年，今侯首元年。

案：「太初」二字衍。又下方失書「一」字。

下鄘

附案：水經注二十九「湍水出宏農界翼望山東，南流逕南鄘縣故城東，史記所謂下鄘也。」則即南陽之鄘縣。漢書作「下鄜」，古字通用，如吕台封鄜侯，史並作「鄘」矣。

斬西于王功侯

案：「西于」乃「西干」之訛，即交趾也。「侯」下缺書「七百户」。

侯左將黄同元元年（金陵本不重「元」字。）

附案：兩「元」字衍一，湖本誤重。

繚嫈

案：地無攷，或謂卽清河繚縣，恐非。此侯劉福，乃城陽共王子，初封海常，坐酎金免，依表例當附書王子表海常下，今表别見，與惠景表紅、休二侯並列同謬。若謂一以親封，一以功封，兩表不妨並列，則亦當言福爲故侯，不然將判若二人矣。

以故校尉從

案：「故」字誤，當衍，漢表無之，然何以不曰「以故侯爲校尉從」乎？

功侯

案：封户缺。

元年五月乙卯

案：元封元年五月丙寅朔，無乙卯，疑當作「己卯」，史、漢俱誤。

蘌兒

附案：閩越傳作「禦兒」，與國語合，是也。其地卽今嘉興。此作「蘌」，漢表作「蓹」，師古又謂或作「蘌」、「篽」，並古字通用。至兩粤傳作「語兒」，亦古通字，春秋桓十四年經「鄭伯弟語」，穀梁作「禦」。越絶書及韋注越語皆作「語兒鄉」，越絶記地傳謂「句踐入吴，産女於此，因名」。水經注四十「浙江東逕禦兒鄉，萬善歷曰，吴黄武六年正月獲彭綺，是歲由拳西鄉産兒，墮地能語，云『天方明，河欲清，鼎折脚，金乃生。』因詔爲語兒鄉。非也，禦兒之名遠矣，蓋無智之徒，因藉地名，生情穿鑿，安得引黄武證地哉」！

功侯

案：封户缺。

元年閏月癸卯

案：史、漢表禦兒、開陵、臨蔡、東城四侯俱書閏月封，但言閏月不知何月之閏？徐廣謂閏四月，史詮謂閏五月。然漢初凡閏歸於終稱後九月，安得有閏月乎？疑「閏」字訛。

太初元年，終古死，

案：「太初」當衍。「終古」上缺「侯」字。「死」當作「薨」。又中間缺書「一」字。

開陵臨淮。

功侯

案：漢表二千户。

侯建成

案：東越傳侯名敖，失其姓。建成是東越故官，非名也，乃史、漢表皆以「建成」爲名，誤甚。

臨蔡

案：漢表在河内，未詳。水經注二云孫都封於金城之臨羌，與史、漢異。

功侯
案：漢表千户。
侯孫都
案：漢表有「侯襄嗣，太初元年坐擊番禺奪人虜掠死」，則都薨於元封時，疑此有脱文也。又史、漢傳皆作「都稽」，而表皆作「孫都」，姓名移易，未定孰是。水經注從表。
東城九江。
無錫會稽。
降侯
案：漢表千户。
元年
案：依表例，缺「中」字，後涉都侯稱「元年中」也。
涉都
附案：郡國志築陽有涉都鄉，故漢表云在南陽，水經注二十九尤可證。索隱本作「涉多」，誤。
子侯
案：封二千四十户。
侯嘉

案：失姓及謚。又漢表名喜。

太初二年

案：「太初」衍。

平州

附案：漢表在梁父，説見高祖侯表。

降侯

案：封千四百八十户。

侯㖏

案：侯姓王，此缺。其謚失之。

一

案：表作「二」。

菼苴

附案：漢表在勃海。方輿紀要云城在慶雲縣東，城下有菼苴河。慶雲今屬天津府，漢勃海南皮縣地。菼字，師古、索隱音狄，而史朝鮮傳作「萩」，索隱本引傳仍是「菼」，班馬異同引史表又作「萩」，畢漢書東方朔及貨殖傳以爲卽「楸」之證。漢書列傳直作「秋」，豈菼、萩同爲蒿名，可以通用耶？爾雅「蕭萩」，釋文作「萩」。抑字形相近遂致舛訛耶？蓋亦如衛殤公之名秋名狄矣。

侯

案：封五百四十户。

三年四月

案：「四月」下缺書「丁卯」二字。

侯朝鮮相韓陰

案：漢書作「韓陶」，通鑑從史。

澅清

附案：漢表在齊，蓋卽齊畫邑，水經注二十六作「澅。」索隱本無「清」字。澅音獲，音平卦反者非。

侯

案：封千户。

侯朝鮮尼谿相侯參

案：「參」上衍「侯」字。其姓缺。

騠兹

附案：漢表在琅邪，未詳。

若苴王

案：漢表作「右苴王」。

侯

案：封千九百户。

十一月丁卯

案：漢表作「丁未」是，元封四年十一月壬午朔，不得有丁卯。

侯稽谷姑

案：謚缺。外裔不必皆有姓，未知「稽」是姓否？

太初元年，侯稽谷姑薨，

案：「太初」衍。又中間失書「一」字。

浩

附案：地無攷，疑卽金城浩亹縣。師古曰「浩音誥，水名。亹者水流峽山岸，深若門也」。王恢以捕得車師王功侯，固宜封於西塞矣。

功侯

案：户缺。

一

案：王恢爲侯僅三月，不當中書「一」字，蓋衍文。漢表云「一月」，亦非。

矯制書（金陵本作「矯制害」。）

附案：湖本訛刻「害」爲「書」字。漢表有注。

瓡讘

附案：漢志在河東，作「狐讘」，故師古讀與「狐」同。小司馬謂即「狐」字，但王子表有瓡侯劉息，徐廣曰一作「報」，索隱本直作「報侯」，云「屬北海」，而北海無報縣。師古曰即「瓠」字，又音孤。而漢志北海瓡縣師古又曰即「執」字。一人注書，前後相戾如此。余攷漢書東平思王傳「瓠山」，師古謂「報山，古作『瓠』字，爲其形似瓠耳」。則河東之縣當作「狐」，北海之縣當作「瓠」，疑古狐、瓠字皆作「瓡」，譌爲「報」也。索隱引韋昭瓡爲諸槃反，亦非。

侯

案：封七百六十户。

侯扞者

附案：侯缺謚。「扞」，一本作「扞」。漢表一本作「杅」，又作「杵」，並非，當依明監本漢表作「扞」蓋以地爲姓也。

侯勝

案：缺「今」字。

幾

附案：幾爲六國時魏邑，趙世家「廉頗攻魏幾」是也，故漢表在河東。湖本索隱訛「東」爲「南」。正義曰「在湘、潞之間」。趙氏漢表舉正引括地志云在魏郡元城縣東南。

降侯

案：封户缺。

侯張路歸義

案：史、漢傳皆作「幾侯長」，而表皆作「張路」，未知孰是。「歸義」二字衍。

涅陽

附案：漢志在南陽，則表言在齊誤。

其子侯

案：封户缺。

康侯子最

案：「子」字衍。其姓缺。

太初二年，侯最死，

案「太初」衍。「死」當作「薨」。

右太史公本表

附案：六字褚生所改。孫侍御云：「史表原文必如惠景侯表之例，云『右元光至太初若干人』。」又海西、新畤二侯並封於太初之世，史公不當遺之也。至此下當塗至陽平四十六侯，亦皆褚所續，非但侯位多有遺闕，其編録之誤，不可指計。凡功勳、罪狀、國號、姓名、官職以及户數、年數，盡與漢書不合。例當删削，故今不討論也。

史記志疑卷十四

王子侯者年表第九

制詔御史：「諸侯王或欲推私恩分子弟邑者，令各條上，朕且臨定其號名。」

案：此元朔二年詔也。漢書詔曰：「諸侯王請與子弟邑者，朕將親覽，使有列位焉。」所載不同，豈班、馬於詔辭亦擅改之耶？王子之封，是分本國之邑以爲侯國，乃表中國名頗有越封異地者。中山靖王傳云「分封子弟，別屬漢郡」。竊意當日衆建之制，必上其分封邑户於朝，天子別以附近之郡地易而封之。且漢書地理志據元始版籍，所書侯國，以成帝元延末爲斷，皆録見存之侯，其間郡縣之割隸移屬，不知凡幾，故與漢初異。又國先絶者俱不書侯國，國除而其地廢不爲縣者亦不書，故地多無考。

國名

案：表自茲侯至祝茲共百六十二國，其實當有百六十三人，蓋誤脱城陽頃王子挍侯雲也。

王子號

案：諸王子之名，大半相重，並有尊卑迭犯者，不知當日命名何以不稽譜牒乎？

茲

附案：此疑卽太原茲氏縣。或云是琅邪茲鄉，杜預昭五年左傳注所謂姑幕縣東北有茲亭也。

侯明坐謀反殺人，棄市，

案：明何嘗謀反，但殺人耳。徐廣曰一作「掠殺人棄市」，與漢表言「坐殺人自殺」合。但一棄市，一自殺，稍異。孫侍御云「疑是坐謀殺人棄市，衍一『反』字耳」。

安成

附案：縣在長沙，故封長沙王子，水經贛水注亦可證。漢表云豫章，非。趙氏漢表舉正曰「豫章之安成，三國吳立，此是後人妄加。又汝南亦有安成，水經注以爲侯蒼封邑，見汝水注皆非也」。

宜春

附案：索隱謂「漢表、志闕」，甚妄。汝南、豫章皆有宜春，此侯封於豫章，水經贛水注可證。

句容

附案：漢表在會稽，而志屬丹陽也，以縣有句曲山得名。

句陵

附案：徐廣作「容陵」是，與漢表同，長沙之縣也。「句」字譌。

杏山

附案：漢志、表皆缺。寰宇記光州仙居縣本漢江夏軑縣地。北有杏山，又濠州鐘離縣漢九江。南有杏山，皆楚地，未知孰是。他若左傳昭二十四年周有杏邑，高氏春秋地名攷略引洛陽記曰「禹州城北有杏山」。又今兗州府寧陽縣有杏山。地遠，似皆非楚王子所封。

浮丘

附案：漢表在沛，蓋卽水經注三十所云「淮水東逕浮山」者也。楚元王受詩於浮丘伯，當亦以地爲姓。

侯劉不審

案：漢表作「節侯劉不害」，此失書謚，又誤「害」爲「審」。

今侯霸（金陵本無「今」字。）

案：「今」字衍。

廣戚

附案：索隱謂「表、志缺」，非也。縣屬沛。

十一月

史詮曰：「『十月』作『十一月』，誤。」

節侯劉擇

案：侯之名，徐廣云一作「將」。漢表是「將」也，而水經注二十五又作「澤」，未知孰是。

丹楊

附案：此丹陽郡丹陽縣也，晉志以山多赤柳得名。古陽、楊通用。漢表云在無湖，以地相接近耳。無湖亦丹楊屬縣。漢表謂卽楚封之丹陽，誤。

哀侯敢

案：失書姓。

盱台

附案：索隱謂「表、志闕」，妄甚。縣在臨淮，卽楚懷王所都者也。

侯劉象之

附案：漢表及水經注三十皆作「蒙之」，此譌。

湖孰丹陽。

正月丁亥頃侯劉胥

案：漢表作「丁卯」，是也，元朔元年正月壬子朔，不應有丁亥。又侯名胥行，此脱「行」字。

今侯聖

附案：漢表云「元鼎五年侯聖嗣，坐知人脱亡名數以爲保殺人免」，缺書聖居位之年，不知免侯在何歲，蓋在太初已後，非卽以元鼎五年免，而史表有誤也。

秩陽

案：漢表作「秣陵」。江都王子宜封丹陽，則「秩陽」乃「秣陵」之誤。

終侯劉漣

附案：漢表作「纏」，有二名。

三

案：當作「四」，漣以元鼎四年封也。

睢陵

案：漢表作「淮陵」。考二縣並在臨淮，然依漢表爲是。其時宣平侯張偃孫改封睢陵，安得又封江都王子乎？水經注二十四從史，非。景十三王傳作「淮陽」，尤誤。

侯劉定國

附案：水經注作「劉楚」，與史、漢表異，未知何出。

龍丘　江都易王子

案：漢表龍丘在張梁侯之後，謂是菑川懿王子所封，地在琅邪，則此作「江都易王子」誤也。龍丘未詳其處。

張梁　江都易王子

案：漢表張梁在龍丘前，謂梁共王子所封。考表中王子封侯無梁國，而漢書武紀元朔二年詔曰「梁王、城陽王親慈同生，願以邑分弟，其許之」。則張梁是梁共王子侯國也。其地疑卽郡國志梁國睢陽之楊梁聚。

劇

附案：索隱謂「志、表缺」，甚妄。劇在北海。若菑川之劇王都在焉，必不以封矣。趙氏水經注釋二十六云菑川之劇在昌樂縣西北。

孝侯廣昌

附案：此當爲今侯，後人妄改作謚。

壤

案：漢表作「懹昌」，皆無考。或曰漢表非也，壤卽南陽穰縣，穰、壤古通。然地遠，疑。

元年，今侯延元年。

案：此元鼎元年也。漢表謂延父高遂在位二年，薨於元朔三年，延以元朔四年嗣，與史表異。

平望

附案：縣在北海，水經注二十六亦言之。索隱云表、志闕，妄。

二年，今侯楚人

案：「二年」乃「三年」。

臨原

附案：縣在琅邪。漢表作「臨衆」，誤。

敬侯劉始昌

案：「敬」字衍。

葛魁

附案：地無考。戰國策魏有葛孽城，見後。郡國志梁之寧陵有葛鄉，漢志陳留。河間之高陽有葛城，漢志涿。似皆非菑川王子所封。徐廣曰「葛」一作「莒」。攷左傳昭三年「齊侯田於莒」。十年「陳桓子請老於莒」，杜注「莒，齊東境」。得毋即莒魁乎？趙世家及扁鵲傳正義引賈逵云「川阜曰魁」。則劇魁、葛魁並取川阜爲名。

今侯戚

史詮曰「衍『今』字」。

侯戚坐殺人，棄市，

案：漢表云「坐縛家吏恐猲受賕，棄市」。合參罪狀，當是縛家吏恐猲受賕而又殺之也。

益都

附案：索隱謂「漢表、志皆闕」。攷益都是鄉名，在北海郡益縣北，水經巨洋水注可證。郡國志云「益侯國。故屬北海」，是誤以益都爲益也。舊唐書志云益都漢縣，在壽光縣南十里，是又誤以益爲益都也。魏書地形志及寰宇記益都縣魏始置，屬齊郡。

平酌

附案：「酌」字譌。漢志北海郡平的縣，師古的音丁歷反，其字從「白」。然宋祁又曰當作「的」，從「日」，蓋宋是也。

思侯中時

案：當作「今侯」。

劇魁北海。

夷侯劉墨

附案，漢表名黑，疑訛脱其半。

侯昭

案：漢表名招，古字通用，如楚康王名昭，史作「招」也。侯謚思，此缺。

侯德

案：缺「今」字。

壽梁

附案：此必東郡壽良，古良、梁字通。漢表云「壽樂」，蓋壽良鄉名。

平度東萊。

侯劉衍

附案：漢表誤「衍」爲「行」。

宜成

附案：縣在濟南。漢表云在平原。

六，元年，侯福元年。

附案：各本「六」字譌刻在上。

太初元年

案：「太初」衍。

臨朐

附案：索隱謂「表在東海」，今本無。而臨朐有二縣，一屬齊郡，一屬東萊。據水經巨洋水注，此侯封於東萊。「東海」乃「東萊」之譌。

哀侯劉奴

附案：當作「今侯」。攷奴薨於征和二年，在位四十餘歲，亦謚夷，不謚哀。

雷

附案：漢表云在東海。攷水經沂水注，城陽盧縣，故蓋縣之盧上里也，漢武帝封劉稀爲侯國，王莽更名著善。則雷即盧縣矣。古盧、雷、慮三字通用，周禮職方氏「盧維」，鄭讀雷雍。左傳鑪金，人表作「鑢金」。隆慮縣，史作「隆盧」。俱可爲證。

侯劉稀

附案：漢表名豨。

五

案：豨以元鼎五年免，當中書「四」字，此誤「四」爲「五」。

東莞琅邪。

三年五月

案：二年，非三年。

辟

附案：漢表作「辟土」，在東海。蓋字亦作「壁」，傳寫譌析爲二也。攷水經注二十六「沭水西南流逕辟城南，世謂之辟陽城，漢武帝封劉壯爲侯國」。

侯朋

附案：漢表名明。

尉文

附案：漢表在南郡。趙王子之封，何以在荆州之域？攷廉頗封於尉文，正義云蓋蔚州地，是也。漢表有譌。

趙敬肅王子

附案：尉文已下十四人皆以敬肅王封。而敬肅王彭祖封於景帝二年，薨於太始四年，在位六十三載，不應稱謚。以此表書衡山王賜例之，當云「趙王彭祖子」。五宗世家諸王皆稱謚，惟彭祖獨曰趙王，亦可證表中「敬肅」二字爲後人增。

封斯常山。

共侯劉胡陽

附案：漢表作「戴侯胡傷」疑誤。共戴或有二謚，而「傷」字必「陽」之譌，秦將有胡陽，秦本紀亦譌爲「胡傷」也。或曰胡傷猶名不害，作「陽」者非。

四年，今侯如意元年。

案：侯以太初三年嗣，「四年」當作「三年」。

三（金陵本作「二」。）

案：當作「二」。

榆丘

附案：地未詳。或曰卽太原榆次縣，謂之榆丘者，猶左傳昭八年謂之魏榆也。或曰水經注「淇水又東北逕榆陽城」，文穎曰邑在魏郡清淵」，疑此。

侯劉壽福

案：漢表名受福。

襄嚵

附案：漢表在廣平，未詳。索隱謂韋昭云「廣平縣」。蓋廣平國廣平縣之鄉名。

三年，侯建（金陵本作「五年」。）

案：當作「五年」。

朝

附案：方輿紀要云故朝城在今山東朝城縣南十七里。漢東郡東武陽地。舊唐書樂昌縣有故朝城。

邯會魏郡。

侯劉義

案：侯謚節，失書。

二年，今侯禄（金陵本作「三年」。）

案：當作「三年」。

東城

附案：志在九江。然趙王子封國何以遠越揚州，恐别有一東城也。

侯遺有罪，國除。

案：漢表云「爲孺子所殺」。而此言「有罪」，是亦羿有罪之比乎？師古曰：「孺子，妾之號也。」

陰城

附案：地闕。或疑是廣陽之陰鄉縣，非也。攷戰國趙策「魏王朝邯鄲，抱陰成，負蒿葛孽爲趙蔽」。魏策「抱葛孽陰成爲趙養邑」。方輿紀要葛孽城在曲周縣西。陰成當亦在其處。

元年，侯蒼有罪，國除。

案：此是元封元年。漢表云「思侯蒼封十七年，太初元年薨，嗣子有罪，不得代」。唐世系表廣平劉氏亦云「蒼薨，嗣子有罪不得立」。此既失書謚，而「有罪」上下有脱文，上脱「薨嗣子」三字，下脱「不得代」三字，中缺「一」字。然漢表亦不能無誤，謂蒼封十七年，似與史表合，但蒼封於元朔二年，薨於元封元年，當作「十八年」，而「太初」乃「元封」之譌矣。

望廣（金陵本作「廣望」。）

附案：索隱本作「廣望」是，與漢書、水經注合，涿郡之屬縣也。各本皆誤刻「望廣」。

侯安中

案：漢表及水經注十一侯名忠，雖古字中、忠通用，然無「安」字，疑衍。

將梁

附案：在涿之廣望縣界，説在建元侯表。

新館

案：漢表作「薪館」，謂在涿。古薪、新通用，故新處亦作「薪處」也。然涿有新昌而無新館，疑「新昌」之誤。

新處

附案：漢志在中山，表謂在涿。

陘城

附案：漢表作「陸城」，在涿，此譌「陘」耳。侯爲中山靖王子劉貞，卽昭烈帝之祖，三國志貞封涿縣陸城亭侯。以陸城爲亭侯，似誤。水經注十一云「滱水逕博陵縣故城南，卽古陸城，漢武帝封劉貞爲侯國」。此兩的據，博陵卽涿之蠡吾。索隱不說陘城之誤，但曰「志屬中山」，疎矣。錢宮詹大昕三國志攷異云「陸城本中山之地，貞以王子封侯，改隸涿郡，其後酎金失侯，地入於漢爲縣。宣、元之世中山絶而更封，仍以縣還中山也」。

蒲領

案：縣在勃海，漢表云東海也。水經注十作「扶領」，古通。又蒲領、西熊、棗彊三侯，史表元狩已下俱缺年數，漢表於蒲領云「有罪絶」，於西熊、棗彊云「亡後」，亦不書其年，疑皆有脱誤。

西熊

附案：地未聞。

棗彊清河。

畢梁

附案：漢表在魏，未詳。或云畢梁即卑梁，春秋時爲吴邑，所謂「吴邊邑卑梁之女與楚女子争桑」者也。吴、楚世家、伍子胥傳及吕覽察微篇是「卑梁」，吴越春秋作「脾梁」。與九江之鍾離相接，其後成帝又封高密頃王子劉都，然非廣川王子之封也。

房光

附案：漢表作「旁光」，在魏，未詳。房、旁古通。或曰即常山房子縣。

距陽

附案：六國表楚考烈王十年「徙鉅陽」，楚世家徐廣引表作「距陽」。方輿紀要云即汝南細陽。

侯劉白（金陵本作「劉匄」。）

案：漢表作「憲侯匄」。此缺謚，又「白」乃「匄」之訛。孝文紀「匄以告朕」亦訛爲「白」也。

五年，侯渡元年。

案：五年者，元狩五年也。此謂劉匄元狩四年薨，在位八年，子以五年嗣。漢表言匄元鼎四年薨，在位十四年，子以元鼎五年嗣。未知孰實。又漢表「渡」作「湊」，恐非。

蔞安

案：漢表無「安」字，是也。郡國志「安平國饒陽，故屬涿，有無蔞亭。北海平昌，故屬琅邪，有蔞鄉」。春秋昭五年莒牟夷以牟婁來奔，即此。隱四年杜注「城陽諸縣東北有婁鄉」。二地未知何封？河間王之子疑在饒陽。

侯劉遨

案：漢表云「節侯退」。名疑彼譌，謚則此缺。

阿武

附案：縣在涿。索隱謂「表、志闕」，妄。

潛侯劉豫

案：漢表謚戴。豫在位二十四年，疑「潛」非。

今侯寬

案：漢表名宣。

參户勃海。

侯劉勉

案：缺「今」字。

州鄉涿郡。

六

案：此元鼎格内所書「六」字，誤，當上書「一」字，合上「四」「六」爲十一年，節侯劉禁在國之年也。中間補書「二年思侯齊元年」七字，下方中書「五」字，乃合表例。史失思侯一代，漢表甚明。

成平

附案：在勃海。索隱謂「表在南皮」，縣相近也。今本漢表脱「南皮」二字，而有本又譌「平城」。平城在北海。

廣

附案：在齊郡，高祖先以封召毆。漢表謂在勃海。

蓋胥

附案：漢表在魏。索隱謂「志在泰山」，甚謬。泰山郡有蓋縣而無蓋胥，孝景封王信蓋侯，時未免絶，小司馬豈未檢及乎？

陪安

案：漢表作「陰安」，在魏，則史作「陪安」誤矣。然後此二年武帝封衞青子爲陰安侯，若已封濟北王子，不得又封衞不疑，恐史、漢兩表皆有誤。

哀侯秦客

附案：漢表作「秦容」，疑非。

一（金陵本作「二」。）

案：「一」當作「二」，秦客在位二年也。

滎簡

附案：徐廣作「營簡」，漢表作「滎闕」。一本「滎」又作「桀」。疑當作「營闕」，營即營丘，其地或有闕塞，故名。漢表以爲在東郡茌平，未詳。

周堅

侯劉何

案：何謚康，此缺。

附案：漢表云「周望」，未詳。史、漢「堅」、「望」二字多譌。

安陽

侯劉桀

附案：漢表在平原，疑即平原安縣，衍「陽」字。

附案：一本「桀」作「乘」，古乘字。漢表又名樂。

五據

附案：漢表在泰山，未詳。索隱本作「𨝷」。

濟北貞王子

案：漢表陪、前（叢）二侯在安陽、五據之前，而五據、富、平、羽、胡母五侯作「濟北式王子」。索隱謂漢表自安陽已下是式王子，則今本漢表於安陽下尚作「貞王子」，誤也。式王乃貞王子，時見爲王，兩代子同日受封者，蓋分封式王之弟若子耳，與史皆作貞王子者異。疑莫能定。

侯劉䨼丘

附案：「䨼」字索隱本作「䨼」，又云作「䨼」。漢表作「曜」。字形相近，未知孰是。

富

侯劉襲

附案：泰山有富陽縣，濟北由泰山分，濟北王子之封疑當在斯域也。又東平國有富城，亦近。

附案：漢表誤名爲「龍」，又謂龍封十六年，以元康元年坐罪死，年數舛錯，不足信也。

陪

附案：索隱本作「倍」。漢表云平原，未詳。

繆侯劉明

附案：漢表名則，古通，説在高祖侯表陽陵下。

叢

附案：漢表作「前」，索隱云「漢表在平原」，今本無之。師古謂字或作「菆」，音側流反。攷續志「琅邪臨沂，故屬東海，有叢亭」，疑即此侯所封。「前」與「菆」皆「叢」之譌。索隱音「叢」爲「緅」，妄。至徐廣作「散」，乃「菆」轉寫之誤。散在豫州陽城，武帝封董荼吾爲散侯矣。或謂當作「前」，以洛陽前亭實之，繆也。

平

附案：索隱據漢志及水經注五，皆以爲在河南平縣，然濟北王子十一人，何以劉遂獨在河南平？當卽齊郡平廣縣，元帝封菑川孝王子服爲平侯，表云在齊，可證也。

羽平原。

胡母

附案：漢表在泰山，蓋鄉名。古複姓有胡母氏，後書獻帝紀注引風俗通及廣韻、通志並謂齊宣王封母弟於母鄉，遠本胡公，近取母邑，故曰胡母氏。路史國名紀四讀爲胡毌，卽衞貫地，恐非。

離石

案：索隱謂「漢表在上黨」，誤，表無上黨之文。離石乃西河屬縣，代共王子封侯者九人，曰離石，曰邵，曰利昌，曰藺，曰臨河，曰隰成，曰土軍，曰皋狼，曰千章。惟土軍於元鼎中國除，餘皆太初見侯，而漢表惟邵及利昌二侯有在位年數，餘皆不書。又離石、藺、臨河、隰成、土軍、千章六人書更封爲某侯，亦無年月。考共王子義於元鼎四年徙清河，諸子更封，必因代王徙清河耳，而何以史表不載。且邵及利昌、皋狼三侯，何以獨不更封？進退參詳，深所難曉。此侯更封涉，水經「清漳水東過涉縣」，酈注引地理志云「魏郡之屬縣，漳水於此有涉之稱，名因地變也」。蓋卽漢志沙縣，漢末改稱涉，三國志魏武帝紀「涉、長梁、岐皋縣降」是已。

邵

案：索隱謂表在山陽蓋河内之山陽縣也，但漢表無山陽之文，而山陽亦無邵。似在河東垣縣，續志垣有郈亭，即左傳襄二十三年之郫郈，然代王諸子並封於西河不應此侯獨在河東。疑「郈」乃「饒」之誤，西河郡有饒縣。

侯劉慎

附案：漢表作「順」，古通。

利昌

案：此侯必封於西河方利縣，史、漢表俱誤。地無名利昌者，他本史表或作「昌利」，亦誤。而索隱謂「志屬齊郡」，殊妄，豈謬以利縣當之歟？

藺西河。

侯劉憙

附案：漢表作「罷軍」，當有二名。又後更爲武原侯，屬楚國。

臨河

案：縣屬朔方。但代王子皆封西河，疑是西河臨水之誤。其後更封高俞，未聞其處。

隰成

附案：在西河。漢表誤「隰」爲「濕」也。後更封端氏，屬河東。

土軍西河。

侯郢客坐與人妻奸，棄市，

案：郢客更封鉅乘，未詳。其得罪必在更封之後。但漢表云「坐酎金免」，罪狀不同。孫侍御云「蓋免侯之後又坐奸而棄市也」，然但與人妻奸，何至棄市邪！

皋狼

附案：在西河。漢表云「在臨淮」，大誤，而「狼」又譌「琅」。

千章

附案：此西河縣也。各本皆譌「千」爲「干」字。漢表謂「在平原」，誤甚。徐廣「千」一作「斥」，湖本又訛「斤」。亦誤，斥章乃廣平縣名，非所封矣。其後更封夏丘，屬沛郡。

博陽

案：漢表謂在濟南，而濟南無博陽，乃汝南縣名，高帝曾封陳濞矣。方輿紀要以爲泰山之盧，戰國時謂之博陽，因在博關南也，項羽封田安濟北王都博陽卽此。而水經注二十六謂是彭城之博陽，又與高帝之封周聚同其地矣。

康侯劉就

案：漢表謚頃。

侯終吉

附案：漢表譌「吉」爲「古」。

寧陽

附案：縣在泰山。而索隱謂「表在濟南」，今本漢表無。漢書夏侯勝傳以寧陽爲魯西寧鄉，屬東平，豈宣帝建東平國後始以寧陽屬泰山乎？疑。

節侯劉恢

附案：「節」字衍，其薨在昭帝元鳳五年。「恢」又「恬」之誤寫，漢表及水經注二十五並名恬。

瑕丘

案：瑕丘屬山陽。然考水經注二十四「睢水東逕太丘縣故城北，地理志曰故敬丘也，漢武帝封魯恭王子劉政爲侯國」。則史、漢作「瑕丘」誤矣。敬丘屬沛。

節侯劉貞

附案：「節」字衍。「貞」當作「政」，漢表、水經注並名政。

公丘沛郡。

夷侯劉順

附案：「夷」字衍。

郁狼

附案：索隱引韋昭云「屬魯」。漢表「狼」作「根」。攷左傳隱元年「城郎」注「高平方與縣有郁郎亭」。則此卽魯之郎。狼、根音近，師古上林賦「仁頻」注以檳榔爲賓根，可證。

侯劉騎

附案：漢表作「驕」，疑非。

西昌

附案：地疑卽東郡須昌，西、須音近。

陘城

附案：漢表作「陸地」，在辛處。此侯爲中山靖王子，中山有新處縣，則辛處卽新處也。然前一年已封靖王子劉嘉爲新處侯，不應又割新處之地以封劉義。余疑陘城卽中山之苦陘縣，固與新處接近也。「陸地」爲「陘城」之譌，索隱非。

三月癸酉

案：漢表作「乙卯」，此誤也。元朔三年三月庚子朔，無癸酉日。

邯平

附案：漢表在廣平。趙王子所封必廣平國之廣平縣，非臨淮郡之廣平矣。然廣平國無邯平而有朝平，豈別一鄉名歟？

四月庚辰

附案：邯平已下四侯皆趙肅王子，同是四月封，漢表作三月乙卯封邯平，誤也。而武始、象氏、易三侯，史表與邯平並作四月庚辰封，漢表作「四月甲辰」亦誤，元朔三年四月無甲辰也。

武始魏郡。

象氏鉅鹿。

思侯安德

附案：「思侯」當作「今侯」，其薨在昭帝始元五年。漢表名安意，疑非。

易

附案：縣在涿。漢帝在鄗，鄗屬常山。趙氏漢表舉正曰「易當作『昜』。昜安地名，晉書地道記蒲陰有陽安關是也。見郡國志中山蒲陰注。小司馬讀『易』爲『昜』，以『安』爲謚，誤已」。據趙所説，則史表上書「易」，下書「安侯平」，亦誤耶？

洛陵

案：漢表作「路陵」，在南陽。洛、路古通，如穀梁閔元年經「洛姑」，釋文一作「路」。揚雄校獵賦「虎路」，晉灼曰「路音洛」。方輿紀要謂卽長沙之昭陵，長沙王子自宜封此，則史、漢俱誤也。

侯劉章

附案：漢表名童。

攸輿

附案：水經洣水注謂攸輿卽攸縣，故索隱云「長沙有攸縣，本名攸輿」，則漢表言在南陽，誤。

侯則簒死罪，棄市，

案：漢表云「坐簒死罪囚，棄市」，此缺。

茶陵

附案：此長沙縣名，漢表謂「在桂陽」，非。又漢表作「荼」，與水經洣水篇同，志作「茶」，與此表同。師古各依字異音，當從志，音弋奢反。

侯劉欣

案：欣謚節，失書。

哀侯陽

附案：漢表譌「湯」。

建成

附案：沛與豫章、勃海並有建成縣，長沙王子宜封豫章。水經淮水注謂封於沛，而云王莽之多聚，則酈誤以豫章之建成爲沛之建成也。莽改豫章之建成曰多聚。索隱云「表在豫章」，今漢表無。

五，六年，侯拾坐不朝，不敬，國除。

案：此元狩格内所書誤，此格内只當書「六」字，元狩時拾在位六年也。下元鼎格内應書「一」字，將上格「六年侯拾」十一字移於「一」字下，而改六年爲「二年」方合。蓋漢表云「元鼎二年坐使行人奉璧皮薦賀元年，十月不會，免」。元鼎改元在夏，故於二年十月賀改元也。

安衆南陽。

今侯山拊

附案：索隱拊音趺。漢表作「柎」，師古曰方于反。

葉南陽。

康侯劉嘉

案：漢表作「平侯喜」，名謚兩異。而嘉坐酎金免，不應有謚也，當衍。

利鄉

附案：水經注三十「東海利城縣，故利鄉也，漢武帝封劉嬰爲侯國」。然則非涿郡利鄉矣。涿之利鄉宣帝封中山頃王子安，故漢志云「侯國」。

康侯劉嬰

案：嬰於元狩三年免，不應有謚，當衍。

有利

附案：漢表在東海，攷志東海無有利。水經注二十六「沭水會武陽溝，水東出倉山，山上有故城，即古有利城，漢武帝封劉釘爲侯國」。蓋利鄉、有利皆利城鄉名，故分封二侯。

侯釘坐遺淮南書稱臣，棄市，

案：此侯罪狀雖史、漢表同，然中間有脱文，必不因稱臣棄市也。知者，古人相語，多自稱臣，即史、漢所載已不可枚舉矣。況淮南王安爲釘之從祖，尊卑既别，名位亦殊，其稱臣也何罪？高祖功臣表有廣平侯薛穰，坐受淮南王財物稱臣，國除。又有安平侯諤但，坐與淮南王女陵通，遺淮南王書稱臣盡力，棄市。與釘爲三。然彼所坐者重在淫賄交通，豈專爲其稱臣哉。若釘專以稱臣棄市，則當日嚴助奉詔諭淮南王誅閩越事助稱臣者再，何以不聞獲罪，直至同謀事覺，始爲張湯所誅乎？

東平

附案：東平卽無鹽縣，説在惠景侯表中。

三

案：「三」當作「二」。

坐與姊妹姦

案：漢表無「妹」字。

運平

附案：漢表在東海，疑卽魯鄆邑，公羊「鄆」作「運」，可證。魯有東西二鄆，西在東郡廩丘縣，東鄆在琅邪東莞縣，續志皆載之。此侯爲城陽王子，必封於東鄆矣。其地勢處平夷，故曰運平。

山州

侯劉訢

附案：漢表名記，恐誤。

附案：地未聞。

海常

案：地亦未聞。漢表在琅邪。此侯後又封繚嫈，當附書，説在建元侯表。

鈞丘

案：漢表作「騶丘」，則作「鈞」誤也。漢志「魯國騶，故邾國，嶧山在北」。騶山卽嶧山，國因山爲名，其卽騶丘乎？

侯劉憲

案：漢表作「敬侯寬」。此缺謚，其名蓋有二也。

今侯執德

案：漢表作「報德」。

南城

附案：縣屬東海。索隱謂志闕，非也。

廣陵

附案：史、漢表並作「廣陵」。徐廣云一作「廣陽」。攷廣陵爲王國之都，似不應建封侯國。若廣陽國之廣陽縣，既非王都，而於城陽王子所封亦不甚遠，則廣陽是也。

常侯劉表

案：漢表作「虒侯袠」，謚名並異。「表」、「袠」二字或以形近致譌，而謚法未見有「虒」，即「常」亦非謚，疑。

莊原

附案：漢表作「杜原」，未詳。莊、杜異文，蓋猶建元侯表杜侯之譌壯侯也。

臨樂勃海。

敦侯劉光

附案：索隱引謚法「善行不怠曰敦」，此謚不見於周書，未知所出。宋蘇洵謚法有之。漢表作「𦎫」非，古文「敦」作「𦎫」，故譌爲「敫」耳。師古妄音弋灼反，復云又作「敫」，古「穆」字，尤誤。說文攴部謂敫讀若龠，非穆也。齊有太史敫，徐廣音躍，一音皎。謚法所無，後有定侯越，本謚敬，索隱亦誤作「敫」矣。

東野

附案：志、表皆缺。攷左傳定五年「季平子行東野」，「桓子行東野」，杜注「季氏邑」。其地近費，在漢當屬東海也。莊子達生有東野稷，今周公後東野氏，皆以邑爲氏者。

四

案：四者，侯章在國至太初四年見存也。表例初侯見存者不書「今」字，然漢表云「載侯章薨，侯中時嗣，太初四年薨，亡後」。雖不書兩侯薨嗣之年，而章之不得至太初審矣，此有脫誤。

高平
附案：縣在臨淮。漢表云平原，非。
侯劉嘉
附案：漢表作「喜」。史、漢表中，凡嘉、喜二字多互譌。
廣川信都。
千鍾
案：徐廣云一作「重」，漢表作「重」，在平原。索隱謂卽重丘，然水經注九以爲封於勃海之千童縣也。
侯劉摇
附案：此言「摇」與漢表作「擔」同誤，水經注引史表是「陰」，下文正作「侯陰」，且集解固曰「一云『劉陰』」矣。
披陽
附案：縣屬千乘。漢表、志及水經注八並作「被陽」，音皮彼反，則此之作「披」，亦猶如淳作「疲」矣，傳寫訛耳。
今侯隅
案：漢表名偃。

定勃海。

敬侯劉越

附案：水經注五作「劉成」，與史、漢表異。又漢表謚敫，謚法無之，與後柳敫侯同誤，必「敬」字之譌。索隱引作「敫」，尤誤，説在前。各本史記所刻索隱又訛「敫」爲「敷」字，敷安得謚耶。

稻琅邪。

今侯都陽

附案：漢表作「陽都」，恐非。

山

附案：漢表在勃海。攷漢書路温舒傳「爲山邑丞」，蘇林曰「縣名，屬常山」。晉灼曰「常山有石邑無山邑」。師古曰「山邑不知其處」。

繁安

附案：在千乘。索隱謂表、志闕，妄也。

侯劉忠

案：漢表謚夷，此缺。

六

案：此元封六年也。然當分作兩「三」字，而横行補「四年安侯守元年」七字，漢表可據，此失去一代。

今侯壽

案：漢表名壽漢，此脱。

柳

附案：在勃海。索隱妄謂表、志闕。

康侯劉陽

案：漢表名陽已，此少一字。

侯罷師

案：此缺謚，漢表謚敷，然是「敬」之誤，説見前。此侯三代，漢表皆無薨嗣之年。

雲琅邪。

今侯歲發

附案：漢表「歲」作「茂」，疑「歲」字譌。

牟平

附案：此東萊縣名，徐廣「牟」作「羊」，非。

恭侯劉渫（金陵本作「劉渫」。）

附案：漢表名渫索隱本同，則「渫」疑譌。

柴泰山。

原侯劉代

附案：「原」字衍，代薨於征和元年。

柏楊

附案：漢表「陽」作「暘」，在中山。杭太史曰「全謝山言柏暘亭名，其地屬常山。水經注洨水逕柏暘亭。然則『柏楊』乃『柏暘』之譌」。方輿紀要謂在今北直趙州臨城縣西十五里，俗訛爲柏陌亭。

鄗

附案：鄗屬常山。漢表譌「歊」。

桑丘

附案：桑丘燕地，後屬於齊，六國表所謂「伐燕取桑丘」，「伐齊至桑丘」，趙世家所謂「韓舉戰死桑丘」，皆是也。正義引括地志云「桑丘城在易州遂城縣界」。攷舊唐志，易州漢故安縣，屬涿郡，遂城漢北新城縣，屬中山，則知靖王支子之封固在國内矣。漢表作「乘丘」，乃傳寫之譌，乘丘屬泰山，中山王子不合封於兖境。索隱謂漢表在深澤，亦屬中山，與桑丘近，非涿郡之南深澤也。但桑丘之譌乘丘，其來已久，水經注二十五「洸水逕太山郡乘丘縣故城東，韓將舉與齊、魏戰於乘丘，即此，漢武帝封中山靖王子劉將夜爲侯國」。不獨誤認劉侯封國作乘丘，并韓舉戰處亦誤以乘丘當之。而趙世家集解妄改漢志，認爲一地，故張氏正義駁之曰「桑丘在遂城，不得泰山有桑丘縣」。今直隸安肅縣西南有桑丘城。

高丘

五年十一月辛酉，節侯劉洋元年。

案：漢表作「三月癸酉」，是也。蓋靖王九子皆以三月癸酉封，不應桑丘獨先封四月。又漢表及水經注並名將夜，此名曰洋，豈有二名歟？

附案：地未聞。

元年，侯破胡薨，無後，國除。

附案：此表凡以元年薨而無後者，中間皆不書「一」字，句容侯黨、丹楊侯敢、茶陵侯陽、高丘侯破胡是也，故不補。

柳宿

附案：索隱謂「漢表在涿」，今本無。漢書外戚史皇孫王夫人傳有柳宿，蘇林注「聚邑也，在中山盧奴東北三十里」。

戎丘

附案：水經注二十卷「茅川水出西南茅谿，東北流逕戎丘城南」，在隴西郡西縣界，疑即此也。

樊輿涿郡。

節侯劉條

附案：漢表名脩，古通。「節」字衍，條薨於征和四年，後人妄增謚節。

曲成

附案：漢表云在涿，當是鄉名，非東萊之縣也。

安郭

附案：漢表謂在涿。攷中山有安國縣，水經十一「滱水東過安國縣北」，注云「滱水歷縣，東分爲三水，一水枝分東南流，逕安郭亭南，漢武帝封劉傳富爲侯國」。

侯劉博

案：侯名傳富，漢表、水經注可證。此譌「傳」爲「博」，又脱「富」字。

安險中山。

安遥

案：漢表作「安道」，則史作「遥」誤矣。但其後武帝封越揭陽令爲安道侯，謂在南陽。中山王子何以封於荆州之域乎？疑此侯是長沙定王子，與下夫夷六人同以六月壬子封，表蓋誤。

夫夷零陵。

三月癸酉

案：長沙王子之封，宜皆在六月壬子，不應夫夷獨先三月，史、漢表俱誤。蓋因前數侯爲中山王子，並是三月癸酉，故誤耳。

春陵（金陵本作「舂陵」。）

附案：「春」當作「舂」，湖本譌刻也。索隱引志屬南陽。攷水經注三十八舂陵縣本泠道縣之舂陵鄉，蓋因舂谿爲名。漢長沙定王分以爲縣，武帝封王中子買爲舂陵節侯。師古漢志注引漢記云「元朔五年，以零陵泠道之舂陵鄉封長沙王子買爲舂陵侯，至戴侯仁當作「孝侯」後書城陽恭王祉傳作「考侯」，誤。以舂陵地形下濕，上書徙南陽。元帝許之，以蔡陽白水鄉徙仁爲舂陵侯」。

侯劉買

案：買謚節，此失書。買爲光武之高祖。

六

案：此謂元狩時買在位六年也。然攷漢表，元狩二年買薨，三年子熊渠嗣，則當中書「二」字「四」字，又横書曰「三年，今侯熊渠元年」。此缺熊渠一代，竟以買在位至太初已後，未免疎舛矣。

都梁

附案：此在零陵，水經注云「縣有山，悉生蘭，俗謂蘭爲『都梁』，山因以號，縣受名焉」。

敬侯劉遂

案：漢表、水經注名定。

一，元年，今侯係元年。（金陵本無「一」字。）

案：「一」字當衍。又漢表名傒。

洮陽零陵。

靖侯劉狗彘

案：漢表名狩燕，索隱引作「將燕」。

五

案：當作「六」。

泉陵

附案：零陵縣名，漢表譌「泉」爲「衆」，翟義、王莽傳並是「泉陵」也。

節侯劉賢

附案：賢薨於宣帝時，當衍「節」字。

終弋

附案：漢表在汝南，豈弋陽之鄉歟？

四月丁丑

案：元朔六年四月壬午朔，不得有丁丑，史、漢表並誤。

麥

附案：續志及水經注三十二南陽當陽有麥城，所謂子胥造驢、磨二城以攻之者。然漢表言在琅邪，則別一地名也。路史國名紀七謂卽齊桓公麥丘人之封，方輿紀要云麥丘城在山東商河縣西北，漢朸縣地，則是平原矣。

元年

案：此元狩元年也。麥侯已下二十五人俱封於元狩元年，各本史表皆然，乃漢表並以元鼎元年封，而覈其年數又不盡合。如雩叚侯劉澤在位六十二年，「二」當作「一」。其子夷侯舞以神爵元年嗣，則是元狩元年封矣。進退參詳，疑莫能定。

四月戊寅

案：元狩元年四月丙午朔，無戊寅日，若元鼎則有之，此亦可疑之一端。

鉅合

附案：漢表在平原。攷水經注八巨合水北逕巨合城，在濟南東平陵縣界。

侯劉發

案：水經注「發」下有「于」字。

昌

附案：水經注十以爲封於信都昌成，然城陽王子分封宜依齊地，史、漢表以爲琅邪昌縣，當不誤也。

蕢

附案：索隱本作「費」，謂「漢表在琅邪」，今本漢表無。師古亦云「蕢」或作「費」，則是東海費縣。蓋「蕢」卽「臾」字，説文引論語「荷臾」可證。而顓臾在費，或變文言之歟？

侯劉方

附案：索隱本作「萬」，今本史、漢並作「方」，譌也。

雩殷

附案：漢表作「虖葭」，志作「雩叚」，同。叚有假、加二音。此「殷」字譌。縣在琅邪。

康侯劉澤

附案：「康」字衍。

石洛

附案：漢表作「原洛」，在琅邪，未詳其處。

侯劉敬

附案：漢表名敢，恐非。

扶浔

案：漢表作「挾術」，在琅邪。則「扶浔」誤也。索隱以爲卽琅邪之祓，當是。術，邑中道也。「挾」字亦誤。

侯劉昆吾

附案：漢表譌「吾」爲「景」。

挍

案：漢表作「挾」，誤。方輿紀要云「十三州志朱虚城東三十里有挍城」。又漢表城陽頃王子封侯者二十人，此脱侯劉雲，故止十九。漢表謂雲封挍，恐譌，疑是封於東萊之掖也。漢表雲謚靖，非。雲坐酎金免，不應有謚。

杨平原。

父城

案：父城，縣，在潁川。徐廣謂一作「六」，則在六安。皆非城陽王子所宜封。漢表作「文成」，在東海，是也，蓋鄉名。遼西亦有文成，遠。

庸

附案：漢表在琅邪，未詳。

侯劉譚

附案：索隱本作「談」，恐非。蓋史公避諱亦作「譚」也，説在晉世家。但漢表有城陽荒王子庸蓋侯談，則此當依漢表名餘爲是。

翟

附案：漢表在東海。後漢馬防封翟鄉侯，疑卽此。

鱣

附案：漢表在襄賁，屬東海。方輿紀要云「襄賁在沂州西南百二十里。州東北有亶丘戍，梁普通五年彭寶孫破魏琅邪，進拔亶丘」。疑卽鱣也。

彭

附案：漢表在東海，説在高祖功臣表彭侯下。

侯劉偃

附案：漢表名彊，索隱本同，則今史本譌「偃」也。

瓡

附案：「瓡」當作「瓠」，説在建元侯表瓡讘下。

虚水琅邪

東淮

附案：漢表在北海。日知録三十一引馬文煒曰「北海別無淮水，蓋『濰』之異文」。故全氏疏證評云東淮乃東濰也，省文耳，今人遂呼東淮河。須知誤亦有本，余因攷濰水之「濰」，漢志琅邪郡靈門縣、横縣、折泉縣注並作「淮」。左傳昭十二年「有酒如淮」，釋文云當爲「濰」，御覽七百五十三引傳正作「濰」。皆可證「淮」乃「濰」之省。

栒

附案：漢表作「拘」，謂在千乘，與此作「栒」，皆今本傳刻之譌也。索隱本作「袧」，引漢表云「東海」，則必東海郡朐縣。「袧」字雖小異，而以爲在東海，固可信也。

侯劉買

案：漢表作「賢」。

涓

附案：漢表作「淯」，在東海。索隱本亦作「淯」，並云「淯水在南陽，有淯陽縣」，疑漢表東海爲非。此說大謬。城陽支子之封，何以遠在南陽？「淯」乃「涓」字之誤，今本史表固不誤也。水經注二十六涓水出馬耳山，北注於濰水。蓋鄉亭之以水得名者，方輿紀要謂涓水即琅邪折泉。

陸

案：漢表在壽光，則是北海壽光縣鄉名也。趙氏漢表舉正云左傳成二年馬陘，注「齊邑」。表中多寫「陘」爲「陸」，此疑「陘」。

四月戊寅，侯劉何

案：漢表何是七月辛卯封，此因上文城陽支子並封於四月戊寅，故誤耳。

廣饒齊郡。

十月辛卯，康侯劉國

附案：廣饒侯與下缾侯、俞閭侯，以菑川靖王子同封於七月辛卯，此俱譌作「十月」。又劉國薨於地節間，後人妄增康謚也。

缾琅邪。

俞閭

附案：地未聞。

侯劉不害

附案：漢表作「毋害」，索隱本作「無害」。

甘井

附案：漢表地屬鉅鹿，未詳何處。

廣川穆王子

附案：甘井、襄陵二侯，俱以繆王子封。攷廣川繆王齊以建元五年嗣位，征和元年薨，不應稱謚。準以書「衡山王賜子」之例，當云「廣川王齊子」，後人妄改也。

元年十月乙酉，侯劉元元年。六。

案：甘井、襄陵以元鼎元年七月己酉封，此皆誤在元狩，而又譌其月日，漢表甚明，只譌「己酉」作「乙酉」耳。元鼎元年七月庚子朔，無乙酉也。當於二侯元狩格内衍兩「六」字，各移「元年」十一字於元鼎格中「六」字上，而改「十月乙酉」作「七月己酉」方合。又漢表此侯名光。

襄陵

案：漢表作「襄堤」，在鉅鹿，與此作河東之襄陵又異。余疑史、漢表皆誤，當是信都國之高堤縣。信都卽廣川也，漢表於孝宣封河間獻王子招爲平隄侯，平堤亦信都縣。亦注云鉅鹿。

元年十月乙酉，侯劉聖元年。六。

案：表誤，説見前。

皋虞琅邪。

元年五月丙午

案：此下三侯，漢表作元封元年封，史表謂封於元鼎元年。而元封元年五月丙寅朔，無丙午，若元鼎則有之，是又表之疑莫能定者。漢表於三侯薨嗣之年，多乖舛不合。

侯劉建

案：漢表謚煬，此缺。

三

案：此以建在位三年，與漢表在位九年異，未知孰是。

今侯處

案：漢表名定。

魏其琅邪。

暢侯劉昌

附案：謚法無「暢」，據漢表乃「煬」之譌。但昌薨於太初已後，當衍此字。

祝茲

附案：祝茲之地兩爲侯國，高后封呂榮，武帝封劉延是也。漢表謂祝茲在琅邪，水經注二十六「膠水北逕祝茲縣故城東，漢武帝封膠東康王子延爲侯國」，則是琅邪郡實有祝茲縣矣，而地理志無之。余初疑志中失載，及細攷乃知祝茲卽春秋魯祝丘地，漢更名卽丘，縣屬東海郡，東漢以後始屬琅邪，孟堅生於東漢，就所見言之，未加檢覈耳。而祝丘之轉爲祝茲，改爲卽丘，則不能詳其時矣。

侯劉延

案：漢表作「延年」。水經注從史，蓋脱「年」字也。

漢興以來將相名臣年表第十

大事記

附案：此表無叙，蓋缺亡也。

將相（金陵本作「將位」。）

附案：「相」乃「位」字，湖本譌刻「相」。

高皇帝二　立太子。（金陵本此三字在大事記格。）

附案：史詮曰「原本屬大事記列，今本屬上横行，誤也，當更之」。

高皇帝四　與楚界洪渠。

附案：洪渠者，鴻溝也。洪與鴻同，毛本作「鴻」。功臣表鄺成侯敍功作「洪溝」。攷鴻溝一名河溝，始皇紀「二十二年，王賁攻魏，引河溝灌大梁」。水經注二十二異名有五，而又名曰狼湯渠。漢志河南滎陽縣注「狼湯渠，首受泲」。水經作「蒗蕩」，通典作「浪宕」。蓋因渠水受名矣，東漢以來稱爲汴渠，後書明帝紀，永平十二年，遣王吳修汴渠。至隋大業時更開，名通濟渠焉。

御史大夫汾陽侯周昌。（金陵本作「汾陰侯」。）

案：「汾陰」誤作「汾陽」。然此時尚未封侯，不應稱之。

高皇帝五　入都關中。（金陵本此四字在大事記格。）

附案：「入都關中」當書於大事記格內，各本誤屬上横行。

高皇帝六　更命咸陽曰長安。

附案：漢志高帝元年，咸陽更名新城。五年，置長安縣。則此書於六年者，因置縣而定爲主名也。長安蓋咸陽地名，故二年封盧綰長安侯。索隱謂綰封別有長安，非。

張蒼爲計相。

徐氏測議曰「計相司計之官，不當載入將相表中」。

高皇帝七

附案：相位格中失刻「七」字，蕭何爲丞相之七年也。（金陵本相位格有「七」字。）

高皇帝八　匈奴攻代王，代王棄國亡，廢爲郃陽侯。

案：表於六年止書「劉仲爲代王」者，爲仲棄國張本也。然棄國事在七年，此書於八年，誤，說見高紀。

高皇帝九　未央宫成。

案：未央與長樂同以七年二月成，非至是始成也，說在紀。

徙齊田，楚昭、屈、景於關中。

案：「景」下缺「懷」字，亦楚大族也，與劉敬傳同缺。

遷爲相國。

案：蕭何爲相國在十一年，非九年也，說在高祖功臣侯表。

高皇帝十　御史大夫江邑侯趙堯。

案：「江邑侯」三字衍，公卿表無之，蓋堯封侯在十一年正月，此時未侯也。

高皇帝十一　誅淮陰、彭越。黥布反。

附案：測議謂「一名一否，條例未詳」。然此有微意，說見傳。

周勃爲太尉。攻代。

附案：史詮曰「今本『代』作『伐』，誤」。

高皇帝十二　置長陵。

史詮曰「『葬』作『置』，誤」。

孝惠元年　除諸侯丞相爲相。

案：景帝更命諸侯丞相曰相，此誤。大事記依荀紀，云「改諸侯王相國爲丞相」，是也。

孝惠三　初作長安城。

案：「初」字誤，當云「復作」。

濁涓氏反。（金陵本「濁」作「蜀」。）

附案：「濁」乃「蜀」之訛，涓氏，蜀縣名。此事本紀無。

孝惠五　爲高祖立廟於沛城成。

附案：史詮曰「今本『城成』誤書於『沛』下」。

八月乙丑，參卒。

案：漢書惠紀及公卿表作「己丑」誤也。是年八月己酉朔，不得有己丑。相國丞相惟蕭何、陳平書薨，餘皆書卒。太僕滕公非將相，而亦書卒。義例不可解。

孝惠六　七月，齊悼惠王薨。

案：漢書惠紀是「冬十月」，此「七」字誤。

立太倉、西市。

案：此宜作「修敖倉，立西市」。漢紀云「起長安西市，修敖倉」，是也。立太倉在高帝七年，本紀書之矣。

八月，赦齊。（金陵本無此四字。）

案：四字疑衍，齊本無罪，何赦之有。

十月乙巳，安國侯王陵爲右丞相。十月己巳，曲逆侯陳平爲左丞相。

案：是年十月戊申朔，無乙巳，有己巳。當移「十月己巳」在「安國」前，而衍「十月乙巳」四字。公卿表「乙巳」作「己丑」亦非，是月無己丑也。

堯抵罪。廣阿侯任敖爲御史大夫。

案：事在高后元年，此書於孝惠六年，誤。

孝惠七　大臣用張辟彊計，（金陵本作「辟彊」。）

附案：史、漢各處皆作「辟彊」，故匡謬正俗云「辟彊，前賢無釋，當音爲開闢之闢，彊場之彊」。湖本此表作「彊」字，雖與顏説相合，而似非原文，不然顏監何弗取以爲據乎？但舊唐書禮儀志三作「辟强」。師古於漢書文紀「趙王弟辟彊」又注云「辟禦彊梁，猶辟兵辟非耳。音必，亦其良反。一説讀曰闢彊，並通」。

以呂部爲呂王。（金陵本作「呂台」。）

案：台爲呂王在高后元年，此書於惠七年，誤。「郃」又「台」之譌。

己卯，葬安陵。

案：惠帝以八月戊寅崩，翼日卽己卯，安得便葬，當依漢紀作「九月辛丑」爲是。辛丑後戊寅二十三日。

二

附案：相位有「二」字，乃王陵、陳平爲丞相之二年也，湖本失刻。

高后元年　置孝悌力田。

案：漢書本紀及刑法志皆言是年除三族及妖言罪，此美事也，何以不書？

二（金陵本作「三」。）

附案：「二」當作「三」，湖本譌刻，陳平爲丞相之三年也。格内下方當有「一」字，各本失刻，乃審食其爲丞相之一年也。

高后二　十二月，呂王台薨。

案：十二月誤，呂后紀及諸侯王表並是十一月。

平陽侯曹窋一本爲御史大夫。在六年。（金陵本作「平陽侯曹窋爲御史大夫」。集解「一本在六年」。）

案：「一本在六年」五字是集解，今譌刻「一本」兩字於「曹窋」之下。但以窋爲御史大夫在高后二年及六年者皆誤。公卿表謂高后四年爲御史大夫，五年免，與任敖傳合，是也。

高后四　置太尉官。絳侯周勃爲太尉。

案：事在惠帝六年，非高后四年也，説在紀。

高后八　七月辛巳，爲帝太傅。九月丙戌，復爲丞相。

案：「爲帝」上缺「食其」二字。但通鑑考異據長歷言八年七月無辛巳，九月無丙戌。則食其爲帝太傅在七年七月辛巳，百官表可證。而「丙戌」當作「壬戌」，此與百官表同誤，史吕后紀明書之。

隆慮侯竈爲將軍，擊南越。

案：史南越及漢兩粵傳佗攻長沙，高后遣隆慮侯往擊之。歲餘，高后崩。故漢書本紀書於七年九月，此在八年，誤。

孝文元年　十一月辛卯，平徙爲左丞相。太尉絳侯周勃爲右丞相。（「辛卯」，金陵本作「辛巳」。）

案：「辛卯」一本作「辛巳」，未知孰是。又攷百官公卿表勃以八月辛未免，此失書。

孝文二　勝爲梁王

案：梁王名揖，説在漢諸侯王表中。

一（金陵本有「一」字。）

附案：將位有「一」字，此失刻。

孝文三　十一月壬子，勃免相之國。

附案：公卿表作「十二月」，誤。此與史、漢文紀合，是也。

孝文四　十二月乙巳嬰卒

案是年十二月辛酉朔無乙巳此與百官表同誤當作己巳。

安丘侯張説爲將軍，擊胡，出代。

案：此事他所不載。然攷匈奴傳，是年方議和親，不應有出代之師，疑誤。

關中侯申屠嘉爲御史大夫。

案：以關内侯爲關中侯，甚别。隋有關中侯，權輿於此。但攷百官表孝文四年書御史大夫圍，七年書御史大夫馮敬，十六年嘉始爲御史大夫，漢書本傳同。蓋嘉於十年尚爲廷尉也，此書於四年誤，亦猶後誤書馮敬於九年耳。荀紀言文帝時韋孟嘗爲御史大夫，更妄。

孝文九　御史大夫敬。

案：馮敬爲御史大夫在七年，此書於九年，誤。

孝文十　諸侯王皆至長安。

案：表是年止三國來朝，不得言皆至。

孝文十四　成侯董赤、内史欒布

案：「赤」當作「赫」，説在功臣表。内史非布也，疑有誤，説在文紀。

孝文十六　上始見渭陽五帝。

史詮曰：「上始郊，缺『郊』字。」

孝文後三　置谷口邑。

案：漢志左馮翊谷口縣不言置自文帝，豈孟堅失書歟？

孝文後五　上幸雍。

案：漢紀是年幸隴西，幸雍，幸代，此獨書幸雍何也？

孝文後六　匈奴三萬人入上郡，二萬人入雲中。

案：史、漢文紀及匈奴傳，是年匈奴入上郡、雲中各三萬人，此言二萬，誤。

以中大夫令免爲車騎將軍，

附案：「勉」、「免」古通。

宗正劉禮軍霸上，祝茲侯徐厲軍棘門，

案：劉禮是時未爲宗正，而「祝茲」當作「松茲」，「徐厲」當作「徐悍」，並説在文紀。

孝文後七　其年丁未，太子立。

案：「其年」乃「其月」之誤。

厲國捍

附案：文紀作「悍」，古通。貨殖傳曰「民雕捍少慮」。

詹事戎奴爲車騎將軍，侍太后。

附案：車騎將軍已有亞夫，何以又命戎奴？詹事之官原掌太后宮者，何必將軍。蓋太后送葬霸陵，別有儀衛，戎奴以本官爲將軍扈行也。或以史、漢文紀不載，疑傳寫有誤，殊昧事情。

孝景元年　置司徒官。

附案：漢書哀帝元壽二年始改丞相爲大司徒，此時安得有之。史詮以爲錯簡衍文。

孝景二　閼爲臨江王

附案：臨江名閼，此譌。

餘爲淮南王（金陵本作「淮陽王」。）

案：「南」乃「陽」字之誤。餘封於淮陽，後徙魯，所謂魯共王也。

四月中，孝文太后崩。

案：本紀是四月壬午，漢書同，則「中」字殊疎。蓋表中凡書某年中某月中者，皆不得月日之辭也。

孝景三　曲周侯酈寄爲大將軍，擊趙；竇嬰爲大將軍，屯滎陽；欒布爲大將軍，擊齊。

案：寄、布但爲將軍，非大將軍也，故本紀不書，此誤增兩「大」字。又誤置酈寄在竇嬰上。

孝景四　御史大夫蚡

案：史失其姓，漢表名介。或謂是田蚡，誤，田蚡未嘗爲亞相。

孝景六　徙廣川王彭祖爲趙王。

案：徙趙在五年，此書於六年，誤。

御史大夫陽陵侯岑邁。

案：史詮謂漢表缺，是也。但邁之封陽陵，惠景表亦失載，而於後二年六月丁丑書御史大夫岑邁卒，尤不可解，是年六月亦無丁丑。陽陵說在高祖功臣表。

孝景七　六月乙巳，太尉條侯亞夫爲丞相。

案：「六月」乃「二月」之誤，說在紀。

孝景後元元年　八月壬辰，

案：是月無壬辰，說在景紀。

孝景後三　正月甲子，孝景崩。二月丙子，太子立。

附案：景帝正月甲子崩，以二月癸酉葬，是崩後九日而葬也。丙子太子立，是葬後三日而卽位也。乃漢書謂甲子太子卽皇帝位，何歟？大事記曰「史記書正月甲子孝景崩，二月丙子太子立，用惠帝以來既葬卽位之典也。班氏武紀書甲子太子卽皇帝位，是崩之日遽卽位也，其誤甚矣。蓋武帝享國多歷年所，招方士，求長年，恤典廢而不講，受遺大臣如霍光輩，皆不學少文，故武帝以丁卯崩，明日戊辰，昭帝遽卽位。是後元之繼宣，成之繼元，哀之繼成，皆以葬前正位號，自古既葬卽位之禮遂廢矣。班氏徒習見漢中葉以後故事，不復知先王典制，謬誤若此比者非一條也」。東萊斯論甚正，然尚有未覈。古者天子崩太子卽位，始死則先定嗣子之位，尚書顧命「逆子釗於南門之外，延入翼室」，是已既殯則正繼體之位，顧命「王麻冕黼裳入卽位」是已。然則班氏所書甲子卽位者，乃嗣位喪次，指始死定位之儀也。史記所書丙子立者，即既殯而正繼體之禮也。班、馬所書各有典據，似不可以班爲誤。穀梁定元年傳引沈子曰「正棺乎兩楹之間，然後即位」，是殯而即位，實古之制。西漢人主皆預爲陵寢，故自崩至葬，多有不及旬日者，所以葬而即位，便以當古殯而即位之制。余方議其大行已葬，嗣子不得受命於殯，爲禮之變，若始死定位，又何尤焉？昭之繼武，獨受命於殯，只是殯期太促耳。

孝武建元元年

附案：改「今上」爲「孝武」，乃續表者妄易之。

建元二　御史大夫趙綰。

案：田蚡傳綰以元年爲亞相，又漢書武紀言綰以二年十月自殺。十月自歲首，則此與百官表書建元二年綰爲御史大夫者，誤也。不然，豈綰居位僅旬日乎？史、漢表於元年書御史大夫牛抵，蓋抵居位數月而去，綰繼之，同在一年耳。

建元四　御史大夫青翟。

案：莊青翟之爲亞相，此與百官表皆書於四年，然青翟繼趙綰者也。綰以二年十月有罪自殺，則繼居其位，當亦先後間爾，何以遲至四年乎？宜依田蚡傳在建元二年爲是。

建元五　行三分錢。

案：漢書武紀云「罷三銖錢，行半兩錢」。又平準書、食貨志云「半兩錢法重四銖」，則此言三分，非也。

建元六　正月，閩越王反。孝景太后崩。

案：武紀太后以五月丁亥崩，閩越反在八月，此書「正月」，誤。

元光三　決河於瓠子。

附案：「河決」二字訛倒。

元光四　十二月丁亥，地動。

附案：漢紀作「五月」，然五月無丁亥日，疑非。

蚡卒

案：田蚡卒在元光三年，非四年也，説見蚡傳。

五，平棘侯薛澤爲丞相。

案：田蚡以三年三月卒，薛澤繼相卽在其時，疑是三年五月。此及百官表書於四年，與功臣表廣平侯下書十年爲丞相俱屬誤端。「五」字當改「二」字，薛澤爲相之二年也。以後應遞易年數，蚡已卒矣，安得爲相有五年乎？

元光五　十月，族灌夫家，棄魏其侯市。

案：灌夫、魏其之死在三年，不在五年，且其死亦不同月，説見蚡傳。

元朔元年　衞尉韓安國爲將屯將軍，軍代，

案：匈奴傳及漢紀安國屯漁陽在元光六年，此及安國傳、百官表言在元朔元年，誤。且安國屯漁陽非軍代也，軍代者乃將軍李息。是元年事，元年衞青出雁門，李息出代，正爲匈奴圍安國漁陽也。此謂安國偕出軍，亦誤。

元朔三　匈奴敗代太守友。

案：「敗」乃「殺」字之誤。又據漢紀，是年六月庚午，皇太后崩。以前書孝景太后例之，則宜書於大事列，此缺不具。

元朔四　匈奴入寇襄、代、上郡。（金陵本作「定襄」。）

史詮曰：「定襄，『定』作『寇』，誤。」

元朔五　匈奴敗代都尉朱英。

案：「敗」當作「殺」。

長平侯衞青爲大將軍，擊右賢。

案：青破右賢王後乃拜大將軍，是時爲車騎將軍也，此與匈奴傳同誤，漢紀、傳亦誤。又「右賢」下缺「王」字。

太僕賀爲車騎將軍，

案：賀與青同官，非也，攷傳及漢書無「車」字。

皆屬大將軍

案：據青本傳，當云「皆屬車騎將軍」。

又附案：是年御史大夫位缺，據百官表，五年四月丁未，河東太守九江番係爲御史大夫。但公孫宏以十一月乙丑遷丞相，何以亞相虚位五月，疑「四月丁未」有誤。

元朔六　翕侯趙信爲將軍。

案：信爲前將軍，缺「前」字。

衞尉蘇建爲將軍，

案：建爲右將軍，缺「右」字。是年所書諸將多錯亂。

元狩元年　十月中

案：漢紀是十一月。

元狩二

附案：湖本失刻「二」字。

元狩四　大將軍青出定襄，

案：匈奴驃騎二傳及漢書皆言是年衞青出定襄，霍去病出代，中分兩大軍擊單于，此不序去病，脱也。

元鼎五　三月中，南越相嘉反，殺其王及使者（金陵本作「殺其王及漢使者」。）

案：漢紀是四月事，此言三月中，非。又嘉殺其王與王太后及漢使者，此脱「王太后」三字。

八月，周坐酎金，自殺。

案：漢紀及公卿表，丞相趙周之死在九月，此言八月，誤。

九月辛巳，御史大夫石慶爲丞相。

案：公卿表趙周以九月辛巳下獄死，石慶以九月丙申爲丞相，首尾相隔十六日。若慶爲相亦在辛巳，與周死同日，必無之理，此誤無疑。

衛尉路博德爲伏波將軍，出桂陽；主爵楊僕爲樓船將軍，出豫章：皆破南越。

案：南越傳及漢書，征南越將凡五軍：一曰路博德，二曰楊僕，又歸義越侯二人，曰嚴爲戈船將軍出零陵，曰甲爲下瀨將軍下蒼梧，其五曰越馳義侯遺別將下牂牁。此止書路、楊兩將，其事不全。

「主爵」下又脱「都尉」二字。

元鼎六　十二月，東越反。

案：史、漢傳其反在秋，此誤。

故龍頟侯韓説爲横海將軍，出會稽；樓船將軍楊僕出豫章；中尉王温舒出會稽：皆破東越。

案：閩越傳及漢書，征東越者尚有戈船、下瀨二將，出若邪、白沙，此缺。

又附案：此年亦缺亞相位，據百官表，當書「御史大夫式」，齊相卜式也。

元封元年

附案：元封以後，大事記及將位多缺略不具。

太初二　正月戊申，慶卒。三月丁卯，太僕公孫賀爲丞相，封葛繹侯。

案：丞相石慶之卒，此與漢紀作「正月戊申」，而百官表作「正月戊寅」。賀之爲相封侯，此與侯表作「三月丁卯」，而百官表作「閏月丁丑」。攷是年正月有戊寅而無戊申，則作「戊申」者非也。三月雖丁卯、丁丑皆有，而是年無閏，況漢歷遇閏皆歸於歲終稱後九月，太初改歷已後或不然，但只言閏月，未識何月？且百官表書年月多舛，不盡可憑，而閏月惟此一見，可知其誤矣。閏月既誤，丁丑之日亦非，則作「三月丁卯」是也。

天漢元年

附案：天漢已下至孝成鴻嘉元年，皆後人所續。以漢書校之，大半乖迕。如劉屈氂爲澎侯而稱「彭城侯」。王章爲安平侯，而兩書「平安侯」。韋元成嗣父爲侯也，而曰因爲丞相封扶陽侯。元帝永光二年七月馮奉世擊西羌，八月任千秋別將並進，乃此移奉世擊羌之月爲千秋，反遺却奉世主帥。張禹以鴻嘉元年免相，哀帝建平二年卒，乃謂禹卒於鴻嘉之元。斯皆誤之大者，其餘年月、官職，駁戾頗多，因均在删削之列，不復匡訂矣。

史記志疑卷十五

禮書第一

而六國畔逆

案：「六」乃「七」字之誤，正義甚謬。

事在袁盎語中

案：盎傳止載解七國之策，不及誅鼂錯事，故盎傳云「其語具在吳事中」，則此處當云「事在袁盎、吳王語中」，絳侯世家言立孝文云「其語在吕后、孝文事中」，是其例也。

禮由人起

附案：史公禮書惟存一序，此下皆後人因其缺而取荀子續之。自「禮由人起」至「儒、墨之分」及「天地者生之本」至末，是荀子禮論，中間「治辨之極」至「刑錯而不用」是議兵篇答陳囂語，索隱概謂禮論，非。而末段又割截禮論，横加「太史公曰」四字以作論，尤爲乖陋。

樂書第二

太史公曰：余每讀虞書，

附案：樂書全缺，此乃後人所補，託之太史公也。以序言之，其曰仲尼作五章以刺時，不知所指，索隱謂即彼婦之歌，殊未確。便如其説，此歌止可五章之一，不得遂該五章也。其曰李斯諫二世放棄詩、書，夫斯議焚書，安能有是諫。縱有是諫，亦決非李斯也。其曰高祖過沛詩三侯之章，大風歌有三兮而無三侯。明方以智通雅四謂「兮與侯古通用，但侯乃發語辭，與兮字不同也」。其曰今上作十九章，令李延年次序其聲。而漢志武帝時作安世房中歌十七章，郊祀歌十九章，以此爲房中樂歟？不可言十九，以爲郊祀樂歟？則十九章并太始三年赤蛟歌數之，又非史公所及覩。蓋史公作史時尚未定十九章之名，索隱未經細究遽云房中樂有十九章，妄矣。且同爲郊祀歌，何以止載四時？太一天馬六章，而太一歌不但字有增換，并删去「志俶儻」四句。天馬歌全與漢志别，俱不可曉。漢志天馬歌凡六章，此獨載蒲梢之歌，其事他無所見。而蒲梢亦云天馬，首尾四語又與天馬歌首章相似，疑此是詠烏孫馬，漢書不載，補史者别記所聞謬以爲宛馬歌耳。大宛傳言天子得烏孫馬好，名曰「天馬」，及得大宛汗血馬，更名烏孫馬曰「西極」，名大宛馬曰「天馬」。或者蒲梢乃烏孫馬之歌，而歌中有「天馬來從西極」之句，故名爲西極耶？漢書武紀稱宛馬歌爲西極天馬之歌，亦因歌有西極語。其曰中尉汲黯譏馬歌，丞相公孫弘謂黯誹謗聖制，當族。考馬生渥洼水，作歌在元鼎四年之秋，武紀可證。禮樂志誤以爲元狩三年，其所以誤者，因元狩二年曾得馬余吾水中，遂移屬于渥洼耳。獲宛馬作歌，在太初四年之春，而公孫弘卒于元狩二年三月，不但渥洼、大宛事不及見，即不作歌詩之余吾馬亦不及見，（得余吾馬在元狩二年夏。）安得有誹謗聖制之譖哉！黯未嘗爲中尉之官，得渥洼馬時，黯在淮陽爲太守，無緣面議武帝。得大宛馬時黯卒已十二年，（卒于元鼎五年。）又安得誹謗聖制哉！困學紀聞、通鑑答問謂「樂書後人所續，厚誣古人，非史遷之筆，豈有遷在當時而乖舛如此」。通鑑考異不得其説，疑「馬生渥洼作歌在元狩三年，汲黯爲右内史而議之。」言當族者非公孫弘，殊不然也。至樂書中段既直寫樂記，而增易升降，絶無意義。濮水聞琴節，又攙用韓子十過篇。末段尤爲冗濫，徐氏測議謂是截舊文爲之。前後兩書太史公曰，又稱武帝爲今上，僞亂其詞，欲以假冒真而不知其不能混耳。

律書第三

兼列邦士

案：「士」，一本作「土」，古字通用，非譌也，説在始皇紀論。但「邦」字犯諱，何以不改字曰「國」？

遂埶不移等哉（金陵本作「遂執不移等哉」。）

附案：史詮曰「湖本『埶』作『執』，誤。」

天下殷富，粟至十餘錢，

案：「粟」下或斗或斛，必有缺文。

孔子所稱有德君子者邪

案：律爲兵家所重，故史公序律先言兵，昔賢謂律書卽兵書，是已。然言用兵之事幾七百言，未免于律意太遠。且衹述歷代之用兵，而不詳其制，又不及漢景、武兩朝，毋乃疎乎？

書曰，七正二十八舍。

附案：已下當提行寫，但此語與下文不相貫，嘉興王氏元啓史記正譌謂是後引書旋璣之錯簡，尚有脱字，當云「太史公曰：書曰在璇璣玉衡以齊七政，七正歷二十八舍」。言二十八舍、七政，皆周歷之也。余甚韙之。故或謂此語乃引尚書固非，或謂引當時律家之書，如律歷志稱書曰「先其算命」之類亦非。師古以爲逸書，妄。至續古今攷以二十八舍指「日中星鳥」四句，尤謬。

律歷，天所以通五行八正之氣，天所以成熟萬物也。舍者，日月所舍。舍者，舒氣也。

附案：此語與前後文亦不貫，正譌謂「律歷」二十字，乃論中「建律運歷造日度」之注，「氣」下當有「日度」二字。而「舍者」十一字爲「二十八舍」之注，傳寫者不察，攙入本文也。

不周風居西北

案：淮南天文訓、白虎通八風篇言八風各距四十五日而至。左傳昭二十年疏引易緯通卦驗，言風之至以四立二分二至。極爲有理。乃此所説八風，有一風主一月者，主兩月者，獨涼風主六、七、八三月，深所未曉。又營室、柳、胃、婁、奎之解，與天官書不同。二十八宿無斗、井、鬼、觜，而有建、弧、狼。分罰參爲二宿，亦不可解。

十二月（金陵本「月」下有「也」字。）

附案：缺「也」字。

大呂者，其於十二子爲丑。丑者，紐也。言陽氣在上未降，萬物厄紐未敢出。缺「也」字。（金陵本無「丑者」十八字，正義引一本與此同。）

附案：徐廣云「此中闕不說大呂及丑。」正義引一本云「丑者，紐也。言陽氣在上未降，萬物厄紐未敢出也」。據此，則釋丑之義後人依別本補入，而大呂一律仍缺，史詮以漢志補之曰「大呂者，旅也。言陰大旅助黃鐘，宣氣而牙物也」。

西至七星

附案：續古今攷曰「井、鬼、柳、星、張、翼、軫，古次序如此。今七星在張之前，何也？」正譌曰「『西至于張』十二字，錯簡在『七星』後」。

地者，沈奪萬物氣也。

附案：正義謂「沈，一作『洗』」，當是。此篇所釋，多以叶聲取義，故于地言洗。

其於十二子爲未

附案：此獨不言「其於十母爲戊己」者，缺文也。漢志但云「豐楙於戊，理紀於己」，與此篇文法不類，余取劉熙釋名補之曰「戊，茂也。物皆茂盛也。己，紀也。皆有定形可紀識也」。

北至於罰

案：書中述二十八宿以建易斗，蓋謂建星在斗之虛故也。以弧、狼易井、鬼，蓋謂弧、狼近井、鬼之虛，且輿鬼四星三度太狹，東井八星三十四度太廣，故不書井、鬼而別取弧、狼。但狼一星在東井赤道外。弧九星，六星如弓背，三星如弓之挾矢以射乎狼，弧矢在天狼之後，今以弧爲落物就死尚近，以狼爲量斷萬物歟？參伐一也，伐罰古通，天官書、天文志可證。此增出罰星，則是二十九宿矣，故志觜以合其數，而罰實不可以代觜。前人有謂「北至于罰」十四字當衍去，而補觜觿一宿，良是。

黃鐘長八寸七分一，宮。大呂長七寸五分三分一。太簇長七寸七分二，角。夾鐘長六寸一分三分一。姑洗長六寸七七分四，羽。仲呂長五寸九分三分二，徵。蕤賓長五寸六分三分一。林鐘長五寸七分四，角。夷則長五寸四分三分二，商。南呂長四寸七分八，徵。無射長四寸四分三分二。應鐘長四寸二分三分二，羽。

案：夢溪筆談謂餘分下分數目，凡「七」字皆當作「十」，字誤屈其中畫耳。黃鐘八寸十分一，太簇七寸十分二，姑洗六寸十分四，林鐘五寸十分四，南呂四寸十分八，宋蔡元定律呂新書因之，皆改「七分」爲「十分」。然索隱已先言「七分」爲誤矣。又新書改大呂爲七寸五分三分二，夾鐘爲六寸七分三分一，蕤賓爲五寸六分三分二，夷則爲五寸三分二。「五寸」下當作兩空圍，「三分二」是小分也。又云黃鐘下有宮，太簇下有商，蔡據宋本作「商」，今本皆作「角」字。姑洗下有羽，林鐘下有角，南呂下有徵。晉志論律書五音相生，而以宫生角，角生商，商生徵，徵生羽，羽生宫。求其理用罔見通途者是也。仲吕下有徵，夷則下有商，應鐘下有羽，三者未詳，疑後人誤增。蔡氏之説如此。（史詮、正譌亦以「徵商羽」三字疑衍，從蔡氏也。）而史詮曰「太簇『角』當作『商』，姑洗『羽』當作『角』，林鐘『角』當作『徵』，南吕『徵』當作『羽』」，俱後人傳寫之誤」。要之史公所記分寸之數，配合之數，與管子、吕覽、淮南及漢、晉以來諸志皆不同，而後人譏之者甚衆，展轉糾纏，莫適是非。蒙不知律，未敢妄談，姑取先儒所改正者著之，以俟專家質焉。昔高誘注淮南不解鐘律上下相生之法，置而不説，余竊同之矣。

生黄鐘　術曰

附案：正譌謂「『黄』字衍。前言生鐘分，是諸律積實之數；此言生鐘術，是彼此相生之法。佈算之道，先審其實而後用法歸之，故先言分後言術。舊本割去『術』字連下『曰』字爲句，非是」。然書但言「實如法，得一」，凡得九寸，命曰黄鐘之宫」，下不悉數，卽以爲生黄鐘亦可。舉一以概其餘也。

上九，商八，羽七，角六，宫五，徵九。

附案：索隱謂「此文數錯，未暇研覈」。錢宫詹語余曰：「此六十律旋相爲宫之法，族子塘以揚子太玄、淮南天文訓證之，無不脗合。蒙著攷異，推衍甚詳，史公不誤也，然唐以後人罕有通其義者。」

置一而九三之以爲法

附案：史記攷異曰「此下當云『十一三之以爲實』，轉寫脱之」。

非其聖心以乘聰明（金陵本作「非有聖心」。）

附案：「其」字當依明監本作「有」，正義引此亦作「有」。一本作「具」，非。

太史公曰：故旋璣玉衡以齊七政，卽天地二十八宿。

附案：故者，因上接下之詞，非可用爲發語。正譌謂「故」字誤，當從尚書作「在」也。又以前文「書曰七正二十八舍」句移此，以「書曰」二字置句首。正與政通，「正」下脱「歷」字，而以「卽天地二十八宿」句與前文「舍者，日月所舍」十一字，屬此二十八舍之注。又「地」字誤，當作「之」。觀文尋義，王氏説頗協。王孝廉云故字疑「攷」之訛，亦通。

造曰度（金陵本作「造日度」。）

附案：「曰」卽「日」字，非誤也。開口爲曰，合口爲日，不以廣狹字形論也。史詮以「曰」爲「日」之誤，蓋未攷古書法。

歷書第四

昔自在古

案：史公歷書缺，惟存前序，然篇首「昔自在古」至「難成矣」百餘字，乃大戴禮誥志篇孔子稱周太史之語，而倒亂先後，改易字句，不可解。

太史公曰：神農以前尚矣。

附案：「太史公曰」當接上文「順承厥意」，各本提行寫，非。

蓋皇帝考定星歷

附案：皇黄古通，索隱本作「黄帝」。

年耆禪舜，申戒文祖，云「天之歷數在爾躬。」舜亦以命禹。

史記考要曰：「堯、舜、禹以天之歷數相告、戒，朱子謂帝王相繼之次第，猶歲時氣節之先後，遷固直以此爲造歷之事，非也。」

周襄王二十六年閏三月，而春秋非之。

案：東遷已後，王不頒朔，而國自爲歷，各有不齊。春秋之非閏三月，謂魯歷也，史公以爲周歷誤。

歸邪於終

附案：集解音邪爲餘，蓋古音通借也。衞風「其虚其邪」，魯頌「詩無邪」，皆叶六魚，可證。

是時獨有鄒衍，明於五德之傳，而散消息之分，以顯諸侯。而亦因秦滅六國，兵戎極煩，

附案：徐氏測議曰「以顯諸侯下，未宜遽入秦事，又文法錯互，當是殘缺數語耳」。評林亦云「因」下有缺文。

漢興，高祖曰「北時待我而起」，亦自以爲獲水德之瑞。雖明習歷及張蒼等，咸以爲然。

案：漢之王或以土德，或以火德，或以水德，所説不同，而水德之説尤妄，語在孝文事中。

後作亂

案：新垣平非作亂也，以詐妄誅耳。

未能詹也

附案：徐廣「詹」作「售」，是，漢書作「讎」，即「售」也。

名察度驗

附案：漢志作「名察發驗」。

朕唯未能循明也

附案：正譌曰「循，當從漢書作『修』」。

歷術甲子篇

附案：此乃當時歷家之書，後人因本書之缺，謬附于史，增入太初等年號、年數。其所説歷法仍是古四分之術，非鄧平、落下閎所更定之太初歷也。起焉逢攝提格太初元年，至祝犁大荒落建始四年。凡七十六年，續者取歷家一蔀之法也。所載歲名與爾雅全別，不止與天官書異者有四也。天漢三年奮若，太始二年困敦，三年大淵獻，四年涒灘，並誤。此據索隱説，今本俱非其舊，蓋唐以後人因其誤而改之。史訖太初，而敍至成帝建始，非妄續之的證耶？其他所算餘分或大餘小餘，并篇末述干支之名，多有差脱，不復詳辨。蓋太初定歷，別有成書，史公作史時未經録入，孟堅作志載三統而又不載太初，其法遂無傳矣。

天官書第五

中宮天極星

案：天官書似缺前序。又史記攷異曰「此中宮及東宮、南宮、西宮、北宮五「宮」字皆當作『官』，下文云天之五官坐位，可證史公本文皆作『官』矣」。

旁三星三公，或曰子屬。

邵氏疑問曰：帝星前一星曰太子，後一星曰庶子后，非旁三星也，亦非三公也，子屬是也。」

後句四星，末大星正妃，餘三星後宮之屬也。

案：星經及晉、隋志、後句四星曰四輔，所以輔佐北極而出度授政也，無正妃、後宮之說。

隨北端兑

附案：「隨」乃「隋」之譌，湯果反，垂下也。索隱本作「隋斗」。蓋舊本多作「斗」，故小司馬引劉氏云「斗，一作『北』」，并引漢志作「北」爲證，必後人知「斗」爲誤，改從「北」字。

紫宮左三星曰天槍，右五星曰天棓，

附案：方氏補正曰「槍在紫宮之右，棓在左，疑傳寫誤。詩緯云在杓左右，益誤矣。」漢志言「右四星」，非。

四曰司命，五曰司中，六曰司禄。

附案：漢志五司禄，六司災。晉以下志皆作「四曰司禄，五曰司命，六曰司寇」，與此不同。

輔星

案：馬續天文志輔星上有「柄」字，此缺。漢天文志成于馬續，故晉志引之稱「馬續云」。

有句圜十五星，屬杓

附案：正譌曰「句七星曰七公，圜八星曰貫索。貫索本九星，正北一星常隱不見，見則反以爲變，故與七公並數得十五星。舊注專指貫索，則但有圜星無句星矣」。

房爲府，曰天駟，其陰右驂。

案：「府」上有「天」字，索隱本及御覽卷五並作「天府」也。而「右」上缺「左」字，房北左右各四星，名東咸、西咸，卽左、右驂也。晉志又云「南星曰左驂，次左服，次右服，次右驂」。

東北曲十二星曰旗，旗中四星曰天市，中六星曰市樓。

案：天市垣左右之星曰旗，共二十二，非十二也，「曲」下缺「二」字。天旗南北門左右各兩星，爲天市，中有六星爲市樓。漢志無市樓句。正義引左右旗各九星，乃北宫之星，奈何以爲天市旗哉！余詢之知星者云。

尾爲九子，曰君臣；斥絶，不和。箕爲敖客，曰口舌。

王孝廉曰：「尾主後宫，豈君臣之重而尾足以當之？疑『君臣』乃『羣姬』之譌，尾星斥絶，則羣姬不和矣。漢志『敖客』下有『后妃之府』四字。」

門内六星，諸侯

案：垣内五諸侯五星，史、漢俱誤作「六星」。

後聚一十五星，蔚然，曰郎位。

附案：「蔚然」，徐廣作「哀烏」，與漢志同。星經及晉、隋志作「依烏」，依亦音哀，皆星之貌狀。唐儲光羲述韋昭應畫犀牛詩作「哀烏郎」，乃傳刻之譌也。後書楊秉傳注引天官書作「二十五星」，亦譌。

皆羣下從謀也

附案：漢志「從」上有「不」字，恐非。

廷藩西有隋星五，曰少微，士大夫。

疑問曰「隋者，垣西四星南北列曰少微，非五星也」。漢、晉志云「四星」。

東井爲水事

案：漢志此下有云「火入之，一星居其左右，天子且以火爲敗」。疑此缺。

輿鬼，鬼祠事，

附案：以下文「主急事」等例之，疑是「主祠事」之誤。古「主」字作「丶」，轉相傳寫，認爲上「鬼」字省文，遂重作「鬼」耳。

七星，頸，爲員官。

附案：「宫」字譌「官」，索隱本作「宫」，漢以後志皆然。

其旁有一小星，曰長沙星，

疑問曰「軫中有星曰長沙，非旁也」。

無處車馬

附案：漢志「馬」作「焉」，是，此譌。

下有四星曰弧

案：弧九星，言四星誤。

狼比地有大星，曰南極老人。

案：「狼」字衍，漢志無之。晉志弧九星在狼東南，老人一星在弧南，則豈與狼比地哉。南極星中原常不見。

附耳入畢中，兵起。

附案：漢志無此七字，正譌曰「此後人增入者」。余疑當在前文「爲附耳」句下，錯簡也。

軍西爲壘，或曰鉞。

案：晉志壘壁陳十二星，在羽林北，則「西」字乃「北」之誤。鉞爲壘之異名，漢志作「戉」。今本譌「戍」。解者或以爲壁星，或以爲鈇鉞星，甚且據漢志譌本以爲戍守之意，反謂「鉞」爲譌字，並妄。

危東六星，兩兩相比，曰司空。

案：「司空」，漢志作「司寇」。然司空、司寇皆不在危東，亦非六星也。正義疑「命」字誤「空」。然虛東危西，兩兩相比者乃司命、司祿、司危、司非八星，無所謂危東六星，亦不得專指司命二星爲說也，恐本文有誤。

營室爲清廟，曰離宮、閣道。

案：此下宜列東壁一宿。蓋二十八宿爲經星，史及漢志於他宿備載無遺，獨缺東壁何歟？正譌從晉志補十五字，云「東壁二星，主文章，天下圖書之祕府也」。

杵、臼四星，在危南。

案：星經臼四星，杵三星，在人星旁，蓋危星之北，此言危南四星，恐誤也。

牽牛爲犧牲，其北河鼓。

案：爾雅「河鼓謂之牽牛」，故荆楚人呼牽牛爲檐鼓，是一星兩名也，而星經及漢已下諸志皆分爲二，邢昺疏亦不能知其同異。「河」當作「何」，與「荷」通。梁宗懔荆楚歲時記「黄姑、織女時相見」，卽何鼓之譌。南唐李後主詩「迢迢牽牛星，杳在河之陽。粲粲黄姑女，耿耿遥相望」，誤也。

織女，天女孫也。

附案：徐廣謂「孫，一作『名』」，是也。索隱引荆州占曰「織女一名天女」，星經及晉、隋志亦云天女，此「孫」字誤。然因此之誤，而後世遂有「天孫」之號。

察日、月之行以揆歲星順逆。

附案：此下敍五星，以漢志校之，字句多有增損移易，凡于義得通者略而不説，蓋各有所傳，不能無小異也。

義失者，罰出歲星。

案：漢志「歲星，仁也。太白，義也」。此以歲星爲義，何歟？漢以來諸志亦兼載從歲以義之說。

正月，與斗、牽牛晨出東方，

附案：史記攷異曰「淮南天文訓在十一月，此云正月者，史公據石氏星經，較淮南書每後兩月」。

歲星出，東行十二度，百日而止，反逆行。逆行八度，百日復東行。歲行三十度十六分度之七，率日行十二分度之一，十二歲而周天。出常東方以晨，入於西方用昏。

案：此節綴于攝提格歲一段之後，明是錯簡，當移在上文「義致天下」句下。又正譌以漢志五步攷之，多有不同，蓋歷法積久愈精，析其奇零之數，比前加密，故與志異。下倣此。

名曰降入

案：上文已言與婺、女、虚、危晨出曰降入，則此四字爲誤重。下文「曰青草曰大章」亦然，皆當衍。

以三月居

義門讀書記曰「居」字疑衍。

以四月與奎、婁、胃、昴晨出，曰跰踵。

案：五月歲星與胃、昴、畢晨出，若四月安得與胃、昴出乎？「二」字衍，漢志、淮南子俱無之。跰踵，據集解，索隱，史、漢舊並作「路踵」也。各本集解譌「踵」爲「踔」。（金陵本集解不譌。）

其失次，有應見亢。

正譌曰「他歲皆有歲星失次之應，及水旱之占，獨其在巳未申亥子丑者，但言失次，不言水旱。漢志并不著失次之語，未詳其義云何？」

曰大音，昭昭白。

案：「大音」，漢志作「天晉」，蓋「音」字今本之誤。「白」下當有「色」字。

爲長王

案：「爲」字衍。漢志作「長壬」，疑譌。

有旱而昌

案：四字亦衍文，漢志無之。或曰有譌脱。

大章

案：漢志作「天皇」，徐廣同，今本史注或作「大星」，或作「大皇」，並譌。則作「大章」誤。

以十一月與氐、房、心晨出曰，天泉。

案：漢志「泉」作「宗」。

在昴

正譌曰「在，當作『見』」。

其失次舍以下，進而東北，三月（漢志凡「三月」上皆作「不出三月」，甘氏説也。）生天棓，長四尺，（晉志作「文」。）末兑。進而東南，三月生彗星，長二丈，類彗星。（「星」字衍。）退而西北，三月生天攙，長四丈，末兑。退而西南，三月生天槍，長數丈，兩頭兑。（金陵本作「生天棓長四丈」。又「類彗」下無「星」字。）

附案：天棓、天槍名見恒星中，此則歲星所生也。宣城吴氏肅公天官考異曰「歲星所變妖星，非紫宮中天棓、天槍。」

以其舍命國。熒惑熒惑爲勃亂，殘賊、疾、喪、饑、兵。（勃同悖。）

附案：史詮、補正皆云「命國」下衍「熒惑」二字。徐廣謂「饑兵」下一本有「熒惑爲理，外則理兵，內則理政」三句。正譌曰「後有『熒惑爲孛（「孛」字誤，宜作「理」，蓋因「理」亦作「李」，因「李」訛「孛」耳。）外則理兵內則理政故曰雖有明天子必視熒惑所在』二十五字，錯簡在後，當移于『命國』下，而『熒惑』二字，即爲理數語之遺逸不盡者」。正譌言是。

用戰，順之勝，逆之敗。

正譌曰「漢志『在其野者亡地，以戰，不勝』，與此異義」。

其入守犯太微、軒轅、營室，主命惡之。

案：漢志無此語，疑衍。補正曰「命令所從出者，天下則天子，一國則諸侯。軒轅主後宮，太微非犯帝座，亦不應占主命者。」

歲行十二度百十二分度之五

正譌曰：「『十二度』當作『十三度』。」

其下之國，可重致天下。禮、德、義、殺、刑盡失，而填星乃爲之動摇。

案：填星爲信，而仁、義、禮、智以信爲主，故以信爲重。漢志亦云「從填以重」也。「德」字當衍。「義」乃「仁」之誤，宜云「仁、禮、殺、刑盡失」，蓋歲星爲仁，熒惑爲禮，太白爲義，辰星爲智，殺卽義，刑卽智，故漢志云「從太白以兵，從辰以法」。

填星，其色黄，九芒，音曰黄鐘宫。一本「九」作「光」，非。

附案：此文其一名曰地侯主歲之上當是也

木星與土合

案：此下總論五星，當别爲一條。漢志列辰星條後是也，此誤連填星條之後。又此句當作「凡五星，木與土合」，故正譌曰「漢志『凡五星歲與填合』，晉志及正義所引星經云『凡五星木與土合』，皆有『凡五星』三字」。可知此「木星」二字當乙，「凡五」二字當補。

若水、金在南

附案：「水」乃「木」之訛。漢、晉志作「爲水」，亦非。

生孽卿（金陵本「生」作「主」。）

附案：他本「生」作「主」字，是。

大饑

附案：正義引星經云「火與木合，饑」。漢志亦然，則「大」字乃「木」之譌。二字作二句讀。

戰敗，爲北軍，困，（金陵本重「軍」字。）

附案：補正曰「凡三占，以戰則敗，又爲奔北之軍，又爲軍見困于敵也」。

七寸以内必之矣

案：漢、晉諸志此句上有云「二星相近者其殃大，二星相遠者殃無傷也」，似不可省。

意行窮兵之所終

案：此七字其義未詳，漢、晉諸志無之。據辰星條有云「赤行窮兵之所終」，則「意」乃「赤」之訛，徐廣作「志」亦非。但赤角之應已見上文，不宜複出，疑有脱誤，即「赤行」七字亦不可曉，正譌直定爲衍文。

月行及天矢

正譌曰「此即後文所謂『出蚤爲月蝕，晚爲天矢及彗』也，誤衍于此，又逸其半而加譌舛焉」。

下起兵

附案：天下起兵，各本脱「天」字。

國以静（金陵本作「圜以静」。）

附案：「國」當作「圜」，各本譌刻。

黑圜角，憂，有水事；青圜小角，憂，有木事；黃圜和角，有土事，有年。

正譌曰「圜則不角角，則不圜，兩『圜』字一『小』字皆衍。『圜和』二字字當在『有土事』下。和謂色不怒，正義不得其讀而誤解也」。

其已出三日

案：漢志此上有云「入七日復出，將軍戰死。入十月復出，相死之。入又復出，人君惡之」。此缺。

是謂耎

案：漢志作「耎而伏」，晉灼曰「耎，退也，伏不見也」。此亦缺。

其色大圜黃滜，可爲好事。其圜大赤，兵盛不戰。

附案：十八字當在上文「有年」句下，錯簡于此。蓋上文言赤角有戰，黃角有土事，圜和有年，則此所占當類從。

太白白，比狼；赤，比心；黃，比參左肩；蒼，比參右肩；黑，比奎大星。

案：二十三字正譌謂當在總論五星條內「無德受殃若亡」之下，誤屬于此。「太白」二字亦誤，當改作「五星」。蓋是也。又「左右」二字應互易。

居實，有得也；居虛，無得也。行勝色，色勝位，有位勝無位，有色勝無色，行得盡勝之。晉志「得」作「德」，晉灼引星經亦作「德」。

案：正譌移此文于總論五星條內，接「黑比奎大星」下，蓋據晉志，是也。而於此文上從漢志補「凡五星所出所直之辰，其國爲得位。得位者，戰勝所直之辰。順其色而角者勝其色，害者敗」三十五字，并云「上文所直之辰，謂得位也。順色而角，謂有色也。居實有得，則所謂行得也。今本脱去『凡五星』已下三十五字，則行色位等字皆無來歷，今從漢志增入。但漢志移置『五星白比狼』之上，文義乖隔不順。晉志先敍星色，然後及所出所直之辰，而於『色害者敗』之下接『居實』云云，爲得其序。又此條舊屬太白條下，故『五星』字俱誤作『太白』，漢書亦仍其謬。今詳其義，實係總論五星，故依晉志更『太白』字爲『五星』」。

未盡其日，過參天，（金陵本作「其日」。）

附案：漢、晉志作「期日」，是也。

金、木星合，光，其下戰不合。

正譌曰：「『木』當作『水』。總論五星獨不言金、水相合之應，以其見于此也。」

太白伏也

附案：正譌曰「『也』字當加『土』作『地』，謂入地不見也」。

仲春春分，夕出郊奎、婁、胃東五舍，

附案：以後文「宜效不效」句觀之，則此及下三「郊」字乃「效」之譌。正義曰「效，見也」。

辰星來抵太白，太白不去，將死正，旗上出，破軍殺將，客勝；下出，客亡地。視旗所指，以命破軍。

案：此言「太白不去」，漢志作「辰星來抵，太白不去」，無複出「太白」字，則謂辰星不去也，依志爲是。又兩「旗」字志皆作「其」，亦謂辰星，正義不知史誤，解爲星名，索隱又解爲太白芒角似旗，謬矣。但「其上出」十五字與上文複，疑衍。

其繞環太白，若與鬭，大戰，客勝。免過太白，閒可械劍，小戰，客勝。免居太白前，軍罷；出太白左，小戰；摩太白有，數萬人戰。（金陵本「免」皆作「兔」。）

案：漢志「大戰客勝」下有「主人吏死」句，「免居太白前」下有「旬三日」句，免爲辰星之別名，與「毚」同，但此下忽易其名稱免，何也？此缺不具。摩太白右，此誤「右」爲「有」，湖本即「有」連下讀，謬矣。

青角，兵憂；黑角，水；赤行窮兵之所終。

案：史詮謂此文當在後「白角號泣之聲」下，是也。但「赤行」七字，未詳其義，說見上。

角、亢、氐，兗州。房、心，豫州。尾、箕，幽州。斗，江、湖。牽牛、婺女，揚州。虛、危，青州。營室至東壁，并州。「至」爲「室」之半，傳寫誤重，當衍。奎、婁、胃，徐州。昴畢，冀州。觜觿、參，益州。東井、輿鬼，雍州。柳、七星、張，三河。翼、軫，荆州。

附案：本書于中宮條內，謂「用昏建者杓，杓自華以西南。夜半建者衡，衡殷中州河、濟之閒。平旦建者魁，魁海岱以東北」。是以北斗言分野也。此云「角、亢、氐兗州」等，是以二十八宿言分野也。下文甲、乙、丙、丁之占，是以日時言分野也。漢志又有「甲齊」等五十五字。「秦候太白」諸語，是以五星言分野也。「界華、夷爲陰陽」，是以畢、昴、天街言分野也。夫列宿主十二州，而斗之七星亦各有屬，奚獨杓、衡、魁三星而已乎？天街分國陰陽，理固有之，卽上文所稱「昴畢間爲天街，其陰，陰國；陽，陽國」也。然謂畢、昴二星主華、夷，實未所聞。若五星占候以及支干日時之配合，並與二十八宿言分野同義。周禮保章氏以星土辨九州，則分野之法，自古傳之，左氏、內、外傳載伶州鳩、董因、士弱、子產、裨竈、梓愼諸人所論，確然可證。但竊有疑者，二十八宿俱生主中國，故漢藝文志歷家有海中二十八宿國分、臣分各二十八卷，豈日星只在中國而不臨四夷哉！疑一。以宿配州，或多或少，地廣者星反少，地狹者星反多，疑二。淮南天文訓、漢書地理志以郡國配二十八宿，嗣後言分野者雖有異同，遞爲祖述，唐李淳風、僧一行更闡發無遺，而獨不宗史記，疑三。漢天文志仍史，與地理志不合。占地于天，必天應乎地而始驗，乃楊州在南而牛、女在北，青州在東而虛、危在北，冀州在北而昴、畢在西，雍州在西而井、鬼在南，往往相反而不相應，疑四。故宋周密癸辛雜識以分野爲疎誕也。蓋州郡有廢置，封國有變遷，安得以屢改之地占不改之星，而星一日移一度，一月移一次，又安得以無定之星占常定之地，前賢之言分野者甚衆，余取三說焉。康成周禮注曰「九州諸國中封域，于星亦有分焉，其書亡矣。堪輿雖有郡國所入度，非故數也，今其存可言者，十二次之分也」。孔仲達春秋傳正義曰「分郡國以配諸次，徒以相傳爲說，其源不可得聞」。明蘇伯衡平仲集分野論曰「分野視分星，古不謂地，鄭氏云先鄭。『星土星所主土』是也。國在此而星在彼，彼此若不相配，而其爲象未嘗不相屬」。

七星爲員官，辰星廟，蠻夷星也。

附案：十二字當在前辰星條末「夏則不長」之下，錯簡於此。「官」乃「宫」之譌。

直爲自立，立侯王。指暈若曰殺將。

正譌曰「『立侯王』漢志作『立兵』，『指暈』漢志作『破軍』，史誤也。『若曰』二字衍，『破軍殺將』爲句」。

而食益盡，爲主位。

正譌曰「『而』『益』字衍，漢志云『不然食盡』。又漢志夏氏日月傳曰『日月食盡，主位也；不盡，臣位也』。據此，『主位』下當補『不盡爲臣位』五字，語乃明白」。

陰星，北三尺，

史詮曰「『陰星』下缺『多亂』二字，衍『北三尺』三字」。

陽星

案：史詮謂此上缺「南三尺」三字。

月食始日，五月者六，六月者五，五月復六，六月者一，而五月者五，凡百一十三月而復始。

索隱曰：「依此文計，惟有一百二十一月，與元數甚爲懸校，既無太初歷術，不可得而推定。今以漢志三統歷法計，則五月者七，六月者一，又五月者一，六月者五，五月者一，凡一百三十五月而復始耳。或術家各異，或傳寫錯謬，故此不同，無以明知也。」史記攷異曰「本文固有錯謬，小司馬所引三統法亦誤。今攷三統四分術，並以五月二十三分之二十而一食，依次推之，則五月者一，六月者六，又五月者一，六月者七，又五月者一，六月者七，凡百三十五月而復始。校書家罕通步算，傳寫譌脱，莫能是正，自昔然矣」。

故月蝕常也

案：漢志謂「天下太平，日不食朔，月不食望。夏氏日月傳曰『月食盡，主位；不盡，臣』位。星傳曰『日者德，月者刑，故日食修德，月食修刑。』自周室衰，亂臣賊子師旅數起，刑罰失中，月之變常見。甘、石氏見其常然，因以爲紀。詩云『彼月而食，則惟其常。』詩傳曰『月食非常也，比之日食猶常也。』謂之小變可也，謂之正行非也」。據此，則史公仍甘、石之説，不自知其誤耳。「修德」二語亦見管子四時篇。

恒山以北

案：「恒」常避作「常」。

出正東，東方之野。

附案：「野」字，漢志作「星」，下南、西、北三「野」字並同。晉、隋志或作「野」，或作「星」，義皆通也。

去地可六丈大

案：漢志云「大而黄」，與前後文「大而赤」、「大而白」相類，此缺「而黄」二字。或謂徐廣「大」一作「六」，則「大」字當提行，與下節「賊星」爲一句，觀正義稱大賊星一名六賊可證。曰：以徐注指下節賊星，是也。以「大」字與「賊星」爲句，非也。蓋此自缺「而黄」二字，下節另脱「大」字，各本誤以徐注屬此耳。

賊星

附案：脱「大」字，大賊星一名六賊。

司危星

附案：漢志作「司詭」，疑此脱其半。（晉志亦作「司危」。）

地維咸光

附案：漢、隋志作「臧光」，晉志作「藏光」，疑「咸」字訛。

如星非星

附案：此當提行寫，史、漢皆誤連「燭星」下。

星者，金之散氣，本曰火。

案：漢志作「其本曰人」，孟康注「星石也。金石相生，人與星氣相應也。（集解引康曰「星名」，誤。）則此是誤「人」爲「火」。江陰趙曦明云「人字是，所以下言衆吉而少凶也。」

音在地而下及地，其所往者，兵發其下。

附案：「下及地」乃「不及地」之譌。又漢志「往」作「住」，是。

類狗，所墮及，炎火（金陵本無「炎火」二字。）

附案：漢志無「炎火」二字，晉隋志無「及炎火」三字，御覽七卷引此并無「所墮及炎火」五字。

上兑者則有黄色，千里破軍殺將。

正譌曰：「『者』字誤，漢志作『見』。又『見則』二字當著『黄色』之下，史漢並誤。」

必有大害

附案：漢、晉諸志「害」作「客」是也，此譌。楊慎曰「星經作『客』，與『穫』合韻。」

望之如有毛羽然

案：漢、晉、隋志作「毛目」。又一説作「尾目」。

出於有道之國（金陵本作「常出於有道之國」。）

附案：一本出上有「常」字與漢志合此缺藝文類聚一引史亦有。

凡望雲氣

附案：此段當以晉、隋志參看，文詳而語麗。

恒山之北

案：「恒」當避作「常」。

卒氣摶

附案：「摶」乃「摶」之譌，下同。

前方而高，後兑而卑者郄，一本「高」上有「後」字。（金陵本作「前方而後高者兑」。）

案：晉志與史同缺，漢志作「前方而後高者銳，後銳而卑者郄」。

氣來卑而循車通者

附案：漢志作「車道」，則「通」乃「道」字之譌，而集解謂車通是車轍，避漢武諱改之。錢宮詹曰「說文無『轍』字，車轍之轍亦用『徹』，故裴氏云然。韓退之疎于小學，諱辨一篇，紕繆甚多，所云不諱『轍』字不足據」。

十餘里見

附案：一本「十餘」下有「二十餘」三字，與漢志合，漢志云「十餘二十里見」。

稍雲精白者

附案：漢志作「捎雲」，是也。又「精」當作「青」。

其前抵者（金陵本作「前低」。）

案：「抵」字譌，一本作「低」是，與漢志合。

雲搏兩端兑（金陵本作「摶」。）

附案：「搏雲」傳寫訛倒，卽上文卒氣搏也。

其蛪者（索隱曰「蛪亦作『蜺』」。）類闕旗故

附案：漢志作「蜺雲者類鬬旗故銳」，此譌「鬬」爲「闕」，（晉隋志亦譌「闕」。）「故」下脱「兑」字。

諸此雲見，以五色合占。而澤摶密，其見動人，及有占；兵必起，合鬬其直。（金陵本作「乃

有占」。）

附案：此以漢、晉諸志校之，「合占」之「合」字衍，卽「占」之誤文複出者。「及」，一本作「乃」是。「合鬬」之「合」當作「占」。

下有積錢金寶之

案：衍「之」字。

蕭索綸囷

附案：「綸」乃「輪」之譌，漢已下諸志及御覽八引此並作「輪」。

天雷電、蝦虹、辟歷、夜明者，陽氣之動者也。

附案：正譌曰：「『天』字誤，當從漢志作『夫』，音扶。」余攷御覽十三引此作「陰陽之動」，亦與今本異。

孫侍御云：「蝦」，漢志作「鰕」，皆「霞」字之異文。

山崩及徙，川塞谿坺，

附案：此段皆用韻語，而徙、漢志作「陁」。獨不叶，疑「徙」字有譌。

水澹澤竭，地長見象。

附案：此文傳寫錯誤，當依漢志作「水澹地長，澤竭見象」。

閨臬枯稾

附案：上二字誤寫，下二字誤倒，當依漢志作「潤息稾枯」文義始通，與上「閭」字亦叶韻。

化言誠然

附案：嘉定錢教授塘史記釋疑曰「四字二韻，『化』卽『訛』省。」

立春日，四時之卒始也。

正譌曰「漢志無『卒』字，係衍文，索隱蓋曲説」。

小雨

附案：徐廣謂一無此二字，是也。漢志蓋仍史誤。正譌云「前後皆言占風，不當於此獨兼言占雨。索隱亦殊費解」。

欲終日有雨，有雲，有風，有日日。

案：正月且有雲、有風、有日，至今農占謂之三有。若雨，則爲歲惡也。漢志無「有雨」二字，此宜衍。「有日」下亦誤複一「日」字。

則風復起

案：「則」字衍。

爲其環城千里內占，則其爲天下候

案漢志「城」作「域」，無下「其」字蓋是也。

冬至極短，縣土炭，炭動，鹿解角，蘭根出，泉出他本作「水」字是，此誤。漢志「泉水踊」。躍，略以知日至，要決晷景。（金陵本作「泉水躍」。）

附案：補正曰「冬至日極南，晷景極長，過此則漸短。其物候四，略可以知日至，而決其運度，要在晷景之長也。正義以晷景連下誤」。評林亦以正義晷景與歲星並注爲誤。

殷商，巫咸

案：巫咸爲殷之賢大臣，豈徒傳天數哉。天官家稱巫咸，蓋後人所託，猶封禪書以巫咸爲巫覡，史公誤信之耳，有説在封禪書中。續漢天文志誤仍史云「湯則巫咸」，晉、隋志亦然。

在齊，甘公，

案：續天文志及晉、隋志並以甘德爲齊人，而正義引七録謂楚人，蓋本漢藝文志「楚有甘公」之語也。徐廣又云「本是魯人」，未詳孰實。

楚，唐眛，（金陵本作「昧」。）

案：眛爲楚將，非掌天文之官，亦不聞其傳天數，豈別有一唐眛歟？「眛」譌刻「昧」。

日蝕三十六

案：元史志載李謙授時歷議作「春秋日食三十七事」，蓋併哀公十四年獲麟後一食數之耳。然姜岌、一行輩皆言襄公二十一年十月、二十四年八月，兩次日食不入食限，爲史誤書，則日蝕之數實止三十四。而閻氏尚書疏證云「春秋時史失其官，閏餘乖次，即以日食論，二百四十二年當四百八十四交，除交而不食，及合朔在夜人目不見者，以四之一約算，仍當一百二十餘日食，何三十六之寥寥也？」困學紀聞六曰「春秋隱元年至哀二十七年，凡三千一百五十四月，唯三十七食，是雖交而不食」。此言殆非也。

彗星三見

案：「彗」乃「孛」之誤，説在十二侯表中。

宋襄公時，星隕如雨。

案：史公以魯僖十五年隕石爲隕星，而又以魯莊七年隕星井隕石爲一事，故云「宋襄公時」，其誤與宋世家同。星隕如雨，乃宋閔公五年也。

諸侯力政

附案：徐廣「政」作「征」，是也。淮南要略云「諸侯力征」，後書襄楷傳「諸侯以力征相尚」。

近世十二諸侯

案：當作「十三」，説在表。

秦之疆也

附案：正譌曰「『也』係『地』之誤文。」

熒惑爲孛

附案：此已下至「必視熒惑所在」，當在前熒惑條下，説在前。

漢之興，五星聚於東井。

案：班書、荀紀皆云「漢元年冬十月，五星聚于東井」。其實在漢前三年七月，卽秦胡亥三年七月。紀事者欲明漢瑞，移書于元年十月耳。史公于天官書、張耳傳皆言星聚事，而本紀獨不載，并不書月日。魏高允謂崔浩曰「此史謬也。案星傳，太白、辰星常附日而行，十月日在尾、箕，昏没于申南，而東井方出于寅北，二星何得背日而行，是史官欲神其事，不復推之于理。」浩曰：「天文欲爲變者，何所不可邪？」允曰：「此不可以空言争，宜更審之。」後歲餘，浩謂允曰：「先所論者，本不經心，及更考究，果如君言。五星乃以前三月聚東井，非十月也。」衆皆歎服。劉攽一作「敞」。漢天文志刊誤云「太白、辰星去日率不能一兩次，今十月而從歲星于東井，非其理也。然則五星以秦之十月聚東井耳。秦之十月今七月，日當在鶉尾，故太白、辰星得從歲星也」。劉攽之説本于崔浩，然秦未嘗改月，所説欠明。但古今鮏謂「五星聚非吉祥，乃兵象，爲秦亡之應，因歷引唐世五星聚事爲證，其大者天寶九年五星聚燕，後數歲安、史煽禍，中國塗炭，至累世不息。則誠非佳兆，而史傳爲漢瑞，得毋誕乎！通鑑不載良是」。

元光、元狩，蚩尤之旗再見，

案：漢書元光、元狩之間無蚩尤旗見事。

星茀于河戒（金陵本作「河戌」。）

附案：漢志作「河戍」，疑「戒」字之譌。南戒爲越門，北戒爲胡門也。楊慎曰「卽唐一行説山河兩戒之戒」。一本誤脱「戒」字。

此五星者，天之五佐，爲經緯，

義門讀書記曰「『經』字疑衍。」正譌曰「正義謂『五星行南北爲經，東西爲緯』。五星皆東行，逆則西行，無所謂南北行。此不知『經』字爲衍文，而强爲之説」。

最近大人之符

附案：正譌曰「『大』字誤，當作『天』」。

蒼帝行德，天門爲之開。

案：此已下既與前文不屬，而字句錯雜，多不可解。正譌謂「『蒼帝行德，天門爲之開，赤帝行德，天牢爲之空。黄帝行德，天矢爲之起。白帝行德，畢、昴爲之圍。黑帝行德，天關爲之動』十句，移在前文『此五者天之感動』上，蓋言五行感動之理也。『風從西北來，必以庚辛。一秋中五至大赦，三至小赦』凡二十字，當入前文候歲中。然與魏鮮説異。『白帝行德』四字衍。『以正月二十日、二十一日月暈圍，常大赦』凡十六字，乃白帝行德節之注，言月暈圍畢昴間，主有赦令。而『常』字爲『當』字之誤。『載謂有太陽也』六字亦候歲中注，但『載』字誤，前文無所謂載也。『一曰圍三暮德乃成，不三暮及圍不合，德不成。二曰以辰圍不出其旬』凡二十七字，占星家異説，太史公兼記之。『天行德，天子更立年；不德，風雨破石』，凡十四字，即前文『五帝行德』也。索隱非。『三能三』有缺文，蓋謂三能、三階也。『衡者天廷也，客星出天廷，有奇令』，此十三字，即南宫條所云『衡，太微，三光之廷』也。索隱、正義皆不知『三能三』句有闕文，强連『三衡』爲句，故解費而義晦」。正譌所説，亦未知然否，録以備參。

史記志疑卷十六

封禪書第六

自古受命帝王，曷嘗不封禪？

附案：三代以前無封禪，乃燕、齊方士所僞造，昉於秦始，侈於漢武。此書先雜引鬼神之事，比類見義，遂因其傅會，備録於篇，正以著其妄，用意微矣。惟牽引郊社巡狩諸典禮，未免黷經。馬端臨云西漢郊祀襲秦制，而雜以方士之説，曰太乙，曰五帝，叢雜而祀之，皆謂之郊天。史公所序者秦、漢不經之祠，而以舜類上帝三代郊祀之禮先之，至孟堅直名郊祀志，於是以祀六帝爲郊，自遷、固以來議論相襲而然已。或問封禪雖禮、經不載，然管子、莊子、韓詩外傳皆言之。路史前紀六九謂封禪乃易姓告代之大禮，一姓惟一行，本晉袁宏後漢紀、續後書祭祀志，豈俱不足信歟？曰：管子雜篇多後人附竄，非其本書。而管、莊於諸子中最顯，因並竄焉，故封禪篇管仲諫桓公語與此書無異，蓋作僞者造爲成文，史全録之耳。有謂後人取史記補管子者，妄，管子無所謂封禪篇也。梁許懋封禪議見梁書本傳。謂管仲設言以屈桓公，又取夷吾所記七十二君細數而辨駁之，得毋錯認爲真乎？皇王大紀曰「稽懋言可以知史遷著書之謬，而不知史遷乃姑妄言之也」。韓嬰生當其時，更無足怪，託諸孔氏，其誕益明。袁宏諸人之説，並無據。

至梁父矣

方氏補正曰：「『梁父』二字衍，曲爲之説，終不可通」。

恒山也

案：「恒」字宜諱。

中嶽，嵩高也。

案：中嶽一名霍山，一名霍太山，亦稱景霍，卽禹貢之太岳也。嵩高一名太室，卽禹貢之外方也。唐、虞、三代皆以太岳爲中嶽，其證有二：周禮冀州山鎮曰霍山。又左傳昭四年司馬侯曰「四嶽三塗，陽城太室」，别太室於四嶽之外，則嵩高不爲中嶽可知。史蓋緣於爾雅「嵩高爲中嶽」一語，先儒謂釋山後一條乃漢人所附益，不足據依。而爾雅之誤，當由錯讀詩大雅「崧高維嶽」耳。山之高大者謂之崧，詩兼五嶽言之，非以太室山爲嶽，名曰崧高也。以太室爲中嶽，莫識所起。攷漢武帝元封元年登禮太室詔有中嶽之稱，疑始於是時。漢武移南嶽衡山之祀於天柱，安知不易中嶽霍山之祀於太室乎？漢儒依漢事説經，故皆誤指嵩高作中嶽也。何邵公莊四年公羊注，引詩作「嵩高維嶽」，郭景純爾雅「山大而高崧」注「嵩高山蓋依此名。」廣韻「嵩」同「崧」，並非。

後十四世，至帝孔甲，

案：後文數殷之世云湯後八世至太戊，後十四世至武丁，漢志亦云八世至太戊，而又以十四世至武丁爲十三世」，誤。蓋八世內不數太戊，所以自太戊至武丁爲十四世也。乃此言禹後十四世至孔甲，漢志作「十三世」。仍數孔甲在內，故下云「其後三世湯伐桀」，漢志誤作「十三世」。何以不言十三世至孔甲，後四世伐桀乎？至孔甲、太戊、武丁、武乙、紂皆妄稱「帝」，已說在紀中。

至帝太戊有桑穀生於廷

附案：桑穀事，說見殷紀。

伊陟贊巫咸，巫咸之興自此始。

案：漢志無下句，甚是，當時巫家必假咸爲説，故史公著此語，不然，豈未檢書序咸乂、周書君奭乎？索隱曲說，非也。因咸氏巫，便以咸爲巫祝，天官書言巫咸精星象，困學紀聞十「莊子逸篇言『黃帝立巫咸』，呂氏春秋勿躬篇言『巫彭作醫，巫咸作筮』，郭璞弘農集巫咸山賦序言『巫咸以鴻術爲堯醫』，路史後紀三言『神農使巫咸、巫陽主筮』。假託古賢，變亂世代，奚足據哉。自有此說，馬、鄭注經皆謂咸是殷巫，說文『巫咸初作巫』，秦詛楚文『大神巫咸』，並踵其謬。惟僞孔傳以爲臣名，孔疏曰『咸、賢父子爲大臣』，必不世作巫官，所見確矣。然傳譌不始於史公，楚辭、南華俱以巫咸主神。攷列子黃帝篇有神巫季咸，自齊來處鄭，能言人死生壽夭。莊子應帝王亦云鄭有神巫季咸。得毋屈、莊所述巫咸，乃鄭巫季咸而遂緣以相慁耶？至山海經海外西經所稱巫咸國，大荒西經有十巫，海內北經有六巫，尤荒怪不可信。

自周克殷後十四世

案：自武王至幽王凡十一世，此言「十四」，漢志作「十三」，並誤。

其後十六年，秦文公東獵汧、渭之間，

案：「十六年」，當依郊祀志作「十四年」。十二侯年表周平王元年乃秦襄公八年，立西畤，至文公十年作鄜畤，正十四年。

則若雄雞

案：漢志作「雄雉」。

作鄜畤後七十八年，秦德公既立，

案：紀、表自秦文公十年作鄜畤至德公元年凡八十年，此誤。漢志自作陳寶後數之，謂七十一年，是也。

作伏祠

案：此與漢志「祠」下並脱「社」字，年表「初作伏祠社」可證。秦本紀及秦記但云「初伏」者，省不言「祠社」也。

其後六年，秦宣公作密畤

案：「四年」誤爲「六年」。

其後十四年，秦繆公立，病臥五日不寤。寤乃言夢見上帝，上帝命繆公平晉亂。史書而記藏之府。而後世皆曰秦繆公上天。漢志作十三年，蓋不數繆公立年也。

案：趙世家及扁鵲傳備載此事。宋葉適習學記言曰「此醫師語也，遷載之，蕪妄甚矣。西京賦有天帝饗穆公一段，即上天之説」。明陶宗儀説郛載尚書中候言穆公出狩，天大雷，有火化白雀，銜緑丹書集於車。書言穆公之霸訖胡亥事，尤爲詭異。海内東經注引墨子云「秦穆公有明德，上帝使句芒賜壽十九年」，其誕正同。今本墨子明鬼上作「鄭穆公」。

昔無懷氏封泰山

案：漢書人表以無懷氏在伏羲後，是也。此以無懷在伏羲前，非，路史誤仍之。

禹封泰山，禪會稽

案：自無懷氏下十二君，惟成王禪社首，餘禪云亭山，皆不過其域。獨禹禪會稽，其地遠不相應，豈會稽爲「云云」之譌乎？白虎通曰「三皇禪於繹繹之山，梁書許懋傳「繹」又作「奕」。五帝禪於亭亭之山，三王禪於梁甫之山」，與僞作管子封禪篇異。又墨子兼愛中篇曰「昔武王將事泰山隧」。若姑妄言之，則武王亦嘗有事泰山也，而何以不及？初學記卷五、卷十三引史並言「黄帝禪云云」，與史記、管子言亭亭異。

兵車之會三，而乘車之會六，九合諸侯，

案：此與齊世家同。而齊語云「兵車之屬六，乘車之會三」，管子小匡同。穀梁莊二十七年傳云「衣裳之會十有一，兵車之會四」。所傳俱誤。穀梁數兵車四會，曰僖八年於洮，十三年於鹹，十五年於牡丘，十六年於淮。范甯注穀梁數衣裳十一會，曰莊十三年於北杏，十四年於鄄，十五年復於鄄，十六年於幽，二十七年復於幽，僖元年於檉，二年於貫，三年於陽穀，五年於首止，七年於甯母，九年於葵丘。韋昭齊語注數兵車六會，曰北杏二，鄄，貍，鹹，淮。數乘車三會，曰陽穀，首止，葵丘。史索隱正義本師古漢志注，數兵車三會，曰莊十三年北杏及僖四年侵蔡伐楚，六年伐鄭。數乘車六會，曰莊十四鄄，十五鄄，十六幽，僖五年首止，八年洮，九年葵丘。所説並異。蓋穀梁與韋昭所數兵車之會，統桓公一生而言，均有疏舛。若史記，當斷在會葵丘前數之也。齊語亦當以葵丘爲斷。余攷莊十三年會北杏平宋亂，十四年會伐宋，二十八年會救鄭，僖元年會救邢，四年春侵蔡伐楚，穀梁注疏謂伐楚非會者妄。冬會侵陳，六年會伐鄭，八年會洮定王室。此謂兵車之會八，加葵丘後之鹹、牡丘、淮三會爲十一，凡言兵車會三、會四、會六者，非也。至衣裳乘車之會，則兩鄄兩幽、貍、貫、陽穀、首止、甯母、葵丘爲十，凡言乘車會三、會六，衣裳會十一者，非也。先儒見所傳各殊，不知其謬，而又見論語有「九合諸侯不以兵車」之文，於是紛牽删縮，或不取北杏，或不取貫，或不取陽穀。而北杏爲會之始，貫爲第六會，陽穀爲第七會，何故不取？或去北杏、貫、陽穀數洮爲九，而洮爲兵車之會，傳有明文，安得指爲傳誤。諸説並見楊士勛穀梁疏。困學紀聞、黄氏日抄引西疇崔氏謂自莊十六盟幽至會鹹爲九合，以牡丘、陽穀、淮爲兵車之會。而洮、鹹之爲兵車，穀梁著之，陽穀之爲衣裳，范氏稱之，西疇豈未檢耶？宋陳世崇隨隱漫録謂左氏莊十五再會鄄，傳曰齊始霸，至葵丘爲九。而始霸乃左氏一家之論，未足據依。無論前二會不可没，且十四年會鄄至十五年復會鄄，一在冬，一在春，相去二三月，可除前此二三月爲非霸乎？有以知其説之不通矣。元俞德鄰佩韋齋輯聞謂十一會中鄄、幽再會，其地凡九，故云九合。而會不以地論，更屬臆談也。論語「九合」，朱子據春秋傳「糾合」，以爲古字通用，固是，莊子天下篇「禹九雜天下之川」，義同。而實則九合猶左傳「夷於九縣」，公羊「叛者九國」，亦見蔡澤傳。正不必改爲「糾」。九之爲言多也，丹鉛録云「九爲數之極，書、傳稱九者皆極言之」。此解甚愜，若必求以實之，則左傳之九縣乃十一國，公羊之九國惟厲叛命，何以言九？推之楚詞九歌有十一篇，顔之推還寃志引周春秋曰「左儒九諫而王不聽」，孫子云「善攻者動於九天之上，善守者伏於九地之下」，以及九原、九泉之類，莫不皆然。

繆公立三十九年而卒。其後百有餘年，而孔子論述六藝，傳略言易姓而王，封泰山禪乎梁父者七十餘王矣。

案：秦繆卒後至孔子論述六藝，幾百四十年，而孔子又安得有易姓封禪之言哉。託諸孔子，猶之嫁名管仲也。

其於天下也視其掌。詩云紂在位，文王受命，

附案：滹南集辨惑曰「指其掌，孔子自指其掌而言耳，直云其於治天下也視其掌，不已疎乎！」史詮曰「『詩』當作『書』。」考證張氏曰「『詩云』二字，不審所謂，注家皆略，蓋唐時無此文也。『視其掌云』爲句，衍『詩』字」。盧學士曰「説詩者以虞、芮質成爲文王受命之年，史公所引即此」。諸解以盧爲確。至滹南所駁殊不然，禮記仲尼燕居曰「治國其如指諸掌而已乎」，同一句法。

武王克殷二年，天下未寧而崩。

案：武王在位之年，無經典明文可據，此作「二年」，漢書律歷志作「八年」，并爲西伯十一年，故廣宏

明集載陶隱居年紀稱周武王治十一年也。而詩豳風譜疏謂鄭氏以武王疾瘳後二年崩，是在位四年。疏又引王肅云伐紂後六年崩，周書明堂解、竹書紀年及周紀集解引皇甫謐並云六年。管子小問篇作「七年」，淮南子要略訓作「三年」，路史發揮夢齡篇注合武王嗣西伯爲七年。所説不同，後儒多從管子，如稽古録、外紀、通志等俱是七年。余謂當依周書爲近。

是時萇弘以方事周靈王，諸侯莫朝周，周力少，萇弘乃明鬼神事，設射貍首。貍首者，諸侯之不來者。依物怪欲以致諸侯。諸侯不從，而晉人執殺萇弘。周人之言方怪者自萇弘。

案：左傳魯昭十一年萇弘始見，魯昭十一爲周景王十四，恐未逮事靈王也，而以爲事靈王，誤一。弘之見殺當敬王二十八年，魯哀三年，而以爲殺於靈王時，誤二。郊祀志晉人殺萇弘上有「周室愈微，後二世至敬王時」十一字，疑此或脱。弘與于范、中行之難，周人殺之以説於晉，固非爲致諸侯，亦非晉執而殺之，誤三。韓子内儲下及説苑權謀謂叔向讒殺萇弘，困學紀聞十辨其誣矣。攷禮經設貍首以射諸侯之不朝者，乃是古有此禮，弘特踵行之，而遂指稱方怪，誤四。藝文類聚五十九引金匱云「武王伐殷，丁侯不朝，尚父畫丁侯射之。丁侯病，遣使請臣。尚父拔箭，丁侯愈」。亦此類。以弘爲方怪，方士之言耳，故淮南氾論云「萇弘，周室之執數者也，天地之氣，日月之行，風雨之變，律歷之數，無所不通。然不能自知，車裂而死。」拾遺記言「周靈王登昆昭之臺，萇弘招致二人乘雲而至，能變夏改寒，周人以弘幸媚而殺之，流血成碧。」荒誕甚矣。莊子外物篇云「弘死於蜀，藏其血三年化爲碧」。亦妄。呂氏春秋必已篇亦有藏血三年化碧之語。

其後百餘年，秦靈公作吳陽上時，

案：敬王二十八年弘見殺，威烈王四年秦靈作畤，首尾七十一年，安得百餘年哉。

合十七年而霸王出焉

案：「十七」似當作「七十」，説在周紀。

其後百二十歲而秦滅周徐廣曰「去太史儋言時百二十年」。

案：秦獻十八年作畦畤，爲顯王二年，至赧王五十九年滅，凡百十一年。若數至滅東周則百十八歲，卽依徐注亦不合。

其後百一十五年，而秦并天下。

附案：鼎没泗水，據漢志、竹書在顯王四十二年，至秦并天下首尾一百七年，恐非，當與太丘社亡同在顯王三十三年也。

八神，一曰天主，

附案：淩稚隆、程一枝謂「天、地、兵、日、月、陰陽、四時者，八神名也，『主』字舊屬下讀。據後『禮祀地主』之句，則八神名當在『主』字爲句矣」。索隱本作「天主」。

天齊淵水，居臨菑南郊山下者。

附案：「淵水」二字，御覽百六十引作「泉名」，恐非。「山下」當作「山下下」，今本脱，索隱本作「下下」可據。師古曰「下下，謂最下也」。

蓋天好陰，祠之必於高山之下，小山之上，命曰「畤」。

附案：徐廣謂「一云『之下時各本時字上多「上」字，衍。命曰時』」，與漢志同。

地貴陽，祭之必於澤中圜丘云。

案：下文亦云「祠后土宜於澤中圜丘」，祠地圜丘，不知出何禮經，豈非方士之談乎？

山皆在齊北

附案：史詮曰「山指之罘、之萊二山，故云『皆』也。今本『山』字屬上句誤」。

正伯僑、充尚、

附案：相如大人賦、揚雄甘泉賦「正」作「征」，古字通。師古曰「仙人姓」。「充尚」，漢志訛「元尚」。

而黄金銀爲宫闕

附案：初學記卷五、卷六、二十三、藝文類聚六十二、七十八及御覽八百十二引史「銀」上並有「白」字。

過恒山

案：「恒」字宜諱。

而刻勒始皇所立石書旁

案：刻卽勒也，殿本漢書考證齊氏召南曰「以始皇紀證之，疑是『盡刻』二字之訛」。

昔三代之君

附案：「君」乃「居」之譌，漢志作「居」。

恒山、泰山

案：「恒」宜避。

薄山者，襄山也。

附案：此山之名甚多，以山長數百里，隨地異名耳。但正義引括地志「襄」作「衰」，音色眉反。宋祁校漢志云「襄山，封禪書作『衰山』」，與今本異。攷揚雄傳「爪古掌字。華蹈衰」，蘇林曰「衰山也」。宋祁曰「江鄰幾云『趙師民指中條山曰：此所謂襄山』」。揚雄賦「爪華蹈襄」，水經注四李善西京賦注引河東賦並作「襄」。檢余靖初校漢書監本作「衰」，馳介問之，云據郊祀志。「衰」字誤矣，郊祀志云「襄山」，史記却作「衰山」，徐廣云蒲坂縣有衰山，今本注亦作「襄」。則知二字紛錯久矣。又「衰」一作「⿰山衰」，蕭該音義曰「該案説文、字林並無『⿰山衰』字，未詳其音，請俟來哲」。山在華東，而云「自華以西」，正義謂「未詳」，師古曰「今閿鄉之南山，連延西出，並得華山之名也」。

岳山

附案：「岳」乃「垂」字之誤，以形近致譌。地理志右扶風武功縣注云「太一山，古文以爲終南。垂山，古文以爲敦物。」不然，岳山即吴岳，此敍七名山，而下文複舉吴岳，何耶？徐廣云「武功縣有太壹山，又有垂山」，則知徐所見史記本是「垂山」矣。今史、漢本誤作「岳山」，并誤以徐注「太壹」爲「大壼」。垂山爲岳山，師古注漢志謂岳山、吴岳非一山之名，而以徐注岳山爲疑。師古所見亦係史、漢譌本故耳。但張衡西京賦「於前則終南、太一」，潘岳西征賦「面終南而背雲陽」，又云「太一巃嵸」，李善注謂是二山，終南南山之總名，太一一山之別號。通鑑地理通釋亦然。胡氏禹貢錐指辨之曰「終南止於盩厔，若盩厔以東無終南焉。竊意太一、垂山禹貢之惇物，後人改名，離爲二山。蓋垂山卽太一之北峯，無二山也，俱在縣東」。或謂終南綿亘甚廣，而以武功之太一爲主峯，故漢志云然，說亦通。

吴岳

附案：漢志作「吴山」，謂「古文以爲汧山」，水經注、經典釋文亦然，則知吴岳卽禹貢之岍，周禮爾雅之嶽，國語管子之虞也。虞、吴古通。但地理通釋謂「吴山在隴州吴山縣西南五十里，岍山在隴州汧源縣，汧水所出，非一山也。」閻氏疏證因之，云「岍山在隴州西四十里，唐六典隴石道名山曰秦嶺者是。吴嶽在隴州南八十里，六典關内道名山曰吴山者是。」二說其何從善乎？錐指之言曰「吴山漢志雖云在縣西，而岡巒綿亘，延及其南。只是一山，自周尊岍山爲嶽山，俗又謂之吴山，或又合稱吴嶽，而岍山之名遂隱。當以漢志爲正」。

蜀之汶山

附案：一本山下有「也」字，是。

而四大冢，鴻、岐、吴岳，

案：言四大冢而但舉三山，當有脫。

而雍有日、月、參、辰、南北斗、熒惑、太白、歲星、填星、二十八宿、風伯、雨師、四海、九臣、

十四臣、諸布、諸嚴、諸逑漢志作「逐」。之屬，

附案：劉奉世曰「二十八宿既已備，而又言參與南北斗，蓋衍字也」。義門讀書記曰「參卽『叅』字，謂三辰也。仲馮誤以參昴當之」。義門駁是。余謂南北斗雖已備於列宿中，而北斗居中爲尊，南斗在北宮水位，卽以代辰星，故敍熒惑五星祇四星而獨無辰，且俗有南北斗主生死之説，故特祀之。劉言衍「南北斗」，亦誤。師古小司馬並云九臣、十四臣不見名數所出。諸布、諸嚴、諸逐未聞其義，昔賢皆不論。各本此處「九臣」下有晉灼注曰「自此至天淵玉女凡二十六，小神不説」。殊不可解。

於社、亳有三社主之祠

附案：漢志作「杜亳有五杜主之祠」，是也，此誤「杜」爲「社」。索隱知「杜亳」之誤「社」，而不言「三社主」之誤，蓋所見本非「社」耳。但漢志「五」字乃「三」之訛，攷地理志云「杜陵有杜主祠四所」，乃合杜、亳三祠及下雍菅廟言之，安得有五？

杜主，故周之右將軍，

附案：周宣王殺杜伯事，見國語、墨子及還冤志。然杜伯是國君，非將軍也，且宣王時安得有右將軍哉。攷春秋傳晉使卿爲軍將，謂之將中軍，將上軍，將下軍，雖有將軍之文，未定將軍之官，而其名實起於此。自是之後，遂以爲官名，故晉狐夜姑爲將軍，穀梁傳。魏獻子爲將軍，左傳。趙文子問叔向晉六將軍。墨子、淮南子、新序。此外楚有將軍子重公羊傳。將軍屈完，將軍子常楚世家。秦有三將軍，秦本紀。齊有諸將軍晏子春秋。將軍穰苴。史本傳及晏子春秋。衞有將軍文子。檀弓。鄭有將軍詹伯。國語。吳

有將軍孫武。吴世家及本傳。又黄池之會十旌一將軍。國語。魯有將軍慎子，孟子。又魯召子貢授將軍之印。淮南子。其餘未可悉數，而將軍尚無異名也。惟國策梁王以故相爲上將軍，越范蠡爲上將軍，魏太子申爲上將軍，楚屈匄爲大將軍，並世家。但有上與大之異名，而無前後左右之稱也。漢書百官公卿表云前後左右將軍皆周末官，殊未核。夫自春秋至七國，猶未聞有右將軍之名，而況宣王之世哉。後書南蠻傳帝嚳時有犬戎吴將軍，水經注十五卷伯益爲百蟲將軍，韓子外儲説左伯夷以將軍葬于首陽山，姜子述命將之言曰「將軍制之」，並虚妄難信。蓋杜伯爲最小鬼之神者，朱衣冠而操弓矢，厥狀甚武，因以將軍目之。右將軍者，以右尊故也，然豈可以爲典要乎？文粹載陸龜蒙野廟碑云「甌、粤間好事鬼，山椒水濱多淫祀，其貌有雄而毅黝而碩者則曰將軍，有温而愿皙而少者則曰某郎」。杜伯之稱右將軍，類是。

唯雍四時上帝爲尊

附案：秦舊有六時而言四者，索隱謂是密時、上下時、畦時，西、鄜二時不在雍，故别祀不數。則正義引括地志，以鄜時、吴陽上下時爲四固非，而下文「西時、畦時，祠如其故」語，必西時、鄜時也，「畦」字誤。畦時在櫟陽，亦不在雍。而列於四時之内者，以白帝合於炎、黄、青爲四，故高帝增黑帝而五也。

及四仲之月祠若月祠，陳寶節來一祠。

附案：漢志云「四仲之月月祠，若陳寶節來一祠」，此當衍上「祠」字，而移「若」字於「陳寶」上，傳寫譌耳。

徇沛，爲沛公，則祠蚩尤，釁鼓旗。

附案：釁鼓經有明文，而釁旗不見於經，以高紀校之，「旗」下似脱「幟皆赤」三字，「釁鼓」句絶。然孫侍御云「漢志亦作『釁鼓旗』，疑古有釁旗之典，吕氏春秋慎大篇有『釁鼓旗甲兵』語」。

晉巫祠五帝、東君、雲中、司命、巫社、巫族人、先漢志失「先」字。炊之屬，（金陵本作「巫祠族人」。）

案：司命是荆巫所祠，非晉巫之祠也，故漢志無之。索隱本釋司命在下文，則唐初尚無，不知何時妄增，當衍。「雲中」下宜有「君」字，「族人」上脱「祠」，字當依漢志補。師古曰「巫社、巫祠，皆古巫之神也」。

秦巫祠社主

附案：「社」乃「杜」之誤，卽上文杜主。

各有時月

附案：漢志作「時日」，是。

常以春三月

案：「三月」誤，當依漢志作「二月」。

是歲制曰：朕卽位十三年於今，

案：此卽文紀十四年詔也，故漢志不重載。今詔辭既增損與紀不同，而又改「十四年」爲「十三年」，何也？

有司議增雍五畤路車各一乘，駕被具；西畤、畦畤禺車各一乘，

案：雍五畤，祠白、青、黃、赤、黑五帝。攷秦襄公西畤，文公鄜畤，獻公畦畤俱祠白帝，宣公密畤祠青帝，靈公上畤祠黃帝，下畤祠炎帝，高祖北畤祠黑帝，則西、鄜二畤當與吳陽武畤好畤均不在五畤之數，蓋白帝不應有三畤，且西畤鄜畤非雍也。而此載有司議加五畤禺車馬，更言西、畦二畤，豈其時取鄜畤充五畤之數，而以西畤與畦畤作別祠乎？疑與上文言畦畤同誤。上云「西畤畦畤祠如其故」，「畦」當作「鄜」也。雍錄以西畤、鄜畤、上下畤、北畤爲五，而吳陽、武、好兩畤及密畤、畦畤不與焉，不知何本？

以爲漢乃水德之始

案：「始」乃「時」之誤，餘說在文紀。

後三歲，黃龍見成紀，

案：「後三歲」當依漢志作「明年」。

其明年，趙人新垣平

附案：「其明年」三字，當依漢志移於下文「夏四月，文帝親拜霸、渭」之上。

北穿蒲池溝水

附案：正義曰「顏師古云『蒲池爲池而種蒲也。蒲字或作「滿」，言其水滿』，恐顏說非」。案括地志云『渭北咸陽縣有蘭池，始皇逢盜蘭池者也。』言穿溝引渭水入蘭池也。疑『蘭』字誤作爲『蒲』，重更錯

失」。各本正義皆有訛缺，此校定。

文帝出長安門

案：「安」字誤，當依漢志作「長門」爲是，況下文明有「長門五帝」之語，其誤審矣。續郡國志「長安有長門亭」，百官表「長水校尉」注韋昭云「水名」。雍録曰「霸水北流，別有長水，後因姚萇據有長安，人爲萇諱，改爲荆溪水，失其本名」。雖以顏師古之博，而亦不能正，故其注「長水校尉」曰「長水，胡名也」。郊祀志「文帝出長門」，如淳注「亭名」。亭以門爲名，而非城門之門，或古來嘗有扼塞在此，其門道尚存，如鴻門之類，其斯以爲門矣。而門之以長爲名，必取之長水，地近故也。竇太主獻長門園，武帝以爲長門宮，是並長門亭而立此名也。水之因姚萇改名，韋述兩京記嘗言之，宋次道長安志皆本圖經，不知長水別爲一水，乃云長安城門無名長門者，此誤認門名而求之城門也。則雖司馬遷亦誤認長門亭而爲長安城門矣，故圖經誤並城門以求。宋次道知之，其後自出其說曰「荆溪本名長水，後避姚萇諱改名」。則韋述所著，宋既知之，而兩存不辨，故見者難遽明耳。

其明年，新垣平使人持玉杯，上書闕下獻之。

案：獻杯大酺，日再中改元，當在文帝十六年，此誤書於後元年也。已說見本紀中。

使人微伺得趙綰等姦利事

案：姦利二字，史之曲筆也。徐氏測議曰「如漢書所言，史有。尊天子之義也，不爲姦利，蓋有司以太后指坐之耳」。

舍之上林中虒氏觀

附案：漢志作「㔸」，有啼、斯二音，師古以斯音爲是，謂其字從「石」從「虒」，則作「虒」者非矣。

此器桓公十年陳於柏寢

案：齊景公新成柏寢之臺，見晏子春秋雜下篇，桓公時安得有此臺乎？少君甚妄。

安期生食巨棗，大如瓜。安期生僊者，

附案：既言巨，則不得複言大，必是誤文。漢志作「食臣棗」，索隱亦引包愷云「巨，或作『臣』」。攷田儋傳論「安期生與蒯通相善，嘗以策干項羽」，則辨士之流，卽其時見存，亦不過八九十歲人，安得以爲古之真仙哉！言食安期大棗，猶言與九十餘老人之大父游射也。韓子外儲左篇云「鄭人有相與争年者，其一人曰我與黄帝之兄同年」，少君其類是歟？藝文類聚八十七引史作「大如瓠」。

用大牢，七日，

附案：史詮謂「牢」下當有「具」字。然徐廣曰「一云『日一太牢具七日』」，與漢志「日一太牢七日」合也。

祠神三，一天，一地，一太一，

附案：史詮曰「天、地、太一，所謂神三也」，漢志缺「神」字，句讀亦誤。觀下文作甘泉宮，畫天、地、太一諸神可知矣。湖本讀『祠神』句，而以三一、天一、地一、太一爲四神，非也」。蓋因有三一之神而誤。

太一、澤山君地長用牛，

附案：漢志及補今上紀作「阜山山君」，此脱「山」字。志脱「地長」，索隱以祭地于阜山解之，非。湖本又訛「阜」爲「嶧」。徐廣曰「澤，一作『阜』。」澤與阜古通，詩「九阜」，傳「阜，澤也。」列女傳阜陶之「阜」作「睪」，顔氏家訓書證篇所云「阜分澤片爾」。又歷書引大戴禮誥志篇「稊鳺先滜」，禮作「瑞雉無釋」，未測其旨。索隱解「滜」爲「澤」，古釋澤又通。宋江休復雜志引此語云「夏英公文字中用『滜』作『坡澤』之『澤』。」江更引宋子京謝歷表作「呼號之號」，則誤矣。天官書「太白章大圜黄滜」，注「音澤」。皆可互證。或以「澤」爲「阜」之誤，不然也。左傳襄十七「澤門」，釋文言「或作『阜』誤」，然大雅緜疏作「阜門」，不得爲誤。水經潁水注「澤城卽古城阜亭是」，亦一證也。

其後天子苑有白鹿，以其皮爲幣，以發瑞應，造白金焉。其明年，郊雍，獲一角獸，若麟然。有司曰：「陛下肅祗郊祀，上帝報享，錫一角獸，蓋麟云。」（金陵本作「若麃然」。）

案：獲麟在元狩元年，而造白金及皮幣在元狩四年，此誤也。漢志刪「其後天子」二十一字，改「其明年」爲「後二年」。「若麟」當依漢志及補紀作「若麃」，觀下文「蓋麟」之言可見矣。攷元狩元年騶牙出建章宫後閣重樓中，與獲麟同時，此符瑞之一也，故馬卿封禪書序云「囿騶虞之珍羣」，頌云「般般之獸，樂我君囿」。馬、班皆不載其事，僅見褚生所續滑稽傳内。又元狩元年作白麟歌，元鼎四年作寶鼎天馬歌，元封二年作瓠子、芝房歌，五年作盛唐樅陽歌，太初四年作西極、天馬歌，太始三年作朱雁歌，四年作交門歌。史訖太初，自不及朱雁、交門，瓠子載河渠書，其餘白麟、寶鼎、芝房盛唐樅陽等歌，皆宜入封禪書，史公略而不載，未知其故。兩天馬歌宜入大宛傳，亦不載。樂書後人所續，不足據。

然後五岳皆在天子之邦

附案：漢志及補今上紀並作「天子之郡」，疑「邦」字乃「郡」之譌。

上有所幸王夫人，夫人卒，少翁以方蓋夜致王夫人，

附案：史作「王夫人」，故徐廣以趙之王夫人爲證，見外戚世家及漢外戚傳，各本徐注有譌。而郊祀志及外戚傳却作「李夫人」。潘岳悼亡詩「獨無李氏靈，仿佛覩爾容」。白居易有新樂府李夫人篇，用漢書也。但李夫人卒時，少翁之死已久，必漢書誤。晉葛洪抱朴子論仙篇謂「史記、漢書皆云李夫人」，乃記録謬耳。又拾遺記謂是李少君致李夫人於紗幕中，唐陳鴻長恨歌傳亦作「李少君」，皆誤以少翁爲李少君耳。而拾遺之誤從桓譚新論來，李善注安仁悼亡引新論曰「李夫人死，方士李少君言能致其神。」裴駰於補紀、索隱於外戚世家並引新論作「王夫人」，此處引新論同，與選注不合。又索隱稱李少翁謂出漢書，少翁姓李，漢書未見，恐小司馬誤。居易録引拾遺記作「董仲君」，亦所未聞。

天子病鼎湖甚

附案：日知録二十七謂「湖」當作「胡」，宫名，揚雄傳「南至宜春、鼎胡」是也。然余攷史、漢及黄圖、水經注四皆作「湖」，乃古通用字，如湖陵縣史、漢多作「胡陵」，風胡子吴越春秋作「湖」可證。又漢志京兆湖縣注云「故曰胡，武帝建元元年更名湖」，通典曰「鼎湖卽此」。

病良已，大赦，

案：是年爲元狩五年，不聞有大赦之事。

置酒壽宮神君（金陵本無「酒」字。）

案：「酒」字，衍，補紀、漢志無。注「更立此宮也」。各本注中有誤脱。

所以言行下

附案：補紀作「所欲者言行下」，漢志作「所欲言行下」。錢唐汪繩祖曰「『所以』當作『以所』，譌倒耳。」

上使人受書其言，命之曰「書法」。（金陵本作「畫法」。）

附案：漢志作「畫法」，孟康曰「策畫之法也」。此與補紀作「書法」，非。正義書音獲，尤非。

三元以郊得一角獸曰「狩」云

史記攷異曰：「元光之後尚有元朔，則元狩乃四元，非三元。班史改『以』爲『今』，无『三元』字，蓋得之矣。建以斗建名，光以長星名，皆取天象，元朔不主天瑞，故不及耳。說者謂建元、元光，此時追命之，恐未然。」

過雒陽，下詔曰：

案：封周後詔與漢書武紀迥異，何也？

闕棊，棊自相觸擊。

附案：此與漢志作「棊」，補紀作「旗」，張守節謂「旗本或作『棊』」，故索隱引畢萬術正義引高誘淮南子注並作棊解。而通鑑獨作「旗」。考異引漢武故事證之云「欒大嘗於殿前樹旍數百枚，令旍自相擊，繙繙竟庭中，去地十餘丈，觀者皆駭」。兩解均有據，存參。

昔禹疏九江

案：「江」乃「河」之誤，漢志是「九河」。

又以衛長公主妻之

附案：孟康云「衛太子妹」。如淳云「衛太子姊」。師古據外戚傳是「姊」，以孟説爲非。但帝女稱公主，姊妹稱長公主，此帝女而云長公主，故裴駰曰「未詳」也。索隱謂「是衛后長女，非如長公主之例。」此解甚通，若劉敬傳稱魯元公主爲長公主，外戚世家稱文帝女嫖爲長公主矣。

賫金萬斤

案：漢志作「十萬斤」。

掊視得鼎

附案：漢書武紀、水經注六言元鼎元年先已得鼎汾陰，此元鼎四年爲重得之。然封禪書、郊祀志皆不載元年得鼎事，必是誤出，通鑑考異辨之矣。

天地萬物所繫終也

案：「終」字誤，漢志作「象」是。

禹收九牧之金，鑄九鼎，皆嘗亨鬺湖本誤絶爲句。上帝鬼神。遭聖則興，鼎遷於夏、商。周德衰，宋之社亡，鼎乃淪没，伏而不見。

案：史公述有司議，缺略不具，當以漢志校之，得失自見。然「周德衰」下有「鼎遷於秦，秦德衰」二語，社亡鼎没，不在秦衰之時，議者未免失詞。又攷禹鑄九鼎雖不見於經典，而相傳爲禹鑄，易林小畜之益、説文鼎部及杜注左傳、王嘉拾遺記皆稱是禹，惟墨子耕柱篇言夏啟所鑄，并載白雲之謡，恐單説不可信，而金氏前編因之，何歟？

有黄白雲降蓋，若獸爲符，

附案：服虔云「雲若獸在車蓋也」。晉灼云「蓋，辭也」。師古云「二説非，蓋發語辭也」。顔即晉説。史詮云「降蓋句，即上文『黄雲蓋焉』是也」。史詮説勝舊注。

上幸雍，且郊。

附案：上常稱也，幸雍常事也，衹因漢志偶脱「幸」字，師古遂造爲雍地形高之説，以上雍釋，而小司馬襲之，何無識也。

黄帝得寶鼎宛朐

附案：宛朐地名，卽濟陰宛句也，而補紀作「宛侯」，漢志作「冕侯」，注家皆缺。蓋「冕」當作「冤」，「侯」、「句」音近。路史國名紀六「宛侯，三皇時侯國」。

而神靈之封居七千

附案：漢志「居」作「君」，似非。

黄帝上騎

案：黄帝上騎與秦穆上天其妄一也，何待於辨，而風俗通正失篇、子華子問鼎篇極論黄帝升遐之謬，迂矣。

太一其所用如雍一時物

案：「其」字衍。

水而洎之

附案：漢志作「水而酒之」是，徐廣固云「洎」一作「酒」也。

宜因此地光域

附案：地與域複，徐廣於補紀及此書並云「地」一作「夜」，是也，上文言「夜有美光」正合。漢志亦誤，仍史譌本。

以象天一三星爲太一鋒

附案：漢志作「泰一鏠旗」，下有「靈旗」句，則此「旗」字宜省。鏠與鋒同，宋祁謂淳化本作「絳旗」，乃譌也。「天一」，漢志作「太一」，非。

其方盡，多不讎，上乃誅五利。

案：正義引漢武故事云「東方朔言欒大無狀，上發怒，乃斬之」。然則非盡因其方不讎之故也。

其道非少寬假

附案：漢志「假」作「暇」。

琴瑟自此起

案：「琴」字衍。

釋兵須知

附案：漢志作「涼如」，徐亦作「涼」。

三月，遂東幸緱氏，

案：漢書武紀作「正月」，荀紀、通鑑同，此與郊祀志作「三月」，似誤。

頗以加禮

附案：「禮」乃「祠」之譌。

皆至太山祭后土

案：補紀、漢志「皆至泰山然後去」，此作「祭后土」，誤。

於是制詔御史

案：漢書武紀載詔辭與此異，似當依武紀。

奉車子侯暴病一日死

附案：索隱引新論、風俗通謂子侯乃武帝殺之，梁書許懋傳亦言霍嬗見殺，然不足信，風俗通已論其誣矣。

北至碣石（金陵本作「碣石」。）

附案：史詮曰「湖本『碣』作『竭』，誤」。

有司言寶鼎出爲元鼎，以今年爲元封元年。

附案：此文當在前「羣臣更上壽」句下，錯簡也。

望氣王朔言：候獨見旗星出如瓜，

案：此作「旗星」，漢志作「填星」，注家各依文解之，小司馬又以爲歲星。余謂皆非，當依補紀作「其星出如瓠」爲是，蓋卽指上文茀於東井，三能之星也。以彗孛爲德星，猶以天旱爲乾封，阿諛無理，足供千古拊掌之資。

徙二渠，復禹之故跡焉。

案：所復非禹跡也，説在河渠書。

今陛下可爲觀，如緱城。

附案：徐廣云「如緱氏城」是也，補紀、漢志並有「氏」字。

甘泉則作益延壽觀

案：漢志作「益壽延壽館」，師古謂二館名。攷注引漢武故事及括地志皆云「延壽觀」，更無「益壽」之名，三輔黄圖亦但云「延壽」。蓋此多一「益」字，漢志更多一「壽」字，師古注非。宋黄伯思東觀餘論據雍、耀間耕夫得古瓦，其首作「益延壽」三字，以爲觀名益延壽。夫瓦之真贋不可知，既未足憑，而益與延同義，不應複出。又其時並作者蜚廉桂觀之屬，或一字名，或兩字名，何以此觀獨三字名乎？其爲衍文無疑。藝文類聚六十三引史是「延壽觀」。

乃作通天莖臺

附案：考要謂「臺有銅柱謂之莖，漢書特削『莖』字。索隱亦疑『莖』爲衍，未深考也」。柯氏此説甚謬。凡臺皆有銅柱，何獨通天臺乎？况補紀、酷吏傳及漢書紀志、三輔黄圖並無「莖」字，余方欲衍之，而乃以無「莖」爲非耶？

登禮灊之天柱山，號曰南岳。

附案：武帝移南岳衡山之祀於霍山，非禮也。霍山即天柱山，在廬江灊縣西南。謂之霍者，爾雅「大山宫小山曰霍」也。衡山在長沙湘南縣南。或謂衡山亦名霍，恐非。

其西則唐中

附案：漢志作「商中」，師古曰「商，金也。於序在秋，故謂西方之庭爲商庭。」據顔説，則作「唐中」爲非。然西都賦「前唐中而後太液」，西京賦「前開唐中」，固皆用「唐中」字也。

官名更印章以五字

附案：武紀云「數用五定官名」，則此官名上似脱「定」字。而漢志云「官更印章以五字」，則又似多「名」字。徐廣曰一無「名」字。

獨五月嘗駒，行親郊用駒。

附案：漢志無此語是，既以木禺馬代駒，尚何五月嘗駒之有。下文「行過乃用駒」，是總上五時諸山川在內，又何必兩言用駒乎？其爲後人誤增無疑。而補紀作「五帝嘗駒」尤謬，此正指五時之祠，而五時卽五帝也。

上親禮祠上帝焉

案：補紀云「上親禮祠上帝，衣上黃焉」，漢志云「上親禮祠，上犢黃焉」，疑此「上帝」是「上黃」之誤。

封臣（金陵本作「封巨」。）

附案：上文「臣棗」誤作「巨棗」，此「封巨」又誤作「封臣」。南監本作「巨」字不誤，補紀及漢書人表、郊祀志作「封鉅」，並與「巨」同。

太山卑小

案：「太山」上缺「東」字。

其後五年，復至太山修封，還過祭恒山。（「恒」字宜避。）今上封禪，其後十二（「二」乃「三」之誤。）歲而還徧於五岳、四瀆矣。

附案：史公載武帝太初三年禪石閭後，卽總敍所興諸祠，而以方士候神終焉。此前後三十三字乃後人妄增，史訖太初，安得敍至天漢已下乎？蓋漢志欲終武帝事，故連言云「其後五年復至泰山修封，還過祭恒山。自封泰山後，十三歲而周徧於五岳、四瀆矣」。下又兩言「後五年」以終之。補今上紀者不知斷限，謬割漢志以續本紀，并增封禪書，遂令文義隔絕，注家豈未之察耶？或曰後人不知補紀者是從截取漢志來，反認爲史記本文，因而增入此書也。

薄忌太一及三一、冥羊、馬行、赤星，五，寬舒之祠官，以歲時致禮。凡六祠，皆太祝領之。

案：漢志作「五牀」，地理志谷口縣有五牀山祠。此自薄忌太一至五牀凡六祠，蓋「五」字下誤脱「牀」字耳。索隱不知此爲誤脱，遂於補紀數薄忌太一至赤星爲五，而加以正太一后土祠爲六。於此書云「祠官寬舒議祠后土爲五壇，故謂之五寬舒祠官」。無論歧頭別説，自相齟齬，而正太一及后土上文已別言之，何得混入？且卽其所稱薄忌太一也，三一也，冥羊也，馬行也，赤星也，正太一也，后土也，凡七祠矣，奚云六乎？寬舒之祠官，漢志譌「宫」。謂六祠皆以寬舒爲祠官主之，而領於太祝耳，豈「五壇」之謂哉。

行去則已

案：「行」字衍，補紀、漢志無。

河渠書第七

夏書曰：禹抑洪水十三年，過家不入門。陸行乘車，水行載舟，泥行蹈毳，山行卽橋。

案：夏書無「十三年」之文，且與孟子不合。四載之名，亦與他書異，説在夏紀中。至所稱「夏書」者，以事關禹，故引爲夏書也。

同爲逆河，入於勃海。

案：臣瓚謂「禹貢夾右碣石入於海，則河入海在碣石。武帝元光三年河徙東郡，更注勃海，禹時不注也」。瓚説不甚分明，幾疑河先不入勃海，至元光徙流而始入勃海矣。其實禹貢所謂海乃東海，在碣石之東，其西則逆河，即世所稱勃海。齊都賦「海旁出爲勃」，在今天津衞。此處「勃」字當衍，蓋漢人以勃海爲海，而不知其爲逆河耳。至其所以誤者，逆河後皆漸於海，南北兩岸，苞淪洪波，因誤指勃海爲海，而河入海之道遂不至碣石，非禹舊跡也。禹貢錐指辨之甚悉。

於楚，西方則通渠漢水、雲夢之野。湖本「於楚」連上句，誤。

案：此通渠事，諸書無考。經史問答八，引皇覽孫叔敖激沮水作雲夢大澤之地，謂史公指此。然漢水雖一名沮水，恐叔敖是引沮水以入雲夢，與史所言「通渠」不同，似當闕疑。

東方則通鴻溝江、淮之間。

案：困學紀聞二云「吳之通水有二，左傳哀九年『吳城邗溝通江、淮』，此自江入淮之道。吳語『夫差起師北征，闕爲溝於商、魯之間，北屬之沂西屬之濟』，在哀十三年，此自淮入泲之道。是江、淮之通固屬吳，馬、班於此似有誤」。王氏之言甚審。余謂此「鴻」字因上文有鴻溝而誤增之，漢志無「鴻」字也。史詮曰「鴻」當作「邗」。蓋此溝卽邗溝，吳所掘以通江、淮者，不得指爲滎陽之鴻溝，而況可以吳事移之楚乎？經史問答八據水經注，謂楚亦有通江之事，引左傳「楚人伐隨師於漢、淮」爲證，此又一説。

於吳，則通渠三江、五湖。

附案：通湖於江，禹貢錐指六引明韓邦憲廣通垻攷，謂吴王闔廬伐楚，用伍員計開渠運糧，卽今高淳縣之胥溪也。漢、唐來言地理者以爲水源本通，蓋指吴所開者爲禹貢三江故道耳。然墨子云「禹治天下，南爲江、漢、淮、汝，東流注之五湖」，則周末已誤以後世溝通江、湖之道爲禹迹矣，況漢、唐乎？

西門豹引漳水溉鄴

附案：引漳水溉鄴，溝洫志據吕氏春秋樂成篇以爲史起，有史起譏豹不知漳水溉田語。續滑稽傳謂豹引河水溉鄴也。然攷後漢書安帝紀「初元二年正月，修理西門豹所分漳水爲支渠以溉民田。」水經注十云「魏文侯以西門豹爲鄴令，引漳以溉鄴，民賴其用。其後至魏襄王以史起爲鄴令，又堰漳以溉鄴田。」與此書相合，吕子恐不足據。蓋二人皆爲鄴令，皆引漳水，左太沖魏都賦所謂「西門溉其前，史起灌其後」也。高誘謂「魏文侯用西門豹爲鄴令，史起亞之，」以言襄王時爲謬，未知出何書？

自中山西邸瓠口爲渠

附案：史詮曰「邸」當作「抵」。

其後四十有餘年

案：文帝十二年河決東郡，至元光三年河決瓠子，凡三十六年，漢志是也。

是時武安侯田蚡爲丞相，其奉邑食鄃。

案：田蚡封於魏郡武安，何以食邑在清河郡之鄃縣？蓋因爲丞相别食奉邑，如張安世國在陳留，别邑在魏之比，時欒布絶封，故得食邑於鄃也。

是時鄭當時爲大農，言曰：異時關東漕粟從渭中上，度六月而罷，而漕水道九百餘里，時有難處。引渭穿渠起長安，並南山下，至河三百餘里，徑，易漕，度可令三月罷。

劉奉世曰：「今渭汭至長安僅三百里，固無九百餘里。而云穿渠起長安，旁南山至河，中間隔灞、滻數大川，固又無緣山成渠之理。此説可疑，今亦無其跡。」

拜湯子卬爲漢中守

史記攷異曰：「當云『太守』，脱『太』字。」

攻鹵地（「攻」，金陵本作「故」。）

附案：史詮曰「湖本『故』作『攻』，誤」。

自徵引洛水至商顔下

附案：服虔音顔爲崖，蓋傳刻之譌。日知録二十七謂「崖」當作「岸」，是也。顔與岸同，故索隱云顔如字。漢書人表屠岸賈作「屠顔賈」可證，且下文「岸善崩」即説商岸也。應劭曰「商顔，山名」。師古以商山之顔解之，音訓皆錯矣。劉奉世云「洛水南入渭，商山乃在渭水之南甚遠，何由穿渠至其下。蓋自别一山名，顔説失之」。

是時東流郡燒草（金陵本無「流」字。）

案：「流」字衍，漢志作「東郡」。

乃作歌曰

案：瓠子歌天子所作，決無敢改之者，而字句與漢志異，何也？

皓皓旰旰兮閭殫爲河

案：漢志「旰」作「洋」，無「兮」字，「閭」作「慮」。水經注二十四引此歌無是語，疑删脱。史記攷異曰「慮、閭以音同借用，遼東無慮縣以醫無閭山得名是也，裴駰解爲州閭，非是」。

地不得寧

附案：水經注無「得」字。

延道弛兮

附案：徐廣「延」作「正」，是也，漢志、水經注作「正道」，索隱以延長解之，非。史記攷異曰「古文『正』與『征』通，『征』或作『延』，因譌爲『延』耳」。

蛟龍騁兮方遠遊

附案：漢志水經注「方」作「放」。

爲我謂河伯兮何不仁

案：漢志水經注作「皇謂河公兮」，下亦作「河公」。

北渡迂兮浚流難

案：「迂」卽「迂」。漢志作「回」，酈注作「迴」。「浚」乃「迅」之誤。

搴長茭兮

附案：班、酈並作「茭」，師古曰「字宜從『竹』」，而説文繫傳引此書作「筊」，蓋傳寫譌「茭」也。如淳以茭爲草，索隱謂一作「茇」，並非。

而道河北行二渠，復禹舊迹，

案：上文言「禹廝二渠以引河，北載之高地」，蓋禹分二渠自黎陽宿胥口始，其一引而北爲大河之經流，其一東流爲漯川。自周定王五年河徙之後，河徙見漢志王横所引周譜。遂從宿胥口東行漯川，孟康所謂「出貝丘西南，王莽時遂空」者，卽水經大河故瀆，一名北瀆是也。武帝所道乃行漯川之北瀆，安得以商竭周移之變道，指爲鄴東之禹河。史不書河徙已屬疎略，而此與封禪書並稱武帝道二渠復禹迹，豈史公明知非禹所穿，而以武帝自多其功，姑妄紀之乎？

而關中輔渠、靈軹

案：漢志有靈軹有成國、漳渠，攷地理志靈軹渠在盩厔，成國渠在郿，皆屬扶風，所謂輔渠也。而漳渠無徵，如淳曰「水出韋谷」。

引堵水

附案：「堵」乃「諸」之誤，徐廣曰一云「諸川」。

東海引鉅定

日知録二十六曰：「河渠書『東海引鉅定』，漢書溝洫志因之。『東海』疑是『北海』之誤，地理志齊郡縣十二，其五曰鉅定，下云『馬車瀆水首受鉅定，東北至琅槐入海』。又千乘郡博昌下云『博水東北至鉅定入馬車瀆。』而孝武紀云『征和四年，行幸東萊，臨大海。上耕於鉅定，還幸泰山，修封』。計其道里，亦當在齊，去東海遠矣。」

平準書第八

更令民鑄錢，一黄金一斤，

附案：漢志及索隱本「黄」上無「一」字。方氏補正曰「『一黄』疑當作『十貫』，以字形相近而誤」。王孝廉曰「『黄』疑『萬』字之譌」。王説較方爲長。

以稽市物，物踊騰糶，

附案：補正謂「稽留市物，俟物價騰踊而後糶之」，非也。踊、糶皆誤字，依漢志作「痛騰躍」爲是。師古曰「『痛』字或作『踊』」，誤。踊、騰一也，不當重累言之。而糶者出賣米粟之名，市物繁多，豈止稽畜米粟，觀下文米與馬並舉可見。且方言稽物，亦不應言糶，後有「物故騰躍」語，益足徵「糶」字之譌。

彭吴賈滅朝鮮，置滄海之郡，

案：漢書食貨志作「彭吴穿穢貊、朝鮮，置滄海郡」。顔師古、司馬貞並云彭吴人姓名，但朝鮮傳無彭吳，其事絶無依據。此處「賈」字更不可解，索隱本無「賈」字也。況滄海郡武帝元朔元年置，三年罷。因穢貊内屬置爲郡，非以兵滅之。而滅朝鮮在元封三年，置真番、臨屯、樂浪、玄菟四郡，始元五年臨屯、真番罷。則滅朝鮮置滄海，判然兩事，相去二十一年，安得合而言之，史、漢皆有誤。或謂彭吳必穿穢貊者，當云「彭吳滅穢貊置滄海之郡」，衍「賈」字。「朝鮮」字亦欠安。

東至滄海之郡

史詮曰「漢志『至』作『置』」。

留蹛無所食

盧學士曰「淩氏疑有缺文，今案漢書武紀作『受爵賞而欲移賣者無所流貤』，此處似誤」。

免減罪

案：「減」字漢志作「臧」，是。

級十七萬，凡直三十餘萬金

案：武功爵十一級，臣瓚引茂陵書可據，與舊爵有二十級不同。索隱謂「級十七萬，合百八十七萬金。而此云三十餘萬金，其數必有誤」。誠哉是言，師古、劉攽之説皆非。蓋賈爵必循級而上，不許越等，故價以十七萬爲例，無所增也。

於是漢發車二萬乘迎之

案：漢志作「三萬兩」。

初先是往十餘歲

案：「初先是往」四字疊用，殊乖文義，當依漢志作「先是十餘歲」。

河決觀

附案：「觀」乃「灌」之譌，漢志是「灌」字，連下「梁楚之地」作一句讀。徐廣以爲縣名，非。

自孝文更造四銖錢，至是歲四十餘年，

案：鑄四銖錢在文帝五年，至孝武元狩四年造白金皮幣凡五十七年，此云「四十餘年」，非也。又文帝鑄四銖錢後，建元元年壞四銖行三銖，建元五年罷三銖行半兩錢，至元狩四年始改用白金皮幣，何嘗五十餘年皆用孝文四銖錢哉！漢志亦仍此誤。

而姦或盜摩錢裏取鎔（金陵本作「取鋊」。）

附案：他本「鎔」作「鋊」，是，漢志亦作「鋊」。說文「銅屑也」。此與下「鎔」字同誤。師古依說文音浴，宋祁音俞玉反，今北人讀若裕，徐廣音容，非。上文如淳注作「取鎔」，亦譌刻。

天用莫如龍，地用莫如馬，

附案：後書馬援傳注引史作「在天莫如龍，在地莫如馬」。

故白金三品：其一曰重八兩，圜之，其文龍，名曰「白選」，漢志作「撰」。索隱又作「饌」，據大傳也。直三千；二曰重差小，索隱本作「以重差小」，與漢志同，各本脫。（金陵本作「以重差小」。）方之，其文馬，直五百；三曰復小，橢之，其文龜，直三百。

劉奉世曰：「『白撰』當在『其一曰』之下，衍『名』字，漢志「名白撰」，無「曰」字，故云衍「名」字。若此文當衍「名曰」二字。『二曰』、『三曰』之下，皆當有金名，史文錯脱」。

年十三侍中

附案：陳氏測議謂「桑弘羊年十三而精計算，以爲異人。劉晏亦早慧」。

其明年，大將軍、驃騎大出擊胡

案：此所云「明年」者，乃元狩四年也。但上文言「是歲造皮幣白金」，皆是四年事，則此「明年」誤矣。

周郭其下，令不可磨取鋊焉。（金陵本作「鋊」。）

附案：漢志「下」作「質」，義並得通。「鋊」乃「鋊」之譌，説見上。

釱左趾（金陵本作「釱」。）

附案：「釱」字從「大」不從「犬」，此譌刻。集解引史記音隱曰「釱，徒計反」。小司馬索隱後序有音隱五卷，不記作者何人。此所引音隱，各本訛作「音義」，惟毛本不誤。（金陵本集解是「史記音隱」。）

自造白金五銖錢後五歲，赦吏民之坐盜鑄金錢死者

案：漢書武紀元狩四年造白金，五年行五銖錢，元鼎元年赦天下，首尾纔四年耳，「五」當作「三」。

守相爲吏者

案：「吏」乃「利」之誤。

湯奏異當九卿（金陵本作「湯奏當異九卿」。）

附案：漢志作「當異」，是也。

自是之後，有腹誹之法以此，

附案：「此」字乃「比」之譌，師古漢志注曰「則例也」。「以」字當衍。

鑄鐘官赤側

附案：漢志脱「鐘」字。攷百官表水衡都尉之屬有鐘官，古「鍾」、「鐘」通用。主鑄錢者，即下文所説「上林三官」之一。

徙奴婢衆

附案：他本多作「徙」，與漢志同，此譌。

人或相食，方一二千里。

案：漢志作「一二三千里」。

欲留之處（金陵本作「欲留留處」。）

附案：别本「之」字多作「留」，與漢志同。義門讀書記曰「欲留留處，『之』字乃寫作二點，傳誤作『之』」。

縣治官儲

附案：漢志「官」作「宫」，是。

赦天下

案：漢志作「赦天下囚」，此缺。

因南方樓船卒二十餘萬人擊南越

案：南越傳及漢書武紀，擊南越樓船十萬人，此非也，漢志仍其誤。

數萬人發三河以西騎擊西羌

案：漢志無「數萬人」三字，似當衍。卽有，亦宜在「騎」字下。而武紀是十萬人。

初置張掖、酒泉郡

案：武紀元狩二年匈奴昆邪王來降，以其地爲酒泉郡，與武威郡共置。地理志謂「酒泉郡太初元年開，武威郡太初四年開」者，誤也。元鼎六年分武威爲張掖郡，與分酒泉爲敦煌郡共置。地理志謂「張掖郡太初元年開，敦煌郡後元年分」者，誤也。「元」下又缺「元」字。而此書謂置張掖、酒泉皆在元鼎六年，不但以酒泉之建誤居於張掖之後，且以分置之張掖誤同於始置之酒泉矣，而漢志亦仍此誤。

金六十斤

案：漢書志、傳皆作「黃金四十斤」。

不敢言擅賦法矣

附案：「擅」字誤，漢志作「輕」亦非，當依徐廣作「經」。

而桑弘羊爲治粟都尉

劉敞曰：「大司農舊治粟内史，弘羊爲騪粟都尉也。」

令遠方各以其物貴時商賈所轉販者爲賦

案：「貴時」，當依漢志作「如異時」。

弘羊又請令吏得入粟補官

附案：漢志作「令民得入粟補吏」，恐非。觀下文云「令民能入粟甘泉各有差，以復終身」，則此當是吏入粟補官矣。

亨弘羊，天乃雨。

附案：史詮引方農部云「事似未終，疑有缺文」。史記考要云「所敍武帝事未竟而遷死，不得成就其書，故其文止於亨弘羊天乃雨。或謂遷用亨弘羊結，以斷武帝之罪，殊非本旨」。

太史公曰：農工商交易之路通，

附案：明程敏政明文衡載趙汸讀貨殖傳云「書首言秦之弊，高祖重本抑末，輕徭薄賦，故文、景之世國家無事，百姓給足，府庫充實，人人自愛而重犯法。後面序武帝事節節與前相反，至論始推唐、虞、三代以來，而舉戰國秦皇功利之禍爲證，則武帝不法祖宗之仁厚，而蹈始皇之覆轍，不待譏議而可見。學者先讀此論，而後讀其書，使先後相承，則太史公之意瞭然矣。」方氏補正亦曰「七書皆依世次順序，以其事歷代之所同。平準乃武帝一時之法，故序上古及秦綴於書後，體當然也。」而史記考要謂「此乃平準之發端，後人截首一段爲書末之論。」史詮又謂「此論當分爲二節，自『農工商』至『卒并海内』，乃平準之首序，自『虞夏之幣』至『曷足怪焉』，則平準之論也。」皆非是。

時極而轉

附案：徐廣「時」一作「衰」，當是也。

魏用李克盡地力

案：李克魏賢臣，豈盡地力哉？盡地力者李悝也。漢藝文志法家有李子三十二篇，卽是李悝。此與貨殖傳同誤作「李克」，索隱於貨殖傳辨之矣。

一國之幣爲三等

案：徐氏測議謂「名爲三等，而止敘其二，不及中幣，恐『三』字誤」，而不知「三」字乃「二」字之誤，漢志是「二等」也。

史記志疑卷十七

吴太伯世家第一

於是太伯、仲雍二人乃犇荆蠻，文身斷髮，示不可用，以避季歷。

附案：左傳哀七年疏云「漢書地理志越人文身斷髮以辟蛟龍之害，然則文身斷髮，自辟害耳，史記以爲示不可用，二人亡去，遠適荆蠻，周人不知其處，何須示不可用，馬遷謬也」。余謂示不可用亦有之，不得斥史記爲謬。蓋太王之薨，二人決無不赴喪者，使不深自絶焉，上無以繼太王之志，下無以安王季之心矣，辟害云乎哉！且太伯君吴，非必下同于庶民，常在水中，有何蛟龍之害乎？黄氏日抄云，「或問有疑太伯父死不赴，傷毁髮膚，皆非賢者之事？晦庵辨以太王之欲立賢子聖孫，爲其道足以濟天下，非有愛憎利欲之私，是以太伯去之不爲狷，王季受之不爲貪，父死不赴傷毁髮膚而不爲不孝。愚案王充論衡見四諱。謂太伯知太王欲立王季，入吴采藥，斷髮文身以隨吴俗。太王薨，太伯還，王季再讓，太伯不聽。三讓，曰：吾之吴越，吴越之俗斷髮文身。吾刑餘之人，不可以爲宗廟社稷主。王季始知其不可而受之。所載頗詳，且與夫子『三以天下讓』之説合，可以破或者之疑」。黄氏此論，與史言「示不可用」相發明，故録之。韓詩外傳十亦言「伯、仲歸周，王季讓立」。吴越春秋太伯傳言

「赴喪歸吴」也。餘説在周紀中。正義引江熙言三讓，本康成。藝文類聚二十一孫盛太伯三讓論及路史國名紀三注言三讓，各不同。

周章卒，子熊遂立。

案：吴越春秋章子熊，熊子遂，是二代。

子轉立

附案：吴越春秋作「專」，蓋字省耳。索隱引古史考作「柯轉」，疑「柯」是吴人語詞，故轉之先有柯相、柯盧。

子頗高立

附案：古史考作「頗夢」，恐非，若名夢，則曾孫不得號壽夢矣。

子句卑立

附案：古史考作「畢軫」，疑「軫」字誤。吴越春秋作「句畢」，古字通，如吴邑卑梁，史、漢王子表作「畢梁」，齊世家卑耳山，正義音畢。

子壽夢立

案：史于壽夢、諸樊、闔盧之立皆舍名稱號，非例也，説在表。

秋，吴伐楚，楚敗我師。

案：是年爲諸樊二年，當魯襄十四年，是楚伐吴，吴敗楚師。若吴伐楚而敗，乃前年事也，此誤。

晉平公初立

案：世家于各國之事有附書在當年者，有追書往年者，掛一漏萬，殊無義例，豈皆本舊史，如春秋傳所云「告則書，不然則否」耶？

以女妻之

案：左傳無吴以女妻慶封事。

是其先亡乎　國未可量也

日知録四曰「季札聞鄭風以爲先亡，而鄭至三家分晉之後始滅于韓。聞齊風以爲未可量，乃不久篡于陳氏。左傳所記之言，不盡信也」。

大而婉

附案：索隱本引史作「大而寬」，注云「寬宜讀爲『婉』」。則今本史皆作「婉」，必後人依傳追改耳。

儉而易行

附案：左傳作「險而易行」，杜注「險當爲『儉』，字之誤也」。而陸粲左傳附注據此世家賈逵注以爲當從險難之意，非字之誤。疑後人以杜説追改史記，而不知二字實古通用耳。左傳「是險」，文選魏都賦劉逵注及孔氏毛詩首疏並引作「儉」。易否卦「儉德」，唐李鼎祚周易集解虞翻曰「儉或作『險』」。

荀子富國篇下「疑俗儉」，楊倞注「儉當爲『險』」。隸釋劉脩碑「動乎儉中」，今易作「險」。故宋賈昌朝羣經音辨云「險，約也，音儉」。

則盟主也

附案：索隱曰「左傳『盟』作『明』」，徐廣亦云一作『明』，非盟會也」。二字古通。

公子朝

附案：此與左傳同，而呂氏春秋召類篇注作「公子鼂」。或謂朝後通于宣姜，懼而作亂，不應爲季札所悦，與伯玉、史魚輩並稱君子，作「鼂」爲是。余解之曰，季札亦就當時言之，未可以後概前。且鼂之爲人無所見，不知高誘何據？安知非訛。若必欲求其人以易之，得毋公子朝乃公孫朝之誤乎？王孝廉曰「鼂或『鼂』之誤，卽『朝』字」。

子未有患也

附案：一本無「子」字，是。

將舍於宿

附案：索隱謂「太史公欲自爲一家，事雖出左氏，文則隨義而換。既以『舍』字替『宿』，遂誤『宿』字下替于『戚』」，則宜讀宿爲「戚」。衞世家亦作「宿」，音戚。惟趙世家獨作「戚」。評林董份以「宿」爲誤。余惟史公博采成史，必不臆改以誤後人，蓋「戚」從尗得聲，古字通用也。詩小明之三章以奥蹙菽戚宿覆叶，漢書高紀注如淳曰「戚，將毒反」。集韻「宿，倉歷切，通作『戚』」。俱可證諭。

而又可以畔乎

附案：滹南集辨惑謂「左氏但言『又何樂』，史改云『畔』，其義頗乖。獲罪于君卽所謂畔，何在于擊鐘耶？司馬貞旣知其非，而曰『畔』讀爲『樂』，亦强爲之説」。滹南此辨非，索隱並誤。攷古畔字通作般樂之般，故歐陽脩集古録云「張表碑『畔桓利正』，畔桓疑是盤桓，文字簡少假借耳」。盤與般同，則畔字宜讀爲般也。

楚伐吴，至雩婁。

索隱曰：「昭五年左傳楚子伐吴，使沈尹射待命於巢，薳啓彊待命於雩婁。今直言至雩婁，略耳。」

十七年，王餘祭卒，四年，王餘眛卒，

案：餘祭四年，夷眛十七年，史誤倒。而「餘眛」乃「夷末」之誤，俱説見表。

乃立王餘眛之子僚爲王　公子光者，王諸樊之子也。

案：左傳昭二十年稱僚爲州于，當是其號。攷公羊傳「僚，長庶也」。世本「夷眛及僚，夷眛生光」。世本見左傳二十七年疏及索隱。服虔云「夷眛生光而廢之。僚者夷眛之庶兄，夷眛卒，僚代立，故光曰我王嗣」。左氏襄三十一年狐庸對趙文子，謂「夷眛天所啓，必此君子孫實終之」。若僚是夷眛子，不應此言。則光是夷眛子，僚是壽夢庶子。而史謂僚爲夷眛子，漢人表、吴越春秋、皇王大紀同。光爲諸樊子，刺客傳同。何休、杜預、孔穎達及王逸天問注、元徐天祐吴越春秋注皆從之。徐注亦依本文。孔疏又云「世本多誤，不足依憑。二者未知孰是」。杜注左傳昭二十七年「二公子掩餘、燭庸」云，「僚母弟」，是夷昧子也。而昭廿三年傳「掩餘」注又云「壽夢子」。世族譜云二公子壽夢子，用公羊爲説，何自相矛盾耶？高誘注吕子當染、簡選、忠廉依世本，而首時注又依史記，亦歧説。

吴使公子光伐楚，敗楚師，迎楚故太子建母於居巢以歸。因北伐，敗陳、蔡之師。

案：敗楚及陳、蔡與取建母，二事也。建母在郥，亦非居巢也，説在楚世家。

楚邊邑卑梁氏之處女與吴邊邑之女争桑

案：卑梁是吴邑，當依十二侯表及楚世家、伍子胥傳爲是。然此乃誤承吕氏春秋察微篇來，吴越春秋同誤。宜云「吴邊邑卑梁氏之處女與楚邊邑之女争桑」，賈子退讓篇、新序四載「梁邊亭人爲楚亭灌瓜，而梁、楚交歡」，何事之相反也。

十二年冬，楚平王卒。十三年春，吴欲因楚喪而伐之。

案：楚平王卒于吴王僚之十一年秋九月，此言十二年冬，與刺客傳言九年並誤。十三年春當作「十二年夏」，其事在四月，而王僚亦無十三年，索隱已糾之矣。

使公子蓋餘、燭庸

附案：左傳作「掩餘」，此與刺客傳作「蓋餘」，以義同通用。惟掩餘與餘祭同名，不可解。而索隱云「或謂太史公被腐刑不欲言『掩』」，詭妄可笑。吴越春秋即作「蓋餘」，豈趙長君亦不欲言「掩」耶？且貞既爲此説，何以刺客傳又云「掩、蓋義同」乎？是自相矛盾矣。況史公實未嘗諱掩也，如項羽紀「梁掩其口」，封禪書「方士皆奄口」，掩之省文，一本亦作「掩」。李斯傳「掩馳說之口」，彭越傳「上使使掩梁王」，司馬相如傳「掩薄草渚」，「掩焦明」，其他不及偏舉，又何不欲言掩之有？刺客傳「燭」作「屬」，字相亂。吳越春秋「庸」作「傭」，字通用。

四月丙子，光伏甲士於窟室，

案：此與刺客傳並云丙子。索隱于傳辨之曰「左氏經、傳惟言『夏四月』，公羊、穀梁無其文，此與吳世家稱『丙子』，當有所據，不知出何書」。

乃以其兵降楚，楚封之於舒。

案：左傳燭庸、掩餘二公子奔楚而已，楚世家是，此與伍子胥傳云以兵降楚，誤一。闔廬元年，掩餘奔徐，燭庸奔鍾吾，至三年二公子奔楚，此云奔楚在元年，誤二。楚城養，使二公子居之，與以城父、胡田，無封舒之事，此與子胥傳云封舒，誤三。索隱曰「左氏昭二十七年掩餘奔徐。三十年吳滅徐，徐子奔楚。當是『舒』『徐』字亂，又且疏略也」。

楚誅伯州犂，其孫伯嚭亡奔吳。

案：嚭奔吳在楚殺郤宛之時，非因誅州犂也。

光謀欲入郢

王孝廉曰「前已正名吳王矣，此又云光，稱名之例亂」。

六年，楚使子常囊瓦伐吳。

案：事在七年，說見表。

鞭平王之尸

案：鞭尸非也，說在子胥傳。

吴王使太子夫差伐楚，取番。

案：定六年左傳伐楚者夫差之兄太子終纍也，此與子胥傳誤爲夫差，吴越春秋同誤。至取番之誤，說在年表。

孔子相魯

案：相魯非也，說在孔子世家。

越使死士挑戰，三行造吴師，呼，自剄。

滹南集辨惑曰：「吴、越世家同，案左氏死士與罪人是兩節，而遷混并之，故義理不明。」

敗之姑蘇

史詮曰：「衍『姑蘇』二字。」

闔廬使立太子夫差謂曰：「爾而忘句踐殺汝父乎？」對曰：「不敢！」

案：索隱云「此以爲闔廬謂夫差，夫差對闔廬。若左傳，則夫差對所使之人也」。滹南云「左傳夫差使人立庭謂己，蓋闔盧已殁，夫差使人問己耳。而史記何其不同也。」余謂是史誤。又「而」字衍，而卽爾也。董份言「上『爾』字呼之，下『而』字連下」，恐非。

以大夫伯嚭爲太宰

索隱曰「左傳定四年伯嚭爲太宰，當闔廬九年，非夫差代也」。

報姑蘇也

案：姑蘇乃吴都所在，越師雖勝，豈能直抵吴都。索隱言自爲乖異也。越世家依左傳作「檇李」是，此與子胥傳同誤。新論禍福篇謂吴有姑蘇之困，亦仍斯誤耳。

有虞思夏德

案：思乃虞君之名，此增改左傳作思念解，非，當依傳衍「有夏德」三字。

七年，吴王夫差聞齊景公死而大臣争寵，新君弱，乃興師北伐齊。

案：是年無伐齊事，伐齊在魯哀十年，當夫差十一年。且吴之伐齊，因前年齊悼公與吴謀伐魯，既而齊與魯平，吴恨之，反與魯謀伐齊，其事去齊景公之卒已四年矣，此及子胥傳同誤。而即以此爲艾陵之役，則更誤矣。

遂北伐齊敗齊師於艾陵。至繒，召魯哀公而徵百牢。季康子使子貢以周禮説太宰嚭，乃得止。

案：左傳會繒在魯哀七年，當夫差八年。艾陵之師在哀十一年，當夫差十二年。此倒敍會繒于艾陵之後，而並書于夫差之七年，誤一，子胥傳同誤。吴之會繒欲以求霸，非因伐齊而至繒也，誤二，魯世家同誤。繒之會吴徵百牢，子服景伯對曰：先王未之有也。吴人弗聽，乃與之。太宰嚭召季康子，康子使子貢辭曰：寡君既共命焉，其老豈敢棄其國。判然兩事，而此與年表、魯世家竟合與牢、辭召爲一，以徵牢之對出於子貢，若魯未嘗與吴百牢者，誤三。此云召哀公，尤非也。索隱不甚分明。「繒」字從穀梁。

十年，因伐齊而歸。

案：「十」下脱「一」字，「因而歸」三字衍，説在後。

十一年，復北伐齊。

案：「十一」乃「十二」之譌。

是棄吴也

滹南集辨惑曰「左傳『豢吴』，史改爲『棄』，此何意耶？」

有顛越勿遺，商之以興。

附案：此乃節録諫詞，以詳在子胥傳中也，徐廣注非。

抉吾眼置之吴東門

附案：此是一時忿詞，而呂氏春秋知化篇、韓詩外傳七，言夫差實抉子胥之目著于門。莊子盜跖篇、楚辭劉向九歎並有子胥抉眼之語，殆未可信。匡謬正俗引風俗通辨其非矣。索隱謂「國語以『抉』爲『辟』」，又云『以手抉之』」。今本國語無其文，不知何據？今本作「縣目」。賈子耳痺亦云「目抉而望東門」。

齊鮑氏弑齊悼公，吳王聞之，哭於軍門外三日，乃從海上攻齊。齊人敗吳，吳王乃引兵歸。

案：此卽十一年伐齊事，疑錯簡于此，應移在上文「十一年伐齊」之下，譌作「十年因伐齊而歸」也。齊人弑悼公亦不得言鮑氏，説見表，當云「十一年伐齊，齊人弑悼公云云」。

吳召魯、衞之君會於橐皋

案：魯于夏會吳于橐皋，衞于秋會吳于鄖，此與表言衞亦會橐皋，非。索隱知其誤，而曲爲之説。

六月戊子，越王句踐伐吳。

案：左傳作「丙子」，此誤。

越五千人與吳戰

案：陳氏測議謂「外傳『范蠡、舌庸率師沿海泝淮以絶吳路』，當起數道之師，不止五千人」。余攷哀十三年左傳，是戰也，吳大夫王孫彌、庸屬徒五千，史公必因此而誤。王孝廉云「或誤本外傳君子六千人，或誤以保會稽之甲楯五千而移于此」。

趙鞅怒，將伐吳，

案：左傳鞅與司馬寅之言祇是争長耳，非怒而欲伐吳也，史與傳不合。

乃長晉定公

案：公羊哀十三年會黃池，傳曰「吳主會也」，與外傳言「吳公先歃，晉侯亞之」同。左傳云乃先晉人，先吳于晉也。先儒謂經書吳在下，是晉實先之，誤矣。史公於秦紀及晉、趙兩世家言長吳，而此言長晉，共說一事，二文不同，何自岐也？以情勢揆之，晉人不競已歷數世，自宋之會卽爲楚所先，而況其能與吳爭乎？惟何休引春秋說文云「齊、晉前驅，魯、衞驂乘，滕、薛俠轂而趨」，未免言之太過。

越王句踐率兵使伐敗吳師於笠澤

案：「使」字衍。

二十年，越王句踐復伐吳。

索隱曰：「哀十九年左傳『越侵楚，以誤吳』，杜預曰『誤吳，使不爲備』，無伐吳事。」

遂自剄死

案：左傳作「縊」，越世家云「自殺」，其義一也，而此言「自剄」，越絕書、吳越春秋作「伏劍」，淮南道應、說苑正諫與此同，子胥傳又言「越殺夫差」，並小異。

誅太宰嚭

案：左傳哀二十二年越滅吳，二十四年有太宰嚭，則未嘗誅也，故通鑑外紀云嚭入越亦用事，安得吳亡卽誅哉。而史記世家、列傳及越絕、吳越春秋皆言誅嚭，呂氏春秋順民篇言「戮吳相」，似不足爲信。余仲弟履繩著左通有說曰，越之滅吳，嚭與有功，越王不殺，所以報之。然西施沈江，伯嚭不誅何也？豈滅吴之時特從寬宥以賞功，久方孥戮以正罪耶？越絶、吴越春秋言「并戮其妻子」。

齊太公世家第二

太公望呂尚者

案：孟子曰太公望，則其名望審矣。大明之詩曰「維師尚父」，則「尚」是尊稱明矣。惟「尚」是尊之，故後世遂號曰呂尚，而「尚」實非名。史於世表作「太公尚」於世家作「呂尚」，以「望」爲號，未免乖反。而其字曰子牙，或單呼牙，詩疏、索隱、唐宰相表載之，以爲名牙者妄也。而路史後紀四作「呂涓」，注引符子方外作「太公涓」，尤妄。

東海上人

案：呂氏春秋當染、首時注，淮南氾論注，水經注九並言太公是河内汲人，此云東海，路史注謂因孟子失之，蓋誤以避居爲其鄉也。劉向列仙傳曰冀州人，呂氏首時曰「東夷之士」。高誘云河内於豐、鎬爲東。

以漁釣奸周西伯

案：太公就養西歸，天下仰爲大老，何云奸也？獵渭載歸之説，余猶疑之，此皆戰國好事者僞造，不足依信。呂覽首時篇謂太公聞文王賢，故釣于渭以觀之，言尚近理，然聖如文王，太公應久見知，何煩觀乎？蓋太公未遇時，若漁釣，若屠牛，若賣食，或曾爲之，總非歸西伯時事。諸子紛馳，千言成實，甚且衍爲魚腹得書之異，見正義。其妄與搜神記海神託夢同。

非虎非羆

附案：章懷崔駰達旨注、李善班固答賓戲注、初學記卷六並引史記作「非熊非羆」，故張衡東京賦「儀姬伯之渭陽，失熊羆而獲人」，李注引史作「非虎非羆」，蓋今本文選之譌。鹽鐵論刺復篇「起磻溪熊羆之士」，沈約隱侯集王太尉碑「卜非熊羆，惟人是與」，唐人如李瀚蒙求「呂望非熊」，魏知古從獵渭川詩「非熊從渭水」，杜甫工部集贈哥舒翰詩「畋獵舊非熊」，夔府秋日書懷詩「熊羆載呂望」，李商隱樊南集復獻杜僕射詩「入兆渭川熊」，白居易六帖于熊部、獵部、卜部俱作「非熊」，唐書世系表有孫非熊，酷吏傳有趙非熊，又顧況子名非熊。偶憶及此，不及偏舉，則知今本史記作「非虎非羆」，誤也。李注賓戲引史云「非龍非虎，非熊非羆」。章懷注達旨引史云「非龍非螭，非熊非羆」，亦小有不同處，何也？而容齋五筆據六韜第一篇文韜作「非虎非羆」，與史記合，以達旨所引史記爲疑。不知六韜是後人僞作，未可爲憑，況沈約竹書注及宋書符瑞志、藝文類聚六十六、李善注東方曼倩非有先生論、李蕭遠運命論、劉越石詩，並引六韜作「非熊非羆」，容齋所見六韜當是譌本。然亦可證史記之誤自宋已然，宋初猶未誤也，故唐人無能子文王說云「西伯筮之，其繇曰『非熊非羆，天遺爾師』」。御覽八百三十一卷引史作「非熊非羆」，至大紀則云「非龍非彪，非虎非熊」矣。攷古質疑謂唐人避諱改「虎」爲「熊」，殊不然。文選注運命論引六韜又作「非熊非羆，非虎非狼」，曼倩論注同，與劉詩注異。

自吾先君太公曰：「當有聖人適周，周以興。」子真是邪？吾太公望子久矣。故號之曰「太公望」。

案：太公組紺，安得預知呂尚而望之？通志三王紀以爲誕語，蓋因呂尚佐周克商，而詩又有「太王翦商」之語，遂謬爲斯論耳。太公乃長老之稱，當時以其年高德劭，故以太公號之。莊子山木有大公任，釋文引晉李頤云「大公大夫稱」，則或又以呂尚爲太師三公故歟？自「望子」之説興，而宋書符瑞志載文王曰「望公七年，今見光景，遂變名爲望」。據路史後紀四注是引中候。詩大明疏引雒師謀曰「望公七年，尚立變名」。金石録載晉太公碑謂「文王夢天帝曰：『賜汝望』。是夜，太公夢亦然。其後文王見太公曰：『而名爲望乎』？答曰：『唯爲望』。」亦可爲名望之證。遂言其夢與文王合，並奇詭不足道也。

立爲師

附案：詩齊風譜疏引世家作「立爲太師」，呂子長見篇注同。

或曰，太公博聞，嘗事紂。紂無道，去之。游説諸侯，無所遇，而卒西歸周西伯。

案：周初無游説之風，而太公又豈游説之士？明是戰國好事者爲之。孫子用間云「周之興也，呂牙在殷」。鬼谷子午合云「呂尚三入殷朝，三就文王，然後合于文王」。或之説本此。太公避紂海濱，安得入殷之事，必因伊尹而影撰也。

或曰，呂尚處士，隱海濱。周西伯拘羑里，散宜生、閎夭素知而招呂尚。呂尚亦曰「吾聞西伯賢，又善養老，盍往焉。」三人者爲西伯求美女奇物，獻之於紂，以贖西伯。西伯得以出，反國。

案：依此説，則是太公非身遇文王，而閎、散爲之介紹也，豈其然乎？況囚羑里之時，太公猶未歸周也，此本尚書大傳之謬説而增損之。美女奇物之獻尤妄，並辨見殷紀中。或問孔仲達文王詩序疏謂文王之得太公，無經典正文言其得之年月，羣言不同，莫能齊一。司馬遷馳騁古今，尚不能知其事周所由，今未能正之，則子以爲被囚時未得太公，奚據？曰：以孟子知之。孟子稱太公之言曰「西伯善養老」，明是歸周在文王爲西伯後，故劉敬傳言呂望來歸在斷獄後也。而仲達引雒師謀言太公遇文王于伐崇之年，前編言「紂十五祀西伯得呂尚」較史記、大傳、紀年諸書所説爲長。或又問世傳太公八十遇文王，確否？曰：此本于孔叢子記問篇及列女傳齊管妾婧語，未敢爲信。太公之遇文王，有云七十者，説苑尊賢篇「年七十而相周」。後書文苑高彪傳「呂尚七十，氣冠三軍」。有云七十二者，荀子君道篇「太公行年七十有二，文王舉而用之」。韓詩外傳四「太公年七十二而用之者，文王」。漢書東方朔傳「太公體行仁義，七十有二迺設用于文武」。桓譚新論「太公年七十餘乃升爲師」。有云九十者，楚辭九辨「太公九十乃顯榮兮」。韓詩外傳七、説苑雜言、高誘淮南説林注並言九十爲天子師。其將何從？又問竹書謂太公薨于康王六年，尚書疏謂成王時齊太公薨，周公代爲太師，未知孰是？曰：書顧命稱「齊侯呂伋」，則太公非卒于康王時矣。

周西伯昌之脱羑里歸，與呂尚陰謀脩德以傾商政，其事多兵權與奇計，故後世之言兵及周之陰權皆宗太公爲本謀。

案：陰謀傾商之謬説，已辨在殷紀中。困學紀聞十一引葉石林謂此説出六韜。夫太公賢者，其所用王術，其所事聖人，則出處必有義，而致君必有道。自墨翟以太公于文王爲忤合，孫子謂之用間，且以嘗爲文、武將兵，故尚權詐者多並緣自見。又引説齊唐氏謂三分有二而猶事商，在衆人必以爲失時，聖人至誠惻怛出于自然，太史公曾不知此，乃曰陰謀傾商，特戰國變詐之謀，殆非文王之事，遷不能辨其是非，又從而筆之，使後人懷欲得之心者藉爲口實，其害豈小哉！路史發揮論太公篇可參看。

蒼兕

附案：此水獸一身九頭，善覆人船。今本論衡是應篇作「蒼光」，誤，索隱引王充作「蒼兕」。又索隱云「馬融曰『主舟楫官名』」。有本作『蒼雉』」，亦非。水經肥水注「西昌寺西卽船官坊，倉光都水，是營是作」。亦誤以「兕」爲「光」。

諸侯不期而會者八百諸侯

案：下「諸侯」二字衍。

還師，與太公作此太誓。

案：還師再舉，辨見殷紀。所謂「作此太誓」者，卽上文蒼兕諸語也。然太誓王言也，而以爲與太公作，何耶？

卜龜兆，不吉。

案：事亦見論衡卜筮篇。書泰誓疏曰「太公六韜云卜戰龜兆焦，筮又不吉。太公曰枯骨朽著，不踰人矣。彼言不吉者，六韜之書，後人所作，史記又采用六韜，好事者妄矜太公，非實事也」。餘冬敍録四十四曰「湯、武之師，應天順人，事非得已，理必無敵，何有乎蓍龜而爲不吉之疑哉」！唐世民以諸臣勸除建成、元吉，命卜之。幕僚張公謹自外來，取龜投地，曰：「卜以決疑，不疑何卜！卜而不吉，庸得已乎？」世民意乃決。以武王之十臣，非乏公謹其人，而見不出此。

遂追斬紂

案：斬紂妄也，説在周紀。

羣公奉明水

案：周紀本逸書作「毛叔鄭奉明水」，此言羣公，誤。

東就國

附案：鄭注檀弓云「太公受封，留爲太師。」則太公固與旦、奭同相周也，故金滕稱二公。此言就國者，或受封之始，往治其國，旋卽返周歟？

東至海

大事表春秋海道論曰：「管仲對楚使『齊地東至于海』，特誇言耳，其時登、萊二府尚有萊介諸國，與夷雜處，至襄六年滅萊，齊境始邊海，而適召吳之寇。楚使曰『寡人處南海』，亦誇言耳，終春秋世，楚地不到湖南。」

南至穆陵，北至無棣，

四書釋地又續曰「南北相距七百里，亦是後來侵小所至，管仲誣其先君以夸楚也」。

子丁公呂伋立

附案：通志氏族略云「謚法雖始有周，是時諸侯猶未能徧及。齊五世後稱謚，則知所謂『丁公』者，長第之次也。」鄭説是。杞、宋、曹、蔡四世未稱謚，衛亦五世後稱謚，而宋並有丁公，可驗已。説文以伋謚玎，非。又謚法「述義不克曰丁」，呂伋賢嗣，何以蒙此不韙之名乎？

子癸公慈母立

案：索隱本作「祭公慈母」，又引世本作「庮公慈母」，檀弓疏引世本作「⿸疒酉」。又引譙周云「祭公慈」，各本譌作「慈心」。（金陵本索隱云「譙周亦曰祭公慈母也」）。未知孰是？

子哀公不辰立

附案：世本作「不臣」。而竹書名昴，蓋有二名。「臣」字疑誤。

因徙薄姑都，治臨菑。

案：詩齊風疏云「臨菑、營丘一地」。趙氏水經注釋二十六云「太公始封之營丘，宜在北海營陵，迨獻公徙臨淄取營丘舊名以號臨淄，猶晉稱新田爲絳，楚稱鄀爲郢耳」。應劭言獻公自營丘徙臨菑，是劭之謬，當云自薄姑徙臨菑耳。齊世家唯胡公一世居薄姑，以後復都臨菑也。但烝民詩仲山甫徂齊，傳以齊去薄姑遷臨菑在宣王之時，與世家書于獻公元年異。孔疏謂史記非實，所言未可信。毛公在馬遷之前，其言當有準據。然則遷臨菑者非獻公矣，二説未定孰是。

九年，獻公卒，

案：獻公之年有脱誤，疑是二十九年，説見世表。

大臣行政，號曰「共和」。

案：共和之説非，辨在周紀中。

子厲公無忌立

案：厲公在位九年，此脱。

子成公脱立

附案：索隱引世本、譙周及年表皆作「説」，齊風詩譜疏引世家正作「説」，則是今本譌「説」爲「脱」耳。

三十二年，釐公同母弟夷仲年死。

案：夷仲年之死不知何時，説在表。

始爲太子時，嘗與無知闘，及立，絀無知秩服。

案：莊八年左傳是因其並適而絀之，非闘也，史豈別有據乎？

因拉殺魯桓公

附案：左傳疏引此作「摺殺」，與魯世家同。

八年，伐紀，紀遷去其邑。

案：春秋書「紀侯大去其國」，此「遷」字未安。

遂獵沛丘

附案：左傳沛作「貝」，卽楚語貝水是，古以音近通借，故論語「顛沛必於是」，詩「顛沛之揭」，昭二十年傳「齊侯田于沛」，釋文並音貝。呂覽應言篇市丘卽「沛」之省。戰國韓策「攻市丘」，吴注「孔叢子作『市』，大事記作『沛』」。

反而鞭主屨者茀三百。

案：傳云誅屨于徒人費，弗得，鞭之見血，此以爲主屨者，又謂鞭之三百，恐非也。費、弗古通，如魯幽公、晉穆侯皆名濆，而穆侯之名亦作「費」，幽公之名亦作「弗」，可以互證。

齊君無知游於雍林。雍林人嘗有怨無知，及其往游，雍林人襲殺無知。

案：索隱謂「亦有本作『雍廩』也。雍廩乃人名，賈逵以爲渠丘大夫者，因昭十一年左傳及楚語上並有齊渠丘實殺無知之語。渠丘，續後書志作「蘧丘」，高氏地名攷略謂卽葵丘也。渠丘爲雍廩邑，則雍廩爲人名益信，此誤以雍廩爲邑名，而云往游被殺，妄矣。

遂殺子糾於笙瀆音豆。

附案：左傳作「生竇」，集解賈逵云「魯地句瀆」。索隱本引賈作「竇」。索隱引鄒誕生本作「莘瀆」。竇、瀆古通。而「生」之爲「笙」爲「莘」，一以義通，一以音近，故儀禮大射儀注「笙猶生也」。然攷左傳桓十二年句瀆之丘是宋地，襄十九、二十一句瀆，哀六年句竇皆齊地，豈魯與齊宋並有地名句瀆者歟？

伐滅郯

附案：徐廣謂一作「譚」，是也。本當作「鄲」。索隱謂「不當作『郯』字」。各本誤刻索隱「郯」字爲「譚」。而不知是傳寫之譌，非史元文。郯乃别一國名，故其後别見。

五年，伐魯，魯將師敗。魯莊公請獻遂邑以平。

案：齊桓五年爲魯莊十三年，桓公爲北杏之會，遂人不至，故滅之。無齊伐魯及魯敗獻邑事。滅遂亦與魯無涉，此及刺客傳同誤。

曹沫以匕首劫桓公於壇上

案：曹沫事甚妄，說在刺客傳中。

諸侯會桓公於甄，而桓公於是始霸焉。

案：甄與鄄通，並音絹。田完世家「趙攻甄」，亦卽「鄄」也。以會鄄爲始霸，雖本於左氏，然未確，說在封禪書中。

二十三年，山戎伐燕。

案：事在二十二年，說見表。

魯湣公母曰哀姜

附案：魯世家依左傳以湣公爲哀姜娣叔姜所生，哀姜無子也。此以哀姜爲湣公母者，適母也。

王祭不具

附案：史詮謂湖本誤「共」爲「具」。

楚王使屈完將兵扞齊

案：傳云「楚子使屈完如師以觀强弱」也，此言「將兵扞齊」，非。

則楚方城以爲城

附案：水經注汝水條云「楚控霸南土，欲争强中國，多築列城于北方，號爲萬城」。或作「万城。」唐勒奏土論「楚自越以至葉垂，宏境萬里，故號萬城」。此説恐難信，卽道元潕水注亦以爲方城，在今南陽府裕州。楊慎直從「萬」字解，乃喜新之病，明陳耀文正楊及王世貞宛委餘編，並闢之。

周襄王使宰孔賜桓公文、武胙、彤弓矢、大路，命無拜。桓公欲許之，管仲曰「不可」，乃下拜受賜。

案：左傳無弓矢、大路之賜，亦不聞有管仲厠其間，此妄也。

寡人兵車之會三，乘車之會六，

案：三六之數，與他處異，説在封禪書中。

三十九年，周襄王弟帶來奔齊。

案：叔帶奔齊在桓公三十八年，此在三十九年，與周紀、年表書于三十七年同誤。

齊使仲孫請王，爲帶謝。襄王怒，弗聽。

案：仲孫未言子帶事，史與左傳不合，說在表。

管仲病，桓公問曰：「羣臣誰可相者？」管仲曰：「知臣莫如君。」公曰：「易牙如何？」對曰：「殺子以適君，非人情，不可。」公曰：「開方如何？」對曰：「倍親以適君，非人情，難近。」公曰：「豎刁如何？」對曰：「自宮以適君，非人情，難親。」

案：管子戒篇、列子力命、莊子徐無鬼、呂氏春秋貴公、韓子十過皆言管仲將死，桓公問管仲，欲相鮑叔，管仲以爲不可，惟隰朋可。又諫桓公去三子。亦見管小稱、韓難一、呂知接。固兩事也，史略不具。說苑權謀篇仍史，然又失去開方。且述三子事，亦不明晰。或問：上文言「是歲，管仲、隰朋皆卒」，而說苑復恩篇言鮑叔先管仲死，與管子諸書不同，何故？曰：朋之卒後仲十月，見管子戒篇，故仲歿時猶薦之。若說苑管仲哭鮑叔之事，前賢曾辨其非。然韓子十過篇載桓公與管仲問答語云，「居一年餘管仲死」，安知鮑叔之卒不在此一年中乎？穀梁于僖十二年云管仲死，非也。

徐姬

案：徐本嬴姓，左傳作「徐嬴」是也，此誤作「姬」。履繩左通曰「三夫人姬居其二，六人中姬居其四，因致謁易」。索隱言「姬是妾之總稱，未盡是姓。」然則葛嬴、華子，何以不俱稱姬？且徐嬴是夫人，何得列爲姬妾乎？殊屬妄說。

生無詭

附案：左傳作「無虧」，古通，故人表亦作「詭」。

生昭公潘

案：潘之謚昭有誤，説在表。

六年，翟侵齊。晉文公卒。

杭氏疏證曰：「左傳文公卒于齊昭之五年，在翟侵齊之前，此作六年誤。」

十九年五月，昭公卒。

案：「十九」當作「二十」。

卽與衆十月卽墓上弒齊君舍

附案：左傳作「七月乙卯」，則此「十」字乃傳寫之譌，若春秋之書九月從告也。

與丙戎之父獵，争獲不勝，

附案：年表及衞世家作「邴歜」，與左傳、楚語同，而此作「丙戎」，水經淄水注亦作「邴戎」，蓋戎、歜音之轉。衞世家索隱謂「邴歜掌御戎車，故號『邴戎』」，不然也。

庸職之妻好

附案：「閻職」之作「庸職」，索隱以傭雇解之，迂曲不合。説苑復恩篇作「庸織」，蓋職織以音同通借，而「庸」字與史同。史記攷異曰「庸、閻聲相近，書『毋若火始燄燄』，漢書作『庸庸』」。梅福傳。

六年春，晉使郤克於齊，

疏證曰：「左傳及年表在頃七年，爲魯宣十七年，此誤。」

齊使至晉，郤克執齊使者四人河內，殺之。

案：宣十七年左傳，晉徵會于齊，使高固、晏弱、蔡朝、南郭偃會，高固先逃歸，晉執三子，及苗賁皇言于晉侯，以緩得先後逸去。何嘗有殺四人于河內之事，史通已糾其謬矣。

十年春，齊伐魯、衞。

案：齊頃十年爲魯成二年，乃衞侵齊而敗，衞世家同，齊未嘗有伐衞之事也。

士燮將上軍

案：傳士燮是佐上軍，將上軍者荀庚也，時庚不出。

遂復戰，戰齊急。

附案：毛本「戰」字不重。

晉小將韓厥

案：厥爲司馬，豈小將乎？

克舍之，丑父遂得亡歸齊

附案：左傳謂「郤克免逢丑父」，公羊曰「斮之」。史多從公羊，此獨用左氏，蓋以公羊非實。

於是晉軍追齊至馬陵

附案：「陵」字誤，徐廣云一作「陘」，是也。馬陵非齊地。

晉初置六卿

附案：「六卿」乃「六軍」之誤，説在表。攷成三年左傳疏引世家作「六軍」，則唐初史記本元是「軍」字。

欲尊王晉景公，晉景公不敢受。

案：王晉妄也，説見表。又不敢受，左傳疏及困學紀聞十一引作「不敢當」，疑今本誤。

齊令公子光質晉。十九年，立子光爲太子。

案：光固太子也，本不應稱「公子」，而又何待十九年始立乎？

晏嬰止靈公，靈公弗從。曰：「君亦無勇矣！」

案：襄十八年左傳，晏子有「君固無勇」語，乃逆料之辭，未嘗止靈公之走也。

初，靈公取魯女生子光，以爲太子。仲姬，戎姬。

案：董份謂「『太子』下即著仲姬，戎姬，有脱字」，是也。攷襄十九年左傳云「諸子內官之號，杜注非。仲子戎子」杜注曰「二子皆宋女」，則依上文「取魯女」之例，當脱「取宋女」三字。而二「姬」字又「子」之誤。史詮謂「仲姬、戎姬不言取者，蒙上文」。徐孚遠謂「大意言既立太子，又寵仲姬戎姬」。並非。

晉聞齊亂，伐齊，至高唐。

案：晉士匄伐齊，聞喪而還，春秋善之，安有因亂伐齊之事。齊夙沙衞據高唐以叛，圍而克之，與晉無涉。

晉大夫欒盈奔齊，莊公厚客待之。晏嬰、田文子諫，公弗聽。

案：襄二十二年左傳，晏子諫納欒盈，弗聽，退告陳文子，而文子未嘗諫也，此與田完世家同誤。又欒盈三見年表，晉、田完世家作「逞」，避惠帝諱也，此何以書？

崔杼妻入室，與崔杼自閉户不出，公擁柱而歌。

案：此當依左傳作「姜與崔子自側户出」，若閉户不出，則公知有變，必不拊楹而歌矣。擁柱亦非。集解後説妄。

遮公從宫而入，閉門，（金陵本「宫」作「官」。）

附案：左傳作「止衆從者而入閉門」，則此當作「從官」，「宫」字譌。

陪臣争趣有淫者

附案：徐廣謂「争」一作「扞」是，「扞趣」與左傳「干掫」同。惠氏左傳補注曰「史記本作『扞趣』，後人改爲『争趣』，非也。索隱如字解之，謂史公變左傳之文，真屬妄説」。

二相恐亂起，乃與國人盟曰：「不與崔、慶者死！」晏子仰天曰：「嬰所不獲唯忠於君利社稷者是從！」不肯盟。慶封欲殺晏子，崔杼曰：「忠臣也，舍之。」

案：此事晏子雜篇上、吕覽知分、韓詩外傳二並載之，與史又不同，然總不如左傳之妙。慶封欲殺晏子，亦未聞。

其弟復書，崔杼復殺之。

案：傳云其弟嗣書而死者二人，如史言，則不見是二人矣。

景公元年

案：「元」當作「二」。

成有罪，二相急治之，

案：襄二十七傳曰「成有疾而廢之」，此誤也。若果有罪，成安得請老于崔乎？

立明爲太子

案：卿之後何得稱太子，史公失辭。

成請老於崔杼

補正曰「『杼』字衍」。

使崔杼仇盧蒲嫳攻崔氏

案：嫳乃慶封之屬，何以爲崔杼仇？莊公之難，盧蒲癸奔晉，意者嫳與癸或兄弟行，故以爲仇乎？

崔杼歸（金陵本作「崔杼毋歸」。）

附案：索隱本作「崔杼毋歸」。

慶封爲相國

案：相國之稱誤，是時無此官名。

其秋，齊人徙葬莊公。

案：傳乃十二月朔之事，則當作「其冬」，況上文已書十月，何倒言秋乎？

十二年，景公如晉，見平公，欲與伐燕。

案：齊請伐燕，非欲與晉伐之，説表中。

二十六年，獵魯郊，因入魯，與晏嬰俱問魯禮。

案：左傳無其事，説在表。

魯昭公辟季氏難奔齊，齊欲以千社封之，子家止昭公，昭公乃請齊伐魯，取鄆以居昭公。

案：千社之封，齊侯之口惠，何待子家之止，子家勸公至晉耳。伐鄆居昭公亦齊之意，非公請之也，詳昭二十五年傳。

彗星見。景公坐柏寢，嘆曰：「堂堂！誰有此乎？」羣臣皆泣，晏子笑，

案：禳彗星，歎路寢，見左傳及晏子，泣牛山，見晏子及列子力命篇，是三事也，史公並爲一事，而變易其辭耳。「堂堂」，御覽七引史作「堂乎堂乎」，疑今本脱。韓子外儲説右上作「堂堂乎」。

魯陽虎攻其君

案：虎欲去三桓，遂有劫公之事，非攻君也，詳定八年傳。或曰其君，陽虎之君，指季氏。

犂鉏曰

附案：索隱本作「犁且」。

景公害孔丘相魯，懼其霸，

案：「相」字誤，解辨在孔子世家。

是歲，晏嬰卒。

案：是歲爲景公四十八年，嬰先景十年卒也。然説苑君道載景公謂弦章曰「吾失晏子，于今十有七年」，則嬰又似非卒于是歲矣，疑。

田乞欲爲亂，樹黨於逆臣，説景公曰：「范、中行數有德於齊，不可不救。」乃使乞救而輸之粟。

案：哀二年傳齊輸范氏粟，不及中行氏，説已見表。又齊時叛晉，故助范、中行，非因陳乞黨逆而然，此與田完世家同誤。

五十八年夏，景公夫人燕姬適子死，景公寵妾芮姬生子荼，

案：此文因景公之卒而追敍前事，非當年事也，然承接欠明。荼母似姓，非芮姬也，應依左傳作「鬻姒」。下文「芮子」亦與田完世家同誤。徐廣于彼云一作「粥子」，索隱于此云鄒誕生本作「芮姁」，皆非。晏子諫篇上「淳于人納女于景公，生孺子荼」。

公子壽、駒、黔、

附案：三公子之名，左傳「壽」作「嘉」，索隱亦云「一作『嘉』」，則各本作「壽」者非。徐廣注「一云『壽黔』」，又失駒一人，譌本也。

公子駔

附案：此卽左哀六年南郭且于也。左作「鉏」，同。集韻「駔，牀魚切。齊公子名」。猶上文「犂

鉏」，孔子世家作「黎鉏」，韓子內儲下作「黎且」，唐馬總意林引韓子作「棃沮」，後書馮衍傳作「犂鉏」，而左傳實作「犂彌」，蓋古人音轉字異，或以「鉏」爲誤者非。毛本亦作「鉏」。

又謂諸大夫曰：高昭子可畏，

案：生而呼謚，非也，此與田完世家同誤，當依左傳作「二子」，謂國惠子、高昭子。傳曰「二子者禍矣」。

遂反殺高昭子

案：湖本誤以「遂反」爲句，故史詮謂「六字一句」也。但考左傳高張奔魯，則此與田完世家言陳乞反兵殺高張，並妄。呂氏春秋首時云「鄭子陽之難，猘狗潰之。齊高國之難，失牛潰之。衆因之以殺子陽、高國」。史或因此譌傳。

八月，齊秉意茲。

案：左傳曰「邴意茲來奔」。秉、邴以音同通借也。史記考要云「邴意茲缺『奔魯』之文，且在齊世家而繫以『齊』，皆誤」。

十月戊子

案：左傳是「十月丁卯」。

悼公元年，齊伐魯。

案：「元年」當作「二年」。

鮑子弑悼公

案：悼公非鮑子所弑，説見表。

闞止有寵焉

附案：闞止，史皆作「監止」，故索隱本作「監」，而今本作「闞」，乃後人依左傳改之，殊不知二字聲近義通，古人互用。封禪書「蚩尤在東平陸監鄉」，索隱「監音闞」。戰國策「北至于闞」，魏世家作「監」。韓策亦作「監止」。

田常執簡公於徐州（徐，金陵本作「俆」。）

附案：此徐州與九州之徐别，索隱于齊、魯兩世家云「徐音舒，其字從人。左氏作『舒』，説文作『邻』」。郡國志魯國薛縣，六國時曰徐州。而一部史記凡徐州無作「俆」者，蓋古字亻彳偏旁通寫也。且舒與徐古亦通，易困卦「來徐徐」，李鼎祚集解引子夏傳作「荼」，即古舒字。十二侯表魯昭公十二年楚伐舒，即是伐徐。吴世家闔廬三年拔舒，即春秋昭三十年滅徐。並徐與舒同之證。或以「徐」爲誤，未之考耳。

子宣公積立

案：表名就匜，而此作「積」，何也？或有二名。

田會反廩丘

案：年表、田完世家會反在宣公五十一年，此書于康公元年，誤，餘説見表。或曰錯文也，上文「子康公貸立」，當移此句下。

遷康公海濱

案：事在十四年，此書于十九年，非，説見表。

史記志疑卷十八

魯周公世家第三

周公佐武王作牧誓

滹南集辨惑曰「牧誓，王言也，以爲周公佐之而作，何所據？」

發書視之信吉

補正曰「六字衍」。

周公入賀武王曰：王其無害。

案：「入賀武王」四字衍。徐孚遠曰「尚書不言入賀武王，若如史，則周公代王之説宜已昭露，不應待風雷之變也」。

成王少在强葆之中

案：金縢曰周公以詩貽王，而王亦未敢誚公，則成王非不識不知之孩稚矣。曰王與大夫盡弁，則成王已冠矣。故康成以爲武王崩時成王年十歲，王肅以爲武王崩時成王年十三，其詳見書洛誥、詩豳風、禮明堂位、穀梁文十二年諸正義及家語冠頌。先儒説成王卽位之年雖異詞，而其非居强葆明矣。乃魯世家及蒙恬、相如傳俱有強葆語，賈誼新書修政篇又言成王年六歲卽位，後書郎顗傳言成王生于克紂之後，而路史發揮反主襁褓之説，謂武王崩成王才一二歲，以康成爲非。羅苹注更引真源賦謂「武王之崩，成王始生」，皆不根之論也。若武王崩時成王方在襁褓，則成王母弟尚有唐叔，應侯亦成王弟，其時將未晬耶？抑遺腹耶？余因之別有疑者，武王之子，成王及邘、晉、應、韓五人，唐書表言成王封母弟孝伯于狄城爲狄氏，路史國名紀言武王有子封寒侯，皆不足據信。五人中邘、韓無考，晉、應並爲成王弟，而左傳富辰敍韓於晉、應下，當是最少，何以武王壯盛之時艱於嗣息，迨衰老而連舉數子乎？疑一。武王之年不可知，竹書作五十四據路史發揮所引，今本竹書五作「九」，非。較文王世子作九十三爲近實。卽依竹書武王四十外生子，元不甚遲，文王十五生武王之説亦妄，武王初得天下，告周公曰「自發未生于今六十年」，則武王非九十三歲可知。獨怪太公晚遇文王必不在武王未娶之先，奚待太公歸周以後，武王始娶邑姜乎？疑二。謂武王娶太公女者，祇緣左傳稱呂伋王舅一語耳。然禮天子同姓謂之伯父、叔父，異姓謂之伯舅、叔舅，則舅亦通稱，豈足依據。故詩文王疏曰「武王不應此時方取室，文王未應便爲武王取太公女。」吾不知是武王之前後殁而娶邑姜爲繼室乎？抑邑姜非太公之女乎？疑三。國家多難，宜立長君，晉、應、韓三子既幼於成王，則封於邘者定比成王爲長，而必立邑姜所育之成王，得毋邘屬庶出，而厥德不類乎？疑四。俟質之君子。唐表七十三于氏，以邘叔爲武王第二子，恐難信。路史國名紀五以晉韓邘應爲次，亦無據。後紀十云武之穆四邘爲長。

周公乃踐阼代成王攝行政當國

案：召誥曰「惟沖子嗣，曰有王雖小元子哉，」是踐阼者成王也。周公之攝政當國，乃三代諒闇之制，冢宰掌邦之職，安得指爲踐阼。而史於魯、燕兩世家均有踐阼之文，乖誣孰甚。既以爲踐阼，則下文何以書「成王七年」耶？後又云「周公代成王治，南面倍依以朝諸侯。七年還政就臣位。」禮明堂位、文王世子及荀子、儒效。韓子、難二。淮南子、齊俗氾論。韓詩外傳卷三、卷七、卷八。諸書，並有踐阼履籍等語，漢、唐諸儒據以釋經，王莽傳之假王莅政，緣茲附會，而劉恕外紀直以周公紀元，亦本於此。宋鄭厚藝圃折衷所以有周公非純臣之論也。蓋皆起於六國好事者爲之，猶言伊尹當國朝諸侯耳。戴記漢人采集，不能無疵，諸子更不足憑。至七年反政之說，或因國家初造，成王委政周公，不足依三年亮諒之常制，亦未可知，故逸書明堂解、書大傳、竹書俱云七年致政，與洛誥誕保文、武受命七年合，不得以周紀及此世家爲非，居易録二十六載唐趙蕤長短經引尸子云「昔周公反政，孔子非之曰：『周公其不聖乎？以天下讓，不爲兆人。』」震澤任兆麟刻尸子三卷，此文在廣釋篇。此荒唐謬悠之論，託名聖人。三國魏文帝志注引尸子同。晉書慕容盛載記亦論周公誅兄弟杜流言，不可謂忠聖。

周公將不利於成王

案：改「孺子」爲「成王」何意，豈忘成王見在耶？

我之所以弗辟而攝行政者，恐天下畔周。

案：書言周公居東二年，詩言周公東征三年，辭各不同。大傳毛傳以居東卽東征，王肅從之，僞孔傳、古史、朱子詩集傳亦然。馬、鄭以居東爲居東都，與東征是兩事，蔡傳從之，而謂居東爲居國之東。以居東爲東征者，解金縢我之弗辟爲法。以居東非東征者，解辟爲避。朱子晚年亦從鄭注，見晦菴集答蔡仲默書。史公依伏、毛之説，以居東即東征，而又解弗辟爲不避位。攷書言居東，則非東征明甚。流言初起，莫知所由，公方見疑，出居自遠，詎宜遽爾東征乎？二年猶待罪也，蓋武王既喪，管、蔡流言正當成王諒闇周公攝政之時，公居東避之，二年始得罪人主名，公貽王鴟鴞之詩，王尚疑而未悟，迨感風雷而後迎公。管、蔡等懼遂叛，公乃奉王命東伐，三年而歸。王迎公之時，三年之喪已畢，故曰王與大夫盡弁，此其事之本末也，史記殊非。而解經者各逞臆説，或謂武王崩後三年居東。或謂居東出入三年，後又東征三年。或謂書之二年，言得罪人，詩之三年，言其歸。紛紜違亂，不可憑信。居東二年者，其次年即出師之歲也，以秋反，以秋征，實居東不過年半耳。東征三年者，其一年即郊迎之秋也，以前年之秋征，以後年之春歸，實東征不過二年耳，合居東與東征計之，首尾僅三年有餘。列子楊朱篇言居東三年，亦非也。故竹書曰「成王元年，周文公出居於東。二年，大雷電以風，王迎文公於郊，遂伐殷。三年，滅殷，伐奄。」斯爲確證。不然，以周公之神聖才藝，而將名正言順之兵，何敵不摧，豈煩淹師三年之久哉。至所稱居東者，馬、鄭以爲東都，而其時洛邑未營，安有東都可避。豳詩疏云「據後言之」，非。墨子耕柱云「周公旦非關叔爲管叔所非也。公孟篇又云「關叔天下之暴人」，則知古關與管通。辭三公東處於商，」而武庚三監方欲謀公，寧有處商之理。越絶又云「管、蔡譏周公，周公乃辭位出巡狩於邊。」而公非天子，胡爲巡狩。明豐坊僞子貢詩傳及申公詩説，以爲居魯，例以「俾侯於東」之文，似非無據。然周公一生未嘗至魯，且居魯則千里之遥，金縢、竹書何得云王親迎於郊耶？或引荀子儒效篇「周公歸周」語，以爲居東者自居畿內之國，方氏苞望溪集有記王巽功周公居東說「涇陽王巽功語余曰，周公居東，集傳居國之東爲近，觀王欲親迎，卽駕而出郊，就令出舍以俟，必信宿可至。古者大夫有罪，自投於私邑以待放，禮也。然則公所居近在郊關之內歟？余曰子之言其信，畿內公卿之采地，當在縣畺，而有勳勞者別有賞田，周官載師以賞田任遠郊之地，司勳掌六鄉賞地之法以等其功，是也。傳曰「自陝以東，周公主之。」公主東諸侯，則邑於國之東爲宜。公之避不之縣畺之采，而退就近君之小邑，理亦宜然。是公所居，爲鎬東鄉郊之賞邑決矣」。而當塗徐氏文靖竹書統箋云「世家周公奔楚。論衡感類篇曰「古文家以爲管、蔡流言，王疑周公，周公奔楚。」抱朴子嘉遁篇云「公旦聖而走南楚。」國策惠施曰『王季葬於楚山之尾』。季娟鼎銘曰『王在成周，王徙於楚麓』。左傳成十三年『迓晉侯於新楚』，杜注『新楚，秦地。』括地志『終南山一名楚山，在雍州萬年縣南。武王墓在萬年縣西南。』括地志見夏、周本紀正義。周公當因流言出居，依於王季武王之墓地」。徐說似勝。

成王少

案：此周公語也，可云「成王」乎？

成王之叔父

案：世家前後誤稱「成王」者四，辨見秦紀。獨此乃仍大傳洛誥篇、荀子堯問篇、韓詩外傳三，史公采擇失檢耳。說苑載周公戒伯禽語改作「今王之叔父」，君子韙之。

然我一沐三捉髮，一飯三吐哺，

案：吐握之事，諸子所説，恐未必有之。黄氏日抄云「此形容之語，本無其事」。王滹南亦以爲妄。故呂覽謹聽、淮南氾論又屬之夏禹。鬻子上禹政篇有「禹一饋而七十起」語。

收殷餘民，以封康叔於衛，封微子於宋以奉殷祀。

案：衛、宋封於武王之世，非此時始封也，語在殷、周紀。

二年而畢定

案：「二年」依文當作「三年」，史公以居東爲東征，豈據二年得罪人之文，而不數還師之一年耶？

唐叔得禾，異母同穎，

附案：索隱謂「畝、母義通，鄒誕本同」。山陽吴氏玉搢别雅曰「母疑『晦』字之脱誤也」。

嘉天子命

案：「嘉」一作「魯」，説在周紀。

乃爲詩貽王，命之曰鴟鴞，王亦未敢訓周公。

案：詩作於居東時，與七月之詩同作，若貽詩在誅管、蔡後，詩何以云「未雨綢繆」乎？蓋毛傳以鴟鴞爲既誅管、蔡而作，毛在史公前，便依言之，朱子注詩亦然。總由以居東爲東征故耳。「訓」字是「誚」之譌，索隱已言其誤，徐廣固云一作「誚」也。凌稚隆、程一枝並謂此十七字乃錯簡，當在上文「我所以爲之若此」句下，亦通。

周公之代成王治，南面倍依以朝諸侯。

案：倍依之説非也，辨見前。

初，成王少時，病，周公乃自揃其蚤沈之河，以祝於神曰：「王少未有識，奸神命者乃旦也。」亦藏其策於府。成王病有瘳。及成王用事，人或譖周公，周公奔楚。成王發府，見周公禱書，乃泣反周公。

案：此事亦見蒙恬傳，前哲謂緣金縢之文而誤分爲二，遂兩出耳。夫成王縱疾，河非所獲罪，乃公揃蚤以祝於河，將姬旦之識尚不若楚昭王乎？索隱引譙周云「秦既燔書，時人欲言金縢之事，失其本末。」明邵寶學史云「公前事武王，後事成王，病也，禱也，藏册而祝也，讒且譖而居東與奔楚也，天動威發書以泣而反之也，何其同也？史氏之附會，一至於是。」余因攷呂氏春秋古樂篇言「周公以師逐象至江南」。公羊僖四年傳言「周公東征則西國怨，西征則東國怨」。荀子王制篇言「周公南征而北國怨，東征而西國怨」。經典無周公西南之征，必從湯事影撰，移於周公，而又因誤解奔楚之故耳。後書班固傳云「周公一舉則三方怨，曰奚爲而後已。」可爲移湯事作周公之證。史詮謂此節錯複，當删。

恐成王壯，治有所淫佚，乃作多士，作毋逸。

案：多士非誡成王之作，與周紀言無佚告殷民同謬，已説在周紀中，蓋於紀不當云「作無佚」，於世家不當云「作多士」。

毋逸稱爲人父母，爲業至長久，子孫驕奢忘之，以亡其家，爲人子可不慎乎！

案：此與毋逸迥殊，必史公約其意以爲文，非有異本也，然太不類。

故高宗饗國五十五年

案：尚書是「五十九年」，此誤也。而漢書五行志、劉向杜欽傳、隸釋、蔡邕石經、論衡無形、異虚篇皆作「百年」，師古王吉傳注從之，未知孰是。

不顧天及民之從也

附案：徐廣謂「之從」一作「敬之」，是，卽多士所謂「罔顧於天顯民祗」也。

周多士

案：三字衍。

文王日中昃不暇食，饗國五十年。

附案：此疑錯簡，當在前文「祖甲饗國三十三年」之下。不然，既敍多士又忽復述無逸，恐無此文理。

於是周公作周官

案：周紀言成王作周官，與書序同，而此云周公作之，豈周公奉成王命爲之歟？

周公在豐，病將没，曰：「必葬我成周以明吾不敢離成王。」周公既卒，成王亦讓，葬周公於畢，從文王，以明予小子不敢臣周公也。

案：書序「周公在豐，將殁，欲葬成周。公薨，成王葬於畢」。大傳「周公老於豐心不敢遠成王而欲事文、武之廟。後周公疾，曰：『吾死必葬成周，示天下臣於成王。』成王曰：『周公生欲事宗廟，死欲聚骨於畢。』畢者文王之墓地，故成王葬之於畢，示天下不敢臣也。」史公蓋本諸此。然成王未嘗都成周，何以稱「不敢離成王」豈不以成周爲洛陽乎？史於十二侯表敍云「齊、晉、秦、楚其在成周微甚」，衞世家云「管叔欲攻成周」，索隱謂「管叔欲搆難，先攻成周，」乃曲爲之説耳。並以鎬京爲成周，不免舛錯，徐廣已疑之矣。公羊傳曰「成周，東周也」，卽此世家上文亦言成周洛邑，豈可混乎？又大傳所謂不敢遠成王，示天下臣於成王者，乃伏生釋辭，而史記誤併作周公語，是成王見存而遽呼以謚也。

周公卒後，秋未穫，

案：金縢之篇，今古文皆有，而漢人所釋頗異，康成以爲公生前事，見豳詩譜及箋；伏生以爲卒後事，見顏籀引大傳。見漢書梅福傳、儒林傳。僞孔傳從鄭者也，而以王出郊爲郊天，蔡傳亦從鄭者也，而據論衡以出郊爲郊野。其論既殊矣。大傳但言成王欲葬周公於成周，因天風雷之怒，葬公於畢，如是而已，乃漢書梅福曰「成王以諸侯禮葬周公，而皇天動威，雷風著災。」儒林傳谷永疏曰「昔周公薨，成王葬以變禮而當天心。」則又不關葬成周之故。論衡感類篇駁之云：「儒者説成王狐疑於周公，欲以天子禮葬公，公人臣也。欲以人臣禮葬公，公有王功。狐疑之間，天雷雨示變以彰聖功。夫周公不以天子禮葬，天爲雷雨以責成王。周公非天子，豈安天子之葬。大人與天地合德，周公不安，天亦不安，何故爲雷雨以責成王？孔子譏管仲之僭禮，天欲周公之侵制，非合德之驗，書家之説未然。」王充駁是。此與世紀言沃丁以天子禮葬伊尹同妄。可知梅、谷所稱，當時尚書家別解，非用大傳，故穀梁僖三十一年傳注及白虎通封公侯章、喪服章、後書周舉傳、張奂傳李賢注引洪範五行傳皆用此説，師古牽合引之耳，惟以開金縢爲公卒後事，故謂小子新迎是迎其喪，國家禮宜之是宜葬天子禮，不亦戾乎？史公雖亦誤爲公卒後事，然止言感風雷以開金縢，並不關於葬，與諸家解又別。故正義於小子新迎數句謂「成王設郊天之禮以迎，我國家先祖配食之禮亦當宜之」，是以成王出郊，支離極矣。應從鄭作公生前事爲確，出郊從論衡爲順，其餘岐頭詭説，俱屬妄傳也。然而金縢一書，先哲多疑其僞，明文衡王廉有金縢非古書辨，錢塘袁太史枚小倉山房集有金縢辨二篇，本於王廉而暢之，其略曰「聖人夭壽不二，武王不豫，天也，豈三王之鬼神需其服事哉！以身代死，古無此法，後世村巫里嫗之見則有之。廣陵王胥曰『死不得取代庸身自逝』，周公豈廣陵之不若乎？二公欲卜，公拒之以爲未可戚我先王，臣與子一也，他人戚先王不可，已戚先王則可，非伯宗之攘善而何？且舍太廟而爲野祭，不祥孰甚焉。公方命卿士勿言，隱諱其跡，而乃登壇作墠以自表揚者何也？治民事神一耳，故曰未能事人，焉能事鬼。元孫既無才藝，不能事鬼神，又安能君天下子萬民乎？贊周公之才美始於論語，造僞書者竊孔子之言作公自稱語，悖矣。湯、武革命，應天順人，武王克商已二年，縱有不諱，與天之降寶命何傷？十亂猶存，八百諸侯尚在，周公不必憂危至此。武王已瘳，公之事已畢，此私禱之册文焚之可也，藏之私室可也，乃納於金縢，預爲日後邀功免罪之計乎？禮祝嘏辭説藏於宗祝，非禮也，是謂幽國，豈周公有所不知而躬蹈之乎？爾、汝者挾長之稱，而圭璧所以將敬也。公呼先王爲爾，不敬。自誇材藝，不謙。終以圭璧要之，不順。許我則以圭璧，不許我則屏圭璧，如握果餌以劫嬰兒，既驕且吝，慢神蔑祖。而三王甘其爾汝之稱，又貪其圭璧之誘，於昭於天者，何其啓納寵侮之甚也。公自以爲功，是并二公不告且不知也。二公尚不知，百辟卿士何以知之？曰公命我勿敢言。百辟卿士既知之，則二公必知之久矣。在百辟卿士或位卑分遠，難以進言，二公爲國元老，知公之精忠靈感至於如此，而乃耳聞流言，目擊去國，相與坐視，寂若吞炭，何其忍也。倘風雷不作，金縢不啓，王竟誚公、誅公，彼二公者律以左儒、杜伯之義，尚何顏坐而論道乎？及至反風禾起，方瞿瞿然命邦人起大木而築之，以愚夫婦所共曉，里胥田畯所不屑爲者，二公以爲功。不扶帝室之懿親而扶田中之偃木，何其不知大體也」！袁丈此辨甚爽。余因攷淮南子精神訓云「通許由之意，金縢、豹韜廢矣。」高誘注「金縢、豹韜，周公太公陰謀圖王之書」，則知非今所傳之金縢明已。

暴風雷雨

王孝廉曰「書作『雷電以風』，故下文云『天乃雨。』今先雜入『雨』字，與下不相應。」

於是成王乃命魯得郊祭文王。魯有天子禮樂者，以褒周公之德也。

附案：此乃好事者妄談，以誣周之賢王，以誤後之學士。禮明堂位、祭統並言之，大傳亦有成王命魯郊以禮周公之語，史仍其誤。續三王世家有云「周公祭天命郊」，陳崇、張竦稱王莽功德有云「周公受郊祀開七百里之宇」，豈足信哉。唐文粹高郢魯議責成王之賜伯禽之受爲非禮，程子因之。王安石又謂「周公有人臣不能爲之功，而成王報以人臣不得用之禮」，悖孰甚焉。魯之僭禮，夫子以爲周公之衰，奈何移於成王、伯禽時乎？桓林已弱尚拒楚武之稱尊，襄鄭尤微能禁晉文之請隧，況成王盛君，伯禽令子耶？然則魯僭始於何時？曰：竹書「平王四十二年，魯惠公使宰讓請郊廟之禮，王使史角如魯論止之」。呂氏春秋當染篇亦云，此一大確證。使成王已賜，惠公何必復請。且成王之賢，萬倍於宜臼，平猶靳之，而成顧昧然賜之哉。斯論發於宋劉敞春秋意林，後儒多從之，而成王、伯禽之誣遂大白於千載矣。史公敍於開金縢後，若郊祭禮樂之命，以金縢故褒之，與所言因有大功而賜者又別，是繆中之繆也。余因疑鄭祖厲王，衛、吳立文王廟，皆作俑於魯之僭祭文王，而諸侯不得祖天子之禮遂廢，歌雍舞佾，將何誅焉。竹書「成王十三年夏六月，魯大禘於周公廟」，乃後人僞竄而誤者，時公未薨。

周公卒

案：文王、孔子之作易，史皆書之，而周公之作爻辭及定禮制謚，何以不書？又公謚文，此亦缺。

及後聞伯禽報政遲，乃歎曰：嗚呼，魯後世其北面事齊矣！

案：報政一事，呂氏春秋長見、韓詩外傳十、淮南齊俗、說苑政理皆載之，而與此不同，事屬僞撰，不足信也。困學紀聞十一引說齋唐氏曰「此後世苟簡之說，非周公之言，遷不能辨其是否，從而筆之於書，使後人務速成之功者藉爲口實，其害豈小哉」！長洲汪氏份增訂四書大全載明黃淳耀十辨，參看更足發明。

作肸誓

附案：「費誓」，說文作「粊」，從米北聲。廣韻作「粊」，從米比聲，蓋古文也。路史國名紀五以「粊」爲誤，非。故鄭注曾子問及周禮雍氏並引作「粊誓」。而徐廣謂一作「鮮」，一作「獮」。索隱曰「大傳見作『鮮誓』，即『肸誓』，古今字異，義亦變也。言於肸地誓衆，行獮田之禮，取鮮獸而祭」。

魯公伯禽卒

案：伯禽不應無謚，當是史失之。又此獨不書伯禽在位之年，何歟？攷漢律歷志伯禽即位四十六年，康王十六年薨。徐廣引皇甫謐亦云「伯禽以成王元年封，四十六年，康王十六年卒」。謐依漢志以成王三十年崩也。然竹書謂成王三十七年崩，禽父薨於康王十九年，疑莫能定矣。竹書薨年有誤。

子考公酋立

附案：索隱引世本作「就」，鄒本作「遒」。漢志「就」「酋」兩載，音相近。左傳文十六年疏，毛本作「耆公」，譌。

煬公築茅闕門

附案：徐廣謂「茅一作『第』，又作『夷』」，恐非也。韓子外儲右上、説苑至公言「楚莊王立茅門之法」，煬公築茅闕門，當亦其類。而集解引世本云「煬公徙魯」，疑是「徙奄」之譌，武王封周公爲魯公不就封，而使伯禽代焉，伯禽居魯在成王時，傳云「命以伯禽」，詩云「俾侯于魯」，蓋成王因其代封重命之。明堂位謂成王封周公，漢律歷、地理志、鄭詩譜謂成王始封伯禽，恐皆非。則初封已都魯，何待煬公始徙。續志謂魯國即奄國，想緣左傳「因商奄之民」一語也。而奄至成王乃滅，安得武王以封周公，蓋成王以奄益封魯耳。周紀集解引鄭云奄國在淮夷之北，左疏云「奄東方之國，近魯」，非魯地。高氏地名攷畧云「奄城在曲阜東二里，」然則煬公之徙，或祇改建宫室，廓開舊制，此茅闕門之所由築歟？

六年卒

附案：漢志謂「煬公二十四年」，又謂「十六年卒，出世家」，妄也。史詮誤據之，言世家脱「十」字，殊謬。

子幽公宰立

索隱曰「世本名圉。」左傳文十六年疏引世家作「圉」，蓋誤以爲世家也。

幽公弟濆殺幽公而自立，是爲魏公。

附案：漢志「濆」、「弗」兩載，師古曰「弗音弗。濆古沸字」。余攷濆乃「費」之譌，左傳文十六年釋文引世家毛本作「費」，而「費」與「弗」又通用，故齊有徒人費，而世家作「弗」也。至索隱引世本作「弗」，乃字之缺脱，若果名弗，則其後惠公安得名弗湦乎？索隱于此引世本作「弗」，于世表引作「弗甚」，又一本作「弗其」，譌之中又譌焉。「魏公」一作「微公」，說在世表。

子厲公擢立

附案：世本名翟，漢志兩載之。

獻公三十二年卒

案：獻公在位五十年，說見世表，漢志作「五十年」，謂出世家也。

子真公濞立

附案：真乃「愼」之誤，說在世表。而愼公之名多異，說在十二侯表。

共和行政

案：此上失書「十五年」。

武公九年春　夏，武公歸而卒，

案：表作「十年」，是也，此作「九年」誤。而漢志妄稱世家作二年，尤誤。春夏二字，國語所無，未知何本？

懿公兄括之子伯御

案：伯御或謂卽括也，說在表。

能道順諸侯者

附案：徐廣順作「訓」，是也，與國語合。

魯懿公弟稱

案：孝公稱或謂懿公之子，說在表。公羊傳昭三十一年述邾婁顏納賊之事，似妄。

而咨於固實

附案：徐廣固作「故」，國語是「故」也。二字本通，如戰國趙策「故不敢入於鄒」，魯仲連傳作「固」。又趙策「國有固籍」。漢書王貢兩龔鮑傳顏注云「諸司亭長掌固之屬」。唐六典「尚書省掌固十四人」，注以爲卽掌故。文選兩都賦序注引漢書亦作「掌固」。

子弗湟立

附案：「湦」誤作「湟」，說見表。

長庶子息

附案：息下缺「姑」字，今本脫之。漢志同脫。魯頌疏、文十六年左傳疏及釋文、穀梁首篇疏並引世家作「息姑」。

公賤妾聲子生子息

案：聲子是繼室，何云賤妾？

息長爲娶於宋，宋女至而好，惠公奪而自妻之。

案：仲子手文，有若天命，不聞衞宣、楚平之事，始自惠公，想因隱亦娶於宋稱子氏，故誤也。索隱曰「經傳不言惠公無道，左氏文亦分明，不知太史公何據而爲此説。譙周深不信然。」

登宋女爲夫人，以允爲太子。

案：當惠公世，仲子未嘗爲夫人，桓亦未嘗爲太子也。杜元凱曰「隱公繼室之子，當嗣世，以禎祥之故，追成父志，爲桓尚少，是以立爲太子。」

八年，與鄭易天子之太山之邑祊及許田。

案：是年鄭歸祊耳，易許田在後四年，説見周紀。

吾請爲君殺子允

案：桓公名多異，已説見表。此處五稱「子允」，疑「子」字羨文。

隱公欲遂立　請爲子殺隱公

案：生而稱謚非也，當衍兩「隱」字。史詮曰當作「今君」。

入厲公

案：「入」上缺「謀」字，蓋屬未入也。

魯莊公與曹沫會齊桓公於柯

案：「與曹沫」三字當衍。

曹沫劫齊桓公

案：劫齊事妄，説在刺客傳。

孟女生子斑。斑長説梁氏女，往觀。圉人犖自牆外與梁氏女戲。

附案：左傳子般與女公子同往梁氏觀習雩祭之禮，犖與女公子戲也，然於情事似不協。余舅氏陳大令樹華春秋經傳攷正曰「左傳『女公子』句疑有脱文，杜云女公子，子般妹，亦屬臆解。史記似近情理，且女公子之稱别無所見。」諸侯之女稱公子則有之矣，見公羊莊元年傳。

莊公有三弟，長曰慶父，次曰叔牙，次曰季友。

案：公羊傳云公子慶父、公子牙、公子友、莊公之母弟也，故齊語韋注云「慶父，莊公之弟」。史依公羊。而杜注左傳云慶父，莊公庶兄，爲叔牙同母兄。季友是莊公母弟。以公羊爲妄。杜注較長，其詳見左傳莊二年疏。毛氏奇齡春秋毛氏傳誤解宗卿，以爲唯季友爲莊公母弟，故爲桓公大宗稱宗卿，妄矣。

生子開

案：閔公名當作「開方」，説見表。

慶父與哀姜私通，欲立哀姜娣子開。

案：此言慶父欲立開，妄也，乃哀姜欲立慶父耳。

季友聞之，自陳與湣公弟申如邾，請魯求內之。

案：季子已於前年歸魯故春秋書「季子來歸」。此云自陳與釐公申如邾，下又云陳送友及申，不但誤以友爲在陳，并誤認釐公亦在陳矣。「請魯求內之」五字當衍，友與申如邾，避慶父也。慶父奔莒，友卽入魯立申，魯無人焉，何請之有，又何求内之有。而申爲湣公庶兄，是以夏父弗忌曰：「新鬼大，故鬼小。」此云湣公弟申，亦誤。

釐公亦莊公少子

案：釐乃閔之兄，恐非少子。

乃使大夫奚斯行哭而往

附案：傳是慶父使奚斯請免死，不許，斯哭而往。此言季友使奚斯哭而往，雖與傳違，理亦得通。

季友母陳女，故亡在陳，陳故佐送季友及子申。

案：友爲莊公母弟，是亦文姜所生，史言母陳女，妄也。「申」上衍「子」字。餘說見前。昭三十二年傳曰「昔成季友，桓之季也，文姜之愛子也。」

齊桓公率釐公討晉亂

案：傳言「令不及魯」，是魯未嘗與伐晉也，說見表。

生子佞

附案：「佞」乃「倭」之譌，說在表。

昭公三年，朝晉。

附案：「三」乃「二」之譌，表在二年。

四年，楚靈王會諸侯於申，昭公稱病不往。

案：傳乃辭以時祭，非稱病也，說見表。

八年，楚靈王就章華臺，召昭公。

案：春秋在七年，此與表並誤書於八年。

十五年，朝晉，晉留之葬晉昭公，魯恥之。二十年，齊景公與晏子狩竟，因入魯問禮。

案：晉留昭公非留使送葬也，左傳無問禮事，並說在表。

臧昭伯之弟會僞讒臧氏，匿季氏，臧昭伯囚季氏人。

案：僞、爲古通。臧氏逐會，執諸季氏中門之外，非囚季氏人也。

子家曰：齊景公無信，

史詮曰「『齊景公』當作『齊君』」。

申豐、汝賈許齊臣高齕、子將粟五千庾。

案：昭二十六年左傳，「高齕」乃「高齮」之誤，「子將」乃「子猶」之誤，而「子猶」上脱「貨」字，故索隱曰「一本『子將』上有『貨』字」。

齊景公使人賜昭公書，自謂「主君」。

案：左傳齊侯使高張唁公稱主君，杜注「比公於大夫」。集解引服注同。此云自謂主君，義亦得通，不必定依服、杜。而以爲「賜昭公書」，不知何出，豈別有所據乎？徐氏測議曰「梁丘據等已入季氏賂，懼昭公復至，齊欲納之，故令景公爲慢書也」。

平子布衣

案：傳作「練冠麻衣」。

六卿爲言曰：晉欲內昭公

史詮曰「『昭』當作『魯』」。

趙簡子問史墨曰：「季氏亡乎？」史墨對曰：「不亡。」

案：傳言簡子問墨，季氏出君而民服，諸侯與之。君死於外，莫之或罪。此云問季氏亡，與傳相反，誤矣。

至於武子、文子（金陵本作「文子武子」。）

附案：史詮曰「湖本武子在文子上，誤也」。

七年，齊伐我，取鄆，以爲魯陽虎邑以從政。

案：春秋傳「春，齊人歸鄆、陽關，陽虎居之以爲政。秋，齊伐魯。」兩事也，此誤。

使仲由毁三桓城

案：三桓自毁之，不關孔子、仲由也，説在孔子世家。

孟氏不肯墮城，伐之，不克而止。

案：此事在孔子去後，史誤書於去前，亦説見孔子世家中。

子將立

附案：人表於魯悼公下注云「出公子」，是哀公亦有出公之稱，以孫於越故也，可補經、史所未及。

七年，吴王夫差彊，伐齊，至繒，徵百牢於魯。季康子使子貢説吴王及太宰嚭，以禮詘之。吴王曰：「我文身，不足責禮。」乃止。

案：會繒在伐齊前，非因伐齊至繒，且是年無伐齊事也。至徵牢之對，出自景伯，而仍與之。康子辭召，出自子貢，而得不往。此誤合兩事爲一，並説見吴世家。又文身豈禮，即是子貢語，史公竄易其言，而移於吴王口中，謬矣。

取三邑

案：「二」字誤「三」，説見表。

十二年，齊伐魯。（金陵本作「十一年」。）

附案：毛本作「十一年」是。

齊歸我侵地

案：歸成耳，非侵地也，説在表。

二十七年春，季康子卒，夏，

案：傳康子卒於夏四月己亥，非春也，當衍「春」字，移「夏」字於上。

哀公如陘氏

案：傳作「有陘氏」，卽有山氏也，此脱「有」字。

公奔于衛，去如鄒，

案：傳言「公孫于邾」，卽鄒也，無奔衛事。

國人迎哀公復歸，卒于有山氏。

案：吳越春秋與此同。左傳疏曰「傳稱國人施罪於有山氏，不得復歸而卒於其家也，遷妄耳」。

子寧立

附案：悼公之名，此與世本俱作「寧」，而漢志「曼」、「寧」兩載，蓋又名曼也。

悼公之時，三桓勝，魯如小侯，卑於三桓之家。

附案：魯卑於三桓，則三桓盛矣，而此後絶不言三桓何也？祇費惠公一見。

十三年，三晉滅智伯。

案：智伯之滅，在悼公十五年，此誤。左傳篇末注言「魯悼公十四年滅知伯」，亦非。説在六國表。

三十七年，悼公卒。

附案：徐廣引別本所紀年數，非。

子顯立

附案：漢志「衍」、「顯」並載，索隱引世本又作「不衍」。

子屯立

附案：漢志「屯」作「毛」，疑譌，猶漢書「屯莫如」之誤「毛莫如」也，見困學紀聞十二。

子匽立

附案：「匽」乃古「偃」字，年表、漢志作「偃」。

子叔立，是爲平公。是時六國皆稱王。

案：漢志及索隱引世本皆作「旅」，疑「叔」字誤。「六國」當云「七國」，七國至愼靚王三年無不稱王者，魯平公立時爲愼靚五年，此語最確，別有說在周紀。

平公十二年，秦惠王卒。

案：秦惠卒於平公六年，此誤。

二十二年，平公卒。

案：下「二」字衍，平在位二十年也，說見表。

文公七年，楚懷王死於秦。

案：事在文公元年，誤作「七年」。

傾公二年，秦拔楚之郢，楚傾王東徙于陳。

案：秦拔郢，楚徙陳，在文公十九年，此書於傾二年誤。「楚傾」下缺「襄」字。

十九年，楚伐我，取徐州。

附案：徐州卽舒州，自來屬齊，其屬魯也蓋在齊湣王之世，故呂氏春秋首時云「齊以東帝困於天下而魯取徐州」，或以史文爲誤，非。又攷是年楚取魯，封魯君於莒，年表書之。

遷於卞邑

附案：「卞邑」是也，各本世家皆譌作「下」，惟毛本作「卞」。餘說在六國表。

魯起周公至傾公，凡三十四世。

附案：史不數伯御一代，故云三十四世。呂氏春秋長見、韓詩外傳十，亦言魯三十四世亡，惟淮南齊俗訓作「三十二世」，則誤也。氾論訓又誤作「三十六世」。

洙、泗之間，齗齗如也。

附案：齗字當依索隱音誾，作相讓解爲得，一本作「斷」，乃以形近而譌。與漢地理志及下文揖讓句皆協。徐廣以争辨釋之，非也。惟其音誾，故字亦通借作「誾」，文選李康運命論云「誾誾洙、泗之上」注引史記正作「誾」。小司馬舉繁欽遂行賦，未足爲徵。

史記志疑卷十九

燕召公世家第四

召公奭與周同姓

附案：穀梁莊三十年傳云「燕，周之分子也」。白虎通王者不臣章「召公文王子」。論衡氣壽篇「召公，周公之兄」。書、詩疏及詩、禮釋文引皇甫謐曰「文王庶子」。書君奭疏及史集解引譙周曰「周之支族」。皇甫之説本于白虎通、論衡，然不可信。孔穎達、陸德明並言左傳富辰數文昭十六國無燕，則召公必非文王子，斥士安爲謬。樂記武王封黄帝之後于薊，陸氏疑姬姓，君奭是其後，非也。燕、薊各一國，其後薊爲燕幷，漢志及水經注十三誤合爲一。蓋既爲周同姓，稱分子也可，稱支族也可。説文皕部引史篇史籀作。召公名醜，恐非。

自陝以西，召公主之；自陝以東，周公主之。

附案：此本公羊隱五年傳文。白虎通封公侯章釋主陝東西云「不分南北何？東方被聖人化日少，西方被聖人化日久，故分東西，使聖人主其難，賢者主其易，乃俱致太平也。」而王應麟詩地理攷曰「朱氏云公羊分陝之説可疑，蓋陝東地廣，陝西只是關中雍州之地，恐不應分得如此不均」。但各本史記多作「陝」。從兩「人」，音甲。或作「陜」字，此從兩「入」。公羊釋文曰「陝，一云當作『郟』，王城郟鄏」。余謂作「郟」爲允。吴氏別雅曰「唐扶碑『分郟之治』，隸釋云「反『陜』爲『郟』」，此用字之異者。」案陜與陝本不相同，隸書夾字多變作「夹」，而「夾」字形與「夾」近，故「陜」亦變從「夹」，且又左右互易，則與「郟鄏」字無別矣。然公羊釋文一作「郟」，古洽反，是「分陜」元有兩傳，或碑本所用正爲「郟鄏」之「郟」，如陸氏後説，則非反「陜」爲「郟」，而用字不爲異矣。集韻于「陜」字注云「地名，周召所分治。」

周公攝政，當國踐祚，召公疑之，作君奭。君奭不説周公。

案：踐祚之妄，已辨在魯世家中。而召公之不説周公，本于書序，列子楊朱篇、漢書孫寶傳、後書申屠剛傳皆有之，然此語頗費解。夫以召公之賢，歷三朝，與周公從事老矣，尚復何嫌何疑，而猶有異同之見耶？且金縢明言周公告二公，何以云不説哉！此王莽居攝之所以附會爲周公稱王，召公不説也。集解引馬融、書疏引鄭、王皆云「周公既攝王政，不宜復列臣職，故不説。」似未的。孔穎達譏史記爲妄，亦非。

召公巡行鄉邑，有棠樹，決獄政事其下，

案：樹下決獄之説，史公必有所本，故漢書王吉諫昌邑亦云「召公述職，當民事時，舍于棠下而聽斷焉。」嗣後如説苑、貴德篇。風俗通見首卷。以及鄭箋並同。然竊疑樹下非聽訟之所，周初盛規，不應簡陋如是，楊升菴嘗譏之。而韓詩外傳一謂召公不欲勞民營居，出就蒸庶，廬于樹下，聽斷于隴畝之間，」尤覺矯情難信。吕祖謙讀詩記引劉氏曰「召伯憩息此棠樹之下，説者謂召公不重煩勞百姓，止舍棠下，是爲墨子之道也」。黄氏日抄曰「帡隱謂召伯行省風俗，偶憩棠下，非必受民訟，亦非有意于不擾，晦菴、雪山、華谷並合」。余因攷白虎通巡狩章引甘棠詩云「召公述職，親説舍于野樹之下」，易林暌之第三十八云「召伯避暑」，皆無聽訟之説，史公妄耳。風俗通謂「召公不舍鄉亭」，尤非。

召公卒

案：召公謚康，此失書。索隱謂其後召虎爲康公，誤。

惠侯卒，子釐侯立。

案：燕諸君之名皆莫考，謚亦多同，其稱侯稱公頗不足憑，均説在表中矣。而别有可疑者，世家惠侯至襄公以子繼父，桓公至文公，中間惟載懿公卒，子惠公立，其餘俱不著何君之子。乃集解徐廣引古史攷曰「世本自宣侯已下不説其屬，以其難明故也」。索隱引譙周曰「世本謂自宣侯已上父子相傳，桓侯已下並不言屬，以其難明故也」。兩人所引世本雖異，然衹隔一代，未甚懸殊。而史記出于世本，吾不知世家所載桓侯爲宣侯子，莊公爲桓侯子，襄公爲莊公子，以及惠公爲懿公子，奚所據耶？竊意遷史元本自惠侯至文公俱無「子」字，凡言「子」者必後人妄增之。索隱云懿公之父是文公，亦臆説。今得兩確證，漢書人表所紀列國之君皆依史記，或云某之子，或云某之弟，縱有參錯，大概無異。獨燕之諸君以世計數，迨文公而後始注云某公子，某王子，顯是史無「子」字之驗，不然何以特書世而不書子乎？又索隱于上文「九世至惠侯」句注云自惠侯已下不言屬，更是史無「子」字之驗，不然何以不曰桓侯已下而曰惠侯乎？蓋燕史先失，所傳者漏略譌謬，史公并不信世本，故但紀其世，慎之也。後人見世本宣侯已上有屬，遂增入世家，而復不檢對，連及桓、莊、襄、惠四世矣。又表言惠侯在位三十八年，此缺。毛本桓侯襄公上無「子」字。

是歲，周宣王初卽位。

案：宣王不與燕釐同元年，其卽位在前一年。

子鄭侯立

案：「鄭」字疑誤，說在表。

子桓侯立

案：世本言桓侯徙臨易，何以不書？

子莊公立

附案：亢倉子訓道篇有燕莊侯他，豈莊名他歟？然亢倉僞書，恐不足據。

十六年，與宋、衛共伐周惠王，惠王出奔溫，立惠王弟頽爲周王。十七年，鄭執燕仲父而内惠王于周。

案：此所書兩年之事當削去，已說在表中。蓋伐周是南燕，與召公之燕無涉。且衛與南燕伐周，與宋亦無涉。而奔溫者子頽也，惠王不奔溫。鄭、虢納王在燕莊十八年，非十七年。誤之中又誤焉。

桓公立

附案：世本無桓公，說見表。

武公立，是歲晉滅三郤大夫。

案：晉滅三郤在前年，當燕昭公十三年，非武立之歲也。

子惠公立。惠公元年，齊高止來奔。六年，惠公多寵姬，公欲去諸大夫而立寵姬宋，大夫共誅姬宋，惠公懼，奔齊。四年，齊高偃如晉，請共伐燕，入其君。晉平公許，與齊伐燕，入惠公。惠公至燕而死。

案：「子」字誤增，說見前。「惠公」當作「簡公」。三「姬」字必「臣」之誤，卽年表所稱「幸臣」，而所以誤「姬」者，因左傳有「燕人歸齊姬」事也。不然，寵姬何可爲大夫，立寵姬又何必去諸大夫。且妾之稱姬，非當時語，不但與左傳乖違，亦與年表相背。孔平仲談苑亦云「遷誤以寵人作寵姬」。蓋簡公欲立之寵人多矣，而宋爲居首，索隱云「宋其名，或作『宗』。」故共誅之。然左傳並無主名，不知史公何據？小司馬引劉氏云「其父兄爲執政，故諸大夫共滅之」。乃誤認姬字而曲爲之說。又攷齊侯如晉請伐燕，是九年事。齊受燕賂，不克入其君，是十年事。齊高偃納燕伯，是十五年事。而此以爲四年，殊謬。上文已書六年，何得于後倒書四年，其譌無疑。餘已辨在年表中。

共公五年卒，平公立。晉公室卑，六卿始彊大。

杭氏疏證曰：「左傳晉昭公卒，六卿強，晉室卑弱，是年爲燕共公之三年。」

簡公立。簡公十二年卒。

案：「簡公」當作「惠公」，「十二年」當作「十五年」，說見表。

獻公立。晉趙鞅圍范、中行於朝歌。

案：紀年無獻公，與史異，說見表。圍朝歌在前二歲，此書于獻公立年，誤。

孝公立

附案：人表「孝」作「考」，說在表中。此下索隱所引紀年多誤，不盡可憑，當分別取之。

伐齊敗於林營（金陵本作「伐敗齊于林營」。）

附案：「敗」字誤倒，當作「伐敗齊于林營」，索隱本作「敗齊于林營」也，當一句讀。湖本以「伐齊」爲句，非。林營，說在表。

文公立

案：人表以文公爲桓公子。

子燕噲立

案：孟子作「子噲」。又噲不應無謚，說見表。

與楚、三晉攻秦

案：六國攻秦，此仍燕策，失書齊，說在秦紀。

鹿毛壽

附案：徐廣曰「一作『厝毛』。甘陵縣本名厝」。索隱曰「春秋後語亦作『厝毛壽』，又韓子作『潘壽』」。通鑑注「劉伯莊曰鹿毛壽，人姓名。又曰『潘壽』，春秋後語作『唐毛壽』」。疑「唐」字誤。徐廣一作『厝毛』。如徐一作之說，當作『厝』，音秦昔翻，清河有厝縣」。路史國名紀七曰「甘陵故厝也，有厝氏，燕有厝壽」。

人之謂堯賢者，以其讓天下於許由，許由不受，

案：堯讓許由之妄，説在伯夷傳。

或曰：禹薦益，已而以啟人爲吏。及老，而以啟人爲不足任乎天下，傳之於益。已而啟與交黨攻益，奪之。天下謂禹名傳天下於益，已而實令啟自取之。

案：索隱以「禹薦益已」爲句，且云「以『已』配『益』，則『益已』是伯益，而經、傳無其文，未知所由。」盧學士曰「索隱解非，當以『已而以啟人爲吏』爲句，下兩『已而』文法一例。若以『益已』爲名，則『攻益奪之』又何單稱益也」。余攷國策無「已」字，韓子外儲説右下篇有潘壽對燕王一節，與世家同，史公本于韓子，元不以「已」配「益」，故湖本以禹薦益作一句，凌稚隆又明著之曰「凡『已而』俱屬下爲句」，正以糾索隱之謬耳。野客叢書云「此甚背經旨，考其説出于汲冢書」。通鑑注云「事與師春紀太甲殺伊尹相類。古書雜記固多也」。史公未見汲書，不得以證所出。楚辭天問云「啟代益作后，卒然離蠥」，王逸注與本文不合。漢書律歷志云「張壽王言化益爲天子代禹」，則此説不僅見于汲書，而國策、韓子、楚辭、漢志亦非雜記，王、胡二君殊未深考。晉書束晳傳稱竹書之異云「益干啟位殺之」，今本竹書無其事。胡應麟三墳補逸據杜預左傳後序，論竹書不及啟、益，以爲晉史之譌。但史通引竹書云「益爲后啟所誅」。見疑古、雜説等篇。而今竹書又明云「夏啟二年，費侯伯益出就國。六年，伯益薨」。真疑莫能定矣。總之此事之妄，同于舜放堯平陽，太甲殺伊尹，文丁殺季歷，必戰國時橫議者所造而

勸入之，劉知幾作史通反信以爲實，豈不可怪。

諸將謂齊湣王曰

案：史誤書齊宣王、湣王之年，故伐燕一事，紛紜莫定。荀子、史記以爲湣，孟子以爲宣。從荀與史者古史及宋輔廣孟子問答、鮑彪國策注、陳善捫蝨新話也。從孟子者通鑑、大事記、吴師道國策校注、金履祥孟子集註考證及經史問答也。國策于燕則宣王，于齊則湣王，閻氏孟子生卒年月考則欲移燕噲五年至九年事于齊宣八年後十二年前，以合孟子，即朱子于孟子序説既並存之，而于四書或問又以爲湣王。言人人殊，余謂當從宣王時爲信。國策兩岐，其詞必有一誤，荀子惟王霸篇有齊湣敗燕之語，孤文難徵。史記錯謬甚多，如上文言燕噲立，齊宣王用蘇代。噲三年，代爲齊使于燕。此本燕策，原與孟子合，安得以爲伐燕是湣王。乃史誤減宣十年以益湣，故兹述諸將之言亦襲國策而獨改宣爲湣，豈非欲遷易以湊其説歟？今據燕策攷之，此云「諸將」，策作「儲子」，與孟子儲子爲齊相合。策有令章子將兵伐燕一篇，與孟子與匡章游合。蓋孟子未嘗事湣王，其仕齊去齊皆在宣王之世，而齊之伐燕當周赧王元年，爲齊宣二十九年，乃孟子致臣而歸之歲也。黄氏日抄卷三又謂「宣王伐燕，指前此十城之役，」是大不然。汪氏增訂四書大全及經史問答俱謂孟子所述確是滅燕之役，若所取僅十城，安得云「五旬舉萬乘之國」，安得云「取燕」，云「倍地」，又安得云「置君而去」，不可通也。

因搆難數月

史詮曰「國策『因』作『國』」。

孟軻謂齊王曰：「今伐燕，此文、武之時，不可失也。」

案：斯語本燕策而誤，困學紀聞引朱文公曰「或問勸齊伐燕有諸？史記蓋傳聞此説之誤，國策吴注曰『此當時所謂孟子勸齊伐燕者也。』使無孟子之書，則人將此言之信乎」？推此，則凡後世之誣罔聖賢而無徵者可知。

子之亡

案：表云「君噲及太子相子之皆死」，紀年云「齊師殺子之，醢其身」，則此言子之亡，是史仍國策之誤。

二年，而燕人共立太子平，是爲燕昭王。

案：平與昭王是二人，此亦誤仍國策來，説在表。

郭隗曰

鮑彪國策注曰：「郭隗臣役之對，天下之格言，市馬之喻，萬世之美談，史公獨何爲削之？亦異於孔氏删修之法矣。」

劇辛自趙往

案：樂毅諸人往燕，史本國策。然有可疑者，如劇辛自趙來，其年當非幼少。乃至後燕王喜十三年，將兵伐趙，爲趙將龐煖所殺，計去昭王卽位時已七十年，恐未必如是之壽，則其來似不在此時。

齊城之不下者，獨唯聊、莒、卽墨，

附案：索隱云「餘篇及戰國策並無『聊』字」。攷史樂毅、田單傳及齊、燕策並無「聊」也。惟燕策又有「三城未下」之語，史或因此增加以實之，蓋牵合燕將守聊城不下事而與莒、即墨亂也。潛夫論救邊篇言「田單圍聊、莒不拔」，亦誤仍策、史合爲一事。然後書李通傳論注引史此文無「聊」字，豈所見本異歟？注引史云「下齊七十餘城，其不下者，唯獨莒、即墨」，與今本異。

齊悉復得其故城

附案：李通傳注引作「悉復所亡城」。

湣王死於莒，乃立其子爲襄王。

案：湣王爲淖齒所殺，襄王立于莒，乃前五年事，此敍于田單復齊後，誤也。

惠王七年卒

索隱曰「趙系家惠文王二十八年，燕相成安君公孫操弑其王，樂資以爲即惠王。徐廣案年表，是年燕武成王元年，武成即惠王子，則惠王爲成安君弑明矣。此不言者，燕遠，諱不告，或太史公之説疎也」。

韓、魏、楚共伐燕

案：「楚」當爲「齊」，説在表。

拔中陽

案：此「中人」之誤也，亦説在表。

十三年，秦敗趙於長平四十餘萬。

附案：毛本作「十二年」，是。

子今王喜立

案：「今王」仍舊史之文，説在始皇紀。索隱云「有作『金』者，非也」。

破卿秦樂乘於代

案：燕策云「趙使樂乘以五萬遇慶秦于代」，則樂乘趙將也，故下文云趙悼襄王使樂乘代廉頗，此與樂毅傳同誤，當以「樂乘」置「破卿秦」上。

秦滅東西周

案：「西」字衍，説在周紀。

秦置太原郡

案：事在燕喜八年，此書于七年，誤。

秦王政初卽位

附案：「政」當作「正」，説在秦紀。

燕使劇辛將擊趙

案：事在十三年，此誤書于十二年也。

十九年，秦拔趙之鄴九城。

案：此失書闕與、橑陽，說在始皇紀。

使荆軻

案：此二十八年事，誤前一年。

於姬姓獨後亡

案：姬姓之國，衞最後絶。燕先滅矣，何云後亡？

管蔡世家第五

其長子曰伯邑考，次曰武王發，次曰管叔鮮，次曰周公旦，次曰蔡叔度，次曰曹叔振鐸，次曰成叔武，次曰霍叔處，次曰康叔封，次曰冉季載。

附案：十人之次，除伯邑考、武王發，其餘八人，各處所說次第既殊，卽人名亦異。左僖二十四年富辰以管、蔡、郕、霍、魯、衞、聃、曹爲序，詩思齊疏引皇甫謐以管、蔡、郕、霍、魯、曹、衞、聃爲序。孔仲達謂「史記世家其次不必如此，而不知謐何據別于馬遷。富辰言曹在衞、聃下，不以長幼爲次，則其弟無明文以正之。」此仲達詩疏所論是也，經史問答主其說而申辨之，曰「富辰之言，似是錯舉，非有先後。如謂實有先後，則畢公在十亂之中，毛叔亦奉牧野明水之役，而均少于康叔、聃季，萬不可信。況如富辰之序，是管、蔡、郕、霍皆周公兄，臯鼬之盟，魯、衞均在，但聞蔡争長于衞，何以不聞争長于魯？

是又了然者」。全氏之辨與孔疏相發，乃孔于左定四年疏又謂「富辰以長幼爲次，馬遷多辟謬，」豈非矛盾。攷淮南子泰族云「周公誅管叔、蔡叔，未可謂弟」，又云「周公殺兄」，齊俗云「周公放兄」，蓋從富辰之言。賈逵、杜預並依富辰，故以蔡叔爲周公兄。楚語韋注亦云「管、蔡，周公兄」，仲達遂據以爲說，不自知其牴牾耳。而淮南氾論又云「周公有殺弟之累」，齊俗云「周公誅弟」。後書樊儵傳同。褚少孫補三王世家公户滿意曰「周公輔成王，誅其兩弟」。趙岐注孟子以周公爲管叔兄。白虎通姓名章引詩傳以周公行在第三，管叔行在第四。列女傳以管叔居周公下，而以霍叔居成叔上。書金縢僞孔傳云周公攝政，其弟管叔及蔡叔、霍叔。高誘注呂子察微、開春篇言管叔周公弟，蔡叔周公兄。而注淮南氾論又言管叔周公兄，蔡叔周公弟。余謂諸說不同，猶杜預以曹叔與周公異母，而數五叔有毛叔也。王肅以毛爲文王庶子。然孟子、淮南、韓詩外傳八俱以管叔爲周公兄，趙岐注與孟子本文不合，故朱子更之。則從史似較合，而以蔡、郕、霍先周公，以霍叔先成叔，皆不足憑矣。至若白虎通、列女傳及四八目以成叔名處，霍叔名武，並誤，猶杜氏誤以毛叔名耼也。「冉」當作「冄」，與「耼」同，經、史相承譌從冉，故老耼亦譌「聃」。白虎通作「南季載」，音同通借。

故文王舍伯邑考而以發爲太子

案：徐氏測議曰「伯邑考爲紂所殺，未必文王有意廢立。武王爲次弟，其序亦及也」。方氏史注補正曰「紂烹伯邑考雖不見經、傳，見世紀。但其後無封，必早死無後。檀弓文王舍伯邑考而立武王，乃子服伯子附會之言，不足據也」。余謂史公于下文云「伯邑考其後不知所封」，蓋微弱久滅失傳耳，不得臆斷其無後不封。而殷道太子死立弟，說在殷紀。文王當殷時行殷禮，故伯邑考死，其子雖在，舍之而立武王。檀弓言「舍伯邑考」者，省文也。左傳「潘尫之黨，申鮮虞之傅摯，」亦省去「子」字。史謂文王有意廢立，似誤會檀弓之文。方氏以爲子服附會，亦非。

於是封叔鮮於管，封叔度于蔡，二人相紂子武庚祿父。

案：言三監不及霍叔，而類敍封霍于曹、成之下，疎矣。

康叔封、冄季載皆少，未得封。

案：武王似已封康叔于衞，說在周紀。牧野之役，康叔布兹，不可言少矣。

殺管叔

案：管叔非殺也，說在周紀。

從而分殷餘民爲二：其一封微子啟於宋，以續殷祀；其一封康叔爲衞君。（金陵本「從」字上屬爲句。）

案：武王已封微子，康叔非滅武庚後始封，並說見殷、周二紀。蓋殷畿內千里，紂之時去亳而都朝歌，武王以殷舊都封微子，與武庚偕封而異域，各不相涉。別割紂都內之鄭以封武庚，孔晁注周書作洛云「封以鄭祭成湯」是已。又分其餘地爲衞、邶、鄘三國，衞必別有名，說在周紀。迨武庚滅而以所謂衞者益封康叔，更增封檜、虢等國於濟、洛、河、潁之間，釋文曰「王云武王封檜」。鄘、邶如故。羅泌以邶、鄘爲商後。其後衞并鄘、邶，而鄭桓公東徙遂滅虢、檜居之。虢、檜必成王所封，在滅武庚後，先儒謂武王封檜，恐非。康成詩邶鄘衛譜云「成王既黜殷命，伐三監，更于此建諸侯，衛爲之長。」孔疏云「不以地盡封康叔，故更建諸侯」，此語最精，史言但分爲宋、衛二國，非是。王伯厚疑周書中旄父爲邶、鄘之一，見困學紀聞二，恐非，當是更建諸侯之一耳。「啟」當諱「開」。

周公聞之，而舉胡以爲魯卿士，魯國治。

附案：左傳曰「周公舉之以爲己卿士」，杜注「爲周公臣」。晚出尚書云「周公以爲卿士」，此言仕魯，孔穎達、司馬貞俱糾史之謬，但爲周公臣卽是仕魯，史似不誤，錢宮詹史記攷異辨之矣。

餘五叔皆就國，無爲天子吏者。索隱本「國」作「封」。

案：此因左傳五叔無官之語而誤者也。左傳是泛說，不專指管、蔡叛後，故杜注五叔以管、蔡、成、霍、毛當之，杜以毛爲同母弟。史直書于復封蔡仲之後，則不得有五叔矣，於情事未合。

子蔡伯荒立。蔡伯荒卒，子宮侯立。

案：蔡爲侯爵，何以荒稱伯？又謚無「宮」，並說在世表。

武侯卒

案：武侯在位二十六年，此缺。

秦始得封爲列侯（金陵本作「秦始得列爲諸侯」。）

附案：「封」字當作「列」，而「列」字當作「諸」，湖本誤也。

子宣侯措父立

案：當作「考父」，說見表。

哀侯留九歲，死於楚，凡立二十年卒。

案：楚世家言「文王虜哀侯，已而釋之」，則哀侯不死于楚也，與此異詞，莫知孰是。

伐蔡，蔡潰，遂虜繆侯。

案：此在繆侯十九年，而書于十八年，與表同誤。又春秋三傳無虜繆侯事，恐妄。

子景侯同立（金陵本作「景侯固」。）

附案：景侯名固，各本譌刻。

二十九年

案：「四」誤作「二」，景侯在位四十九年也。

陳司徒招弒其君哀公

案：招弒悼太子，非弒君也，此誤。

誘蔡靈侯於申，伏甲飲之，醉而殺之。

案：非醉而殺之也，說在表。

平王乃求蔡景侯少子廬立之，是爲平侯。

案：平侯爲景侯曾孫，其父爲隱太子，說在年表。又攷漢志於汝南新蔡縣注云「平侯徙此」，雖不見經、傳，當必有據，史不書，疎已。集解引宋忠謂「蔡仲徙新蔡，平侯徙下蔡，」誤甚。蔡本都于上蔡，平侯徙新蔡，至昭侯遷州來，乃下蔡也。

靈侯般之孫東國攻平侯子而自立，是爲悼侯。

案：平侯子者蔡侯朱也，朱卽位一年奔楚，不當從略但云「平侯子」，且東國未嘗攻而殺之，俱說在表。

悼侯父曰隱太子友者，靈侯之太子，平侯立而殺隱太子，故平侯卒而隱太子之子東國攻平侯子而代立，是爲悼侯。悼侯三年卒。

案：殺隱太子者楚靈王也，立平侯者楚平王也。平侯爲東國兄，是亦隱太子之子，何得妄加平侯以殺父之大逆乎？平侯之太子朱出奔楚，實緣楚費無極取貨東國之故，亦不得言東國攻兄自立。蓋史公誤以平侯爲景侯子，遂別生異端，造爲世代相攻之事，而不知經、傳所載甚明，豈可誣哉！悼侯止二年無三年，說在表中。隱太子之名，左氏、公羊春秋皆作「有」，史從穀梁、世本作「友」。二字音同形近，必非二名，疑有一譌，抑豈古人通借，如曹世子首之爲「手」歟？

弟昭侯甲立（金陵本作「昭侯申」。）

案：昭侯之名，或作「申」，或作「甲」，皆與其祖同名，說在表。

朝楚昭王，持美裘二，獻其一於昭王而自衣其一。楚相子常欲之，不與。子常讒蔡侯，留之楚三年。蔡侯知之，乃獻其裘於子常。

附案：定三年左傳「蔡侯爲兩佩兩裘」，此及表皆言裘而佩自在其中，猶傳言「獻佩于子常」而裘卽在其中也。左氏言佩，公、穀言袠，亦互見之。

蔡侯私於周萇弘以求長於衞，衞使史鰌言康叔之功德，

案：召陵之會，將長蔡于衞，衞侯使祝佗私于萇弘。此言蔡侯私弘求長，非。祝佗亦誤作「史鰌」，蓋以二人俱字魚而誤。

十六年，楚令尹爲其民泣以謀蔡。

案：表書于十七年，説見表。

二十六年，孔子如蔡。楚昭王伐蔡，蔡恐，告急於吳。吳爲蔡遠，約遷以自近，易以相救。昭湖本譌「招」。侯私許，不與大夫計。吳人來救蔡，因遷蔡於州來。

案：昭王伐蔡在二十五年，孔子如蔡在二十七年，蔡遷在二十六年。然攷哀元二兩年經、傳及注，楚圍蔡，蔡聽命。楚彊于江、汝之間而還。楚既還，蔡更叛，請遷于吳，中悔。吳因聘蔡納師，蔡侯告大夫，殺公子駟以説于吳，言不時遷駟之爲，遂遷州來。然則非蔡告急于吳也，非吳欲遷蔡也，非蔡侯私許不與大夫計也，非吳興師來救也。

乃令賊利殺昭侯

案：哀四年傳，殺昭侯者公孫翩也，孔子世家書之，此「利」字誤。索隱以利爲賊名，妄。

後陳滅三十三年

案：當作「三十一年」。

伯邑考其後，不知所封。　管叔鮮作亂，誅死無後。

附案：伯邑考之後失傳，或謂早死無後，恐非，說已見上。而廣韻云「管姓，管叔之後」。通志于管氏云「管叔鮮子孫以國爲氏」，亦未可信。

成叔武，其後世無所見。

案：春秋隱五年，衞師入郕。十年，齊人鄭人入郕。莊八年，師及齊師圍郕，郕降于齊師。文十二年，郕伯來奔。皆有傳，此則後世之略可見者，特不知名謚年世耳。

冄季載，其後世無所見。

案：春秋隱九年，天王使南季來聘，文十四年左傳有聃啟，是其後世之可見者。

管、蔡作亂，無足載者。然周武王崩，成王少，天下既疑，賴同母之弟成叔、冄季之屬十人爲輔拂，

案：管、蔡有本作「管叔」，非。但十人中，武王安得在輔拂之列。伯邑考早死，叔鮮、叔度、叔處或黜或廢，止五人耳，安得仍稱十人。攷古編曰「此十人者，卽大誥之民獻十夫耶？」

曹叔世家（金陵本無此四字。）

附案：索隱本作「曹叔振鐸世家」，諸世家無書名之例，「振鐸」二字自不應有。但史於列傳凡附見者不別題篇，而此獨別出題，非史公本文，蓋小司馬增入也。然管既無世，何以名家，自當以蔡、曹標名，乃史公反附曹于管、蔡，不亦乖乎！（索隱謂管是曹兄，故顯管略曹，非也。）小司馬補史曰「曹亦姬姓文

昭，春秋時頗稱彊國，其後數十代，豈可附管、蔡亡國之末而没其篇第，自合析爲一篇」。史詮曰「史公謂管叔亂無足載者，何以稱世家哉？當更曰『蔡曹世家，』斯得其實矣」。

子太伯脾立（金陵本作「脾」。）

附案：「脾」字譌寫作「脾」。

子仲君平立。仲君平卒，子宫伯侯立。

案：平何以稱仲君，而謚亦無「宫」，俱説見世表。

子惠伯兕立

案：惠伯名多不同，説見表。

惠伯卒，子石甫立，其弟武殺之代立，是爲繆公。

案：繆公已下改稱公，不可曉，説在表中。其弟者，石甫之弟也，曹詩譜疏引史「石」作「碩」。

子桓公終生立

附案：「生」字作「湦」，説在周紀。

四十六年，宋華父督弑其君殤公。

案：事在四十七年。

子莊公夕姑

附案：索隱云「夕音亦。即射姑也」。攷釋文云或作「亦」，人表作「亦姑」，而春秋及史表並作「射姑」。曹詩譜疏引世家同。此作「夕」者，必「夜」字之譌脱，猶功臣表深澤侯趙將夜，漢表譌作「夕」也。古射、夜多通借，春秋文六年經「狐射姑」，穀梁作「夜姑」。左昭二十五年「申夜姑」，釋文或作「射」也。

莊公卒，子釐公夷立。

案：春秋有「曹羈曹赤」之文，疑莫能明，説在表。

子宣公彊立

案：三傳春秋及漢書人表宣公名廬，即年表亦作「盧」，表從左傳作「盧」，古廬與盧通，説在蔡表。不聞名彊也。況宣公之先有幽伯彊，何容宣又名彊，其誤審矣。檀弓作「桓公」，鄭注謚宣，言「桓」聲之誤也。釋文依注音桓爲宣，非。

宣公十七年卒，弟成公負芻立。

案：此與人表並以成爲宣弟，而左成十三年注以負芻爲宣公庶子，杜注是。

成公三年，晉厲公伐曹，

案：「三」當作「二」。

子武公勝立

案：「勝」字誤，説在表。

子平公頃立

附案：平公名須，此譌「頃」。

九年，悼公朝于宋，宋因之；曹立其弟野，是爲聲公。悼公死於宋，歸葬。聲公五年，平公弟通弑聲公代立，是爲隱公。隱公四年，聲公弟露弑隱公代立，是爲靖公。

案：此所説春秋皆無其事，不知史公何據，已辨在表。

子伯陽立

案：史誤以「伯」爲名，説見表。

伯陽三年，國人有夢，六年，曹野人公孫彊，

案：此事不定在三年、六年也，亦説在表。

旦求之曹，無此人，夢者戒其子，

附案：湖本誤以「夢者」爲句。

無羅曹禍（金陵本作「無離曹禍」。）

附案：索隱本作「離，」注云「離卽羅也」。史詮曰「湖本『離』作『羅』」。

乃乘軒者

附案：史詮曰「乃，一本作『及』」。

陳杞世家第六

昔舜爲庶人時

案：以舜爲庶人非，説在五帝紀。

姓嬀氏

案：帝舜姓姚，至周封胡公乃賜姓爲嬀，史謂胡公之前已姓嬀，不但乖舛無徵，且與下文言「及胡公，周賜之姓」相違反，孔仲達、見詩陳風及左隱八、昭八疏。鄭漁仲見通志氏族略皆辨其誤矣。王莽傳載莽言「虞帝之先受姓曰姚，其在陶唐曰嬀，在周曰陳，」尤屬妄説，豈緣史誤而增飾之歟？

至于周武王克殷紂，乃復求舜後，得嬀滿，封之於陳，

案：襄二十五傳子産曰「虞閼父爲周陶正，以服事我先王，我先王庸以元女大姬配胡公而封諸陳，」則非求而得之矣。胡公是閼父之子，唐書世系表謂武王以元女妻遏父生胡公，妄也。又大戴禮少間篇謂「禹受命乃遷邑姚姓于陳」，下文索隱引宋忠謂「湯封虞遂于陳」，然則胡公其續封歟？恐未可信。

弟相公皋羊立

案：「相」或作「柏」，説見表。

幽公十二年，周厲王奔於彘。

案：事在十三年。

子釐公孝立

案：釐之曾祖爲孝公，而名孝何也？

釐公六年，周宣王卽位。

案：「六」當作「五」。

子夷公説立。是歲，周幽王卽位。

案：夷公立于幽王二年，此誤。

弟平公燮立

附案：詩陳風譜疏引世家名「彘」，與今本異，豈平公有二名，後人因見年表作「燮」，遂改之歟？

文公元年，取蔡女，生子佗。

案：文不取于蔡，佗母未聞，説見後。

衞殺其君州吁

案：州吁弑君之賊也，而書曰「其君」，背于春秋書名之義矣。

三十八年正月甲戌己丑，陳桓公鮑卒。桓公病而亂作，國人分散，故再赴。

案：此史公仍桓五年左傳文，其實非也。既改「陳侯鮑」爲「桓公鮑」，則「陳」字宜刪。索隱本無「陳」

字，是。杜注云「甲戌前年十二月二十一日，己丑此年正月六日，赴雖日異，而皆以正月起文，故但書正月」。孔疏云「赴者，並言正月，故兩書其日而共言正月。設令兩以月赴，則當于四年云『十二月甲戌陳侯鮑卒，五年正月己丑陳侯鮑卒。』」但赴者共言正月之説，臆解難通。而再赴亦斷無是理，陳果再赴，夫子卽應審定其實，決不傳疑以惑後世。況國值變亂之際，更奚暇競遣使赴告。公、穀又謂『狂而出，故以二日包之。』夫君雖病狂，爲臣子者寧有任聽出走，至昧其死日乎？蓋甲戌己丑之間，魯舊史有闕文，如夏五之類，夫子因而不革，愼之也」。先儒亦有言是闕文者，然俱以爲筆削後之脱簡，似未合。而杜據長歷所推月日，亦不能無誤。大事表中朔閏表敍云桓四年冬當有閏十二月，甲戌實是正月二十一日，而己丑則二月七日。經書正月甲戌不誤，第甲戌之下有闕文，己丑之上併脱「二月」兩字耳。傳不知而誤以爲再赴，杜不知而誤以今年之日屬之前年，由失不置閏故也。

桓公弟佗其母蔡女，故蔡人爲佗殺五父及桓公太子免而立佗，是爲厲公。厲公取蔡女，蔡女與蔡人亂，厲公數如蔡淫。七年，厲公所殺桓公太子免之三弟，長曰躍，中曰林，少曰杵臼，共令蔡人誘厲公以好女，與蔡人共殺厲公而立躍，是爲利公。利公者，桓公子也。利公立，五月卒，立中弟林，是爲莊公。

案：年表云「陳文公生桓公鮑、厲公他。他母蔡女。桓公三十八年卒，弟他殺太子免代立。厲公他七年，公淫蔡，蔡殺公」。田完世家云「陳完者，陳厲公佗之子也。厲公者，陳文公少子也，其母蔡女。文公卒，厲公兄鮑立，是爲桓公。桓公與佗異母。及桓公病，蔡人爲佗殺桓公鮑及太子免而立佗，爲厲公。厲公既立，取蔡女。蔡女淫于蔡人，數歸，厲公亦數如蔡。桓公之少子林怨厲公殺其父與兄，乃令蔡人誘厲公而殺之。林自立，是爲莊公」。凡此皆史之大誤也。攷春秋經、傳厲公名躍，桓公之子。桓公取蔡女生厲公，故厲公母爲蔡女。若他乃文公子，他與佗同。桓公弟，卽五父也。他因桓公疾，殺太子免代立。而厲公蔡出，蔡人因殺佗立厲公。厲公在位七年卒，弟莊公林立。莊公卒，弟宣公杵臼立。佗簒立踰年無謚，不成爲君，絶之焉耳。乃史以厲公爲文公子，則與公羊桓十二年傳注以厲公爲佗子何異？誤一。人表以厲公爲桓公弟，亦仍史誤。以陳佗爲厲公，誤二。以厲公母蔡女爲佗之母，誤三。分佗與五父爲兩人，誤四。佗自殺免，於蔡何涉，謂蔡人爲佗殺之，誤五。佗但殺免，不殺桓公，謂佗殺桓公鮑，誤六。蔡人殺佗卽在桓卒之明年，謂佗立七年見殺，誤七。取蔡女者桓公，左傳言「厲公蔡出」可據。莊二十二。謂厲公佗取蔡女，猶上文稱文公取蔡女，誤八。陳佗淫蔡，公、穀二家之説，而傅會其事，謂厲公淫蔡遂誘以好女而殺之，誤九。蔡自殺佗，於太子免之三弟亦復無干，謂三弟共令蔡誘殺佗，誤十。此言三弟以林爲中子，而田完世家言「少子林」，不及躍與杵臼，誤十一。年表、田完世家皆無利公，而此別出利公躍，妄分厲公躍爲兩人，誤十二。左傳疏曰「世本無利公」。陳佗踰年死，厲公躍七年卒，今既以佗爲厲公在位七年，便稱利公躍立五月而卒，誤十三。索隱及毛詩、陳風譜。左傳桓十二。疏雖俱糾其謬，然不甚詳核，余故綜而辨之。古利、厲通用，論語「利其器」，漢書梅福傳作「厲其器」。左傳文七年「利兵」，亦卽「厲兵」也。

厲公二年生子敬仲完

案：完未定生于是年，説在表。

宣公後有嬖姬生子款，欲立之，乃殺其太子禦寇。

案：傳無嬖款之事，豈别有所據乎？

齊懿仲

案：左傳作「懿氏」，杜注「陳夫人」。此云「仲」誤，云「齊」尤誤，當作「懿氏」，而改「齊」字爲「初」字方合，蓋此追書前事也。

靈公太子午奔晉，徵舒自立爲陳侯。

古史曰「太子未嘗奔晉，徵舒未嘗爲君，蓋楚入陳，然後陳侯奔晉耳。」時陳侯在晉，非奔晉也。經史問答曰「史記夏氏弑君自立，成公以太子奔晉，楚人迎而立之，而不見于左傳，是史之誣也。夏氏未嘗自立，成公已豫辰陵之盟，何嘗以太子出奔乎？使夏氏自立，則辰陵之盟孔子豈肯書爲『陳侯』，可不辨而明已」。

二十八年，楚莊王卒。

疏證曰：「年表陳成公八年，楚莊王薨，此衍『二十』兩字。」

三十四年

案：「四」當作「五」。

初，哀公娶鄭，長姬生悼太子師，少姬生偃。

索隱曰「昭八年經『陳侯之弟招殺陳世子偃師。』左傳『哀公元妃鄭姬生悼太子偃師』此云兩姬，又分偃師爲二人，恐非。」

哀公怒，欲誅招，招發兵圍守哀公，哀公自經殺。

案：哀公之謚因招殺太子憂恚自殺，恐無圍守之事。

楚靈王聞陳亂，乃殺陳使者，

附案：使者爲干徵師，索隱謂卽司徒招，謬甚。

使弃疾爲陳公

案：左傳爲陳公者穿封戌也，棄疾爲蔡公，此誤。

太子之子名吴，出奔晉。

案：吴恐無奔晉之事，傳曰楚公子棄疾奉孫吴圍陳，則未嘗奔晉矣。

乃求故陳悼太子師之子吴，立爲陳侯。

案：吴非行遯，不必言求。「師」上當補「偃」字。

七年，陳火。

附案：「七」乃「十」之誤。

懷公元年，吴破楚，在郢，召陳侯。陳侯欲往，大夫曰：「吴新得意，楚王雖亡，與陳有故，不可倍。」懷公乃以疾謝吴。四年，吴復召懷公，懷公恐，如吴。吴怒其前不往，留之，因卒吴。

案：「懷公元年」四字衍。大夫數語，與逢滑之對不合。以疾謝吴與以晉辭亦不合。哀元年傳云「吴之入楚也，杜注「在定四年。」召陳懷公，因逢滑之言，以晉辭吴」。則安得有如吴被留而死之事。且魯定四年爲陳惠公二十八年，又安得書于懷公四年乎？年表謂「如吴留死」同誤。而此誤尤甚，蓋復召之説，鑿空無據。而惠公卒于定四年二月，吴入楚是十一月，召懷公在入楚後，當十二月，懷雖嗣位，尚未踰年改元，則以吴之初召爲懷元年，妄矣。吴止一召陳侯，陳侯未嘗往吴，兩言而決。

陳乃立懷公之子越，是爲湣公。

附案：索隱云「左傳湣公名周，是史官記不同也」。而左傳無湣公名周之文，孟子有之，小司馬誤。孟子曰「主司城貞子爲陳侯周臣」，趙岐注「陳侯周，陳懷公子」。蓋湣公名越又名周也。或以「周臣」二字連讀，非。

湣公六年，孔子適陳。

案：「六年」當作「七年」，説在表。

吴王夫差伐陳，取三邑而去。

案：史詮謂「吴」上當有「八年」二字，是也。但攷哀元年春秋經、傳及年表皆不言取三邑，疑此與孔子世家同誤。

時孔子在陳

案：此謂滑公十三年也。攷孔子至陳凡經五年，共二次。始則在定十五年，當陳滑七年。至哀二年而去。當滑九年。繼卽在哀二年，至四年而去。當滑十一。孔子世家甚明。金氏前編、薛氏甲子會記謂孔子三至陳者，俱謬。而其謬亦有自來，陳世家言滑公六年孔子適陳，當定十四。十三年孔子在陳當哀六。亦猶年表及衞世家謂衞出公八年當哀十。孔子自陳入衞也，而不知均屬誤書。定公十四年孔子在衞，尚未適陳，哀公六年孔子自楚返衞，久已去陳，哀公十年孔子猶居衞，安得如年表陳衞世家之説。索隱未究其誤，妄疑孔子在陳何以有八年之久。前編亦未究其誤，反據陳世家以駁孔子世家，皆非也。

十六年，吳王夫差伐齊，敗之艾陵，使人召陳侯。陳侯恐，如吳。

案：艾陵之戰在陳滑十八年，非十六年也，是時陳已服吳，何煩再召，蓋又因吳召懷公事而誤。

二十四年，楚惠王復國，以兵北伐，殺陳滑公，遂滅陳而有之。是歲，孔子卒。

案：楚惠復國及孔子之卒皆在滑公二十三年，此誤。

周武王克殷紂，求禹之後，得東樓公，封之於杞。

案：杞乃湯封之，非周武王始封也。下文言武王封杞並非，説在夏紀。

東樓公生西樓公，西樓公生題公，題公生謀娶公。

附案：陳氏測議謂「東樓、西樓或所居地名，題、謀娶或名字，」當是也。人表題公東樓子，無西樓公，蓋誤脱耳。集解徐廣曰「謀一作『謨』，」而索隱本云「注一作『謀』音牒」，未知孰是。索隱以東樓公爲謚號，非。

謀娶公當周厲王時。謀娶公生武公。武公立四十七年卒。

案：周有天下至厲王流彘二百八十餘年，而杞以四世當之，必無此理。春秋僖二十三年書「杞成公卒」，逆而推之，武公卒于魯桓八年，立于平王二十一年。自厲王流彘後至平王二十年，尚有三十四年，則杞之四君必每君在位百餘年方能相及，其可信乎！是知杞之代系必有脱誤也。竹書于厲王二十四年書「杞武公薨」。

子德公立

案：集解、索隱引世本及譙周並作「惠公」，則「德公」非也。

德公十八年卒，弟桓公姑容立。

案：注引世本曰「惠公生成公桓公。成公立十八年」。攷春秋僖二十三年書「杞子卒」，左氏以爲成公，則推而上之至僖五年春秋書「杞伯姬來朝其子」，適合十八年，是成公者伯姬之子，而娶伯姬者惠公也。索隱誤，故攷之。世家既誤脱成公一代，而又以桓爲德公弟，並謚號亦不同，故知世家于小國尤多疏舛。

桓公十七年卒

案：春秋經、傳成公以僖二十三年卒，是桓公以僖二十四年即位，至襄六年桓公卒，則桓公在位七十年，孔疏謂七十一年，蓋自成公卒年數之耳。此作「十七」，仍世本之誤。自古諸侯享國之久，未有如杞桓公者也。

弟文公益姑立

案：文公父名姑容，子何以名益姑，豈杞即于夷，如楚君名熊之比乎？

弟平公鬱立

附案：春秋左、穀作「郁釐」，昭二十四。史從公羊作「鬱」，索隱曰「一作『郁釐』」，譙周云名鬱來，蓋「鬱」「郁」音近「釐」「來」字通」。索隱本引譙周作「郁來」。而「釐」「來」爲聲之餘，如「樂祁」爲「樂祁犂」之類。見左昭二十七。

隱公弟遂

附案：春秋哀八年僖公名過，孔疏引世家同，則「遂」字是今本之譌。人表以僖公爲隱公子，世族譜以僖公爲悼公曾孫，竝誤。隱公不見於春秋。

湣公十五年，楚惠王滅陳。

案：春秋楚惠王十一年滅陳，當陳湣公二十四年，魯哀公十七年，乃杞湣公之九年也，此作「十五年」，誤。

是爲哀公

附案：索隱引譙周云謚懿。

湣公子敕立（金陵本作「敕」，索隱本出史文亦是「敕」字。）

附案：徐廣云「一作『速』」。疑此公名遬也。

杞後陳亡三十四年

案：杞滅于楚惠王四十四年，陳滅于楚惠十一年，故云杞後陳亡三十四年。但陳滅之歲爲杞湣九年，此言湣公十六年，哀公十年，出公十二年，簡公一年滅，自湣十年至滅凡三十載，則杞君之年必有誤。或謂簡公在位四年，非一年也。

杞小微，其事不足稱述。

案：杞雖微小，其事略不著，然春秋經、傳所書遷都及討伐盟會之事頗可紀録，何云不足稱述乎？王氏士禎分甘餘話卷四言「張杞園貞居杞城，作杞紀十八卷，體大思精」。然非爲杞而作，乃安邱縣之志乘耳。

皋陶之後，或封英、六。

附案：索隱謂「本或作『蓼六』」，非也。英卽春秋僖十七年所稱英氏，路史云「六分爲英」是已。此世家索隱及夏本紀、黥布傳正義言英後改蓼，謬甚，已辨在十二侯表，其詳見後。

伯夷之後，至周武王復封於齊。

附案：史公作齊世家四岳爲其祖，而此與鄭世家以齊爲伯夷後，則是齊有二祖矣。然史仍國語來，周語富辰曰齊、許、申、吕由太姜。太子晉云胙四岳國命爲侯伯，賜姓曰姜，氏曰有吕。申、吕雖衰，齊、許猶在。鄭語史伯曰姜，伯夷之後，伯夷能禮于神以佐堯者。一以爲四岳，一以爲伯夷，不應出一人手，而錯互至此。閻氏尚書疏證四云「言四岳者是，觀太公望稱呂尚，子丁公稱呂伋，系出四岳明甚。韋昭注伯夷四岳之族，詎便爲一人。且伯夷典舜三禮，未聞佐堯，已明與書悖，他尚足信哉」！余謂帝咨四岳，僉舉伯夷，自非一人，而齊並稱爲祖者，以同爲炎帝之後，猶秦、趙同祖之比，不得硬斷其誤。況四岳乃官名，人得爲之，安知作秩宗之伯夷，不又爲四岳之官。譙周云伯夷掌四岳，齊世家索隱引。必非無據。路史後紀以伯夷生太岳，非。而其爲秩宗也，似舜仍其舊職命之，未是改官，觀稷、契諸人非新命可見，何得斥佐堯爲悖乎？呂刑曰「伯夷降典折民惟刑」，又曰「伯夷播刑之迪」，是伯夷嘗爲刑官。大戴禮誥志引虞史伯夷之語，則又嘗爲史官，復何疑其爲四岳乎？

伯翳之後，周平王時封爲秦。

案：史公稱秦燒書獨秦記不滅，故其據以紀秦者元無所誤。秦紀稱秦之先顓頊裔孫女修生大業，大業生大費，是爲伯翳，其言甚晰。女修乃高陽之裔女，而適少昊之後大業之父，大業父不著。伯翳卽伯益，爲大業子，故秦風疏曰「伯翳、伯益，聲轉字異，猶一人也」。漢地理志注曰「柏益一號伯翳」，蓋翳、益聲相近。後書蔡邕傳注曰「伯翳卽伯益也」。而謂之大費者，益封于費，竹書「費侯伯益出就國」是已。詩疏以大費爲名，路史云世更以爲字，皆非。乃史公于此言伯翳後爲秦，下文復言益後不知所封，析爲二人，明屬譌謬，而劉秀卽歆。校山海經表仍其說，以益與伯翳爲二，羅泌遂以益爲帝高陽之第二子隤敳，伯翳爲少昊之後皋陶子，豈不悖哉！伯益之爲伯翳，亦如皋陶之爲咎繇，今以皋陶與咎繇爲二人可乎？又易井卦釋文引世本伯益作「化益」，亦見呂子求人、漢書律歷志。今更以伯益化益爲二人可乎？漢書百官表益作「𦬇，」字類作「𣡕」。今又可爲別一人乎？秦紀所謂大費輔禹平水土，即尚書「暨益奏庶鮮食」者也，所謂調馴鳥獸，即書「益作朕虞」，孟子「益焚山澤」者也，豈異人任歟？且虞廷果別有功績奇偉之伯翳，則駕熊虎而參禹益，奚獨滅没焉不見于經，斯可知其妄矣。然則羅泌何以斷益之爲隤敳？曰：此泌信酈道元之過也。水經洛水注載晉永平惠帝年號。元年九山百蟲將軍顯靈碑云「將軍姓伊氏，諱益，字隤敳，帝高陽之第二子伯益也」。鑿空附會，無異齊東野語，詎得依之。然則泌何以斷伯翳爲臯陶之子？曰：此又泌信劉向、鄭康成諸人之過也。詩秦風疏引列女傳云「臯子生五歲而佐禹」，曹大家注「臯子，臯陶之子伯益」。史正義引作「陶子」，困學紀聞六引作「睪子」，與「臯」同。李邕爲李思訓碑云「睪子贊禹，廿生相秦」。秦詩譜云「伯翳實臯陶之子」。潛夫論志氏姓、高誘呂氏春秋當染注、陸德明、孔穎達、邢昺書、詩、左傳論語釋文、義疏、唐書宗室、宰相世系表、鄭樵通志略均以臯、益爲父子。夫虞朝五臣並列夏代，臯、益同官，寧有父子之分。又夏紀云「臯陶卒，封其後于英、六，而后舉益授之政」。使益果臯子，則臯陶之後即益也，胡爲封其後于英、六而復舉益耶？又墨子尚賢篇云「禹舉益于陰方之中」。使益是臯子，尚煩待舉陰方乎？又竹書載伯益薨在夏啟六年，則伯益最壽。路史謂「年過二百」，洵如斯言，益初佐禹之時年已百餘，而列女傳以爲五歲，迂誕極矣。然則臯、益之父爲誰？曰臯、益同族而異支，臯之父微不著，後書馮衍傳言「臯陶釣雷澤，賴舜而後親，」則其式微可知。路史後紀注引季代歷云「少昊四世孫」，四世亦妄。伯益之父但傳大業而已，其輩行世次俱不可審，而孔穎達、張守節以大業爲臯陶，生伯益，路史以大業爲臯陶父，唐表或以大業爲臯祖，或以大業爲臯陶曾祖，何錯戾若是，史公固無是言也。然則臯、益宜何祖？曰：祖少昊氏。國語史伯告鄭桓公云「嬴，伯翳之後。」韋注「伯翳舜虞官，少皞之後伯益。」路史發揮云伯翳嬴姓之祖，書傳嬴姓出少昊，其源甚著。史公亦並無臯、益祖顓頊之語，自漢地理志言柏益出顓頊，而孔穎達、邢昺及唐表從之，唐表并以顓頊爲嬴姓，尤謬。索隱、路史遂深譏秦、趙祖母族，非生人之義。夫秦、趙何曾以母族爲祖哉，世儒誣之耳。而皇甫謐之謬尤甚路史，嘗論之曰班固之徒以女修爲男子而系之高陽後，至世紀直以高陽生大業，以大業妻女華爲大業之子，而別出女華之妻名扶始生臯陶，臯陶生伯益。唐書取而用之，宗室表。此春秋元命苞之説，不足實也。唐表宰相裴氏世系云「顓頊裔孫大業生女華，女華生大費，大費生臯陶，臯陶生伯益，」所説又別，其妄尤甚。然則秦于臯、益宜何祖？曰：祖伯益。舜賜伯益嬴姓，不賜臯陶。秦爲嬴姓始自伯益，故以伯益爲首。五句用詩疏。臯陶乃偃姓，當爲英、六諸國之祖。秦與臯陶無涉。詩疏引中侯苗興云臯陶之苗爲秦。通志略云秦起于臯陶。俱非也。然則左傳楚滅六、蓼，何以臧文仲有臯陶、庭堅不祀之歎？曰：六爲臯陶後，偃姓；蓼爲庭堅後，姬姓。臯陶出少昊，庭堅出高陽，羅泌父子言之頗詳，惟以英、六爲嬴姓非。自世儒妄以臯、益出顓頊，而漢書人表載高陽之才子八愷，直以臯陶易庭堅，于是異辭紛出。潛夫論志氏姓云高陽氏之八愷，後嗣有臯陶。蓼、六、英皆臯陶後。易林需之大畜云「龍降庭堅，爲陶叔後」。高誘淮南氾論注謂蓼爲偃姓侯國，臯陶之後。與夏紀以許爲臯陶後同妄。康成注論語以庭堅爲臯陶號。見左文十八疏。杜注左傳依楚世家以六、蓼皆臯陶後，以庭堅爲臯字，杜本班固。唐表用之。魏書高允傳以英、蓼爲臯陶後。俱非也。蓋庭堅若卽臯陶，文仲不應連言之，而唐、虞之時，人以名稱，未必有字，卽或有字，亦無緣皋陶之字獨傳。陸粲左傳附注以庭堅爲皋陶子若孫，謂蓼、六二國皆皋陶後，庭堅以支子別封，此說亦非。水經決水注以蓼爲皋陶封邑，沘水注以六爲禹封其少子，陸說本之。明傅遜左傳注解辨誤曰「庭堅旣皋陶子若孫，則在堯、舜後矣，八凱中何得有庭堅？庭堅爲八凱之一，必非皋陶，亦非其後」。傅氏之辨是，杜注八元、八愷，以禹、益、皋陶、稷、契之倫妄相配合，本不足信。文仲並舉二國之祖，豈可合兩異姓爲一人。而所云「不祀忽諸」者，傷楚薦食上國，先聖之祀遂廢，若成、季、宣、孟忠勳無後之意，非謂其後盡絶也。羅泌謂左氏之妄志。不然，皋陶之後猶有舒蓼、宣八年始滅，在文公五年滅六、蓼後。路史注云皋陶後舒蓼偃姓，與蓼旣自二國，而舒又自一國，黄帝之後任姓。杜預誤分舒、蓼爲二國，孔疏以爲蓼滅復封，俱謬。舒已滅于僖三年矣。舒庸、成十七年滅。舒鳩，襄二十五年滅。奈何遽歎其不祀？若依庭堅卽皋陶，皋陶爲益父之説，則秦方盛于西，徐延于東，趙基于晉，更不當言不祀。余因史記而類辨之如此。

垂、益、夔、龍，其後不知所封，不見也。

案：左傳后夔之子伯封爲羿所滅，夔是以不祀，則固有封國矣。蓋夔與垂、龍皆以名爲國，其後垂地屬于衛，春秋隱八年「遇于垂」是也。夔地屬楚，熊摯所封，僖二十六年滅者是也。龍地屬魯，成二年「齊圍龍」是也。「益」字當衍。

右十一人者

案：當作「十人」。

故弗采著於傳上

附案：考證張氏曰「『上』當是『云』字之譌」。

其後越王句踐興

案：句踐非禹後，說在越世家。

史記志疑卷二十

衛康叔世家第七

欲攻成周

案：史誤以鎬京爲成周，辨見魯世家。索隱曲說，不足據。

殺武庚禄父、管叔，

案：管叔非殺也，説在周紀。

封康叔爲衛君

案：康叔之封，説在周紀。而李商隱爲懷州李中丞謝上表云「蘇公舊田，懷侯故邑」。寰宇記謂周封康叔爲懷侯，豈康叔初封爲懷，後乃改衛歟？路史國名紀五謂封康叔爲懷侯，卽爲衛。

周公旦懼康叔齒少，乃申告康叔，

案：告康叔疑非周公，説在周紀。

酒之失，婦人是用。

滹南集辨惑曰：「酒誥之文，曷嘗有用婦人語。」

爲梓材

案：梓材不定是告康叔，説在周紀。

子康伯代立

案：康伯已下六代稱伯，説在世表。又此失書康伯名。

子考伯立。考伯卒，

附案：世表、人表作「孝伯」，詩疏引史亦作「孝」，則今本譌爲「考伯」也。而陳仁錫本反謂「孝」爲誤，殊非。

子庢伯立

附案：「庢」乃「疌」字之譌，世表作「疌」，類篇又作「㨗」。索隱引世本作「摯」，恐非。人表及衛詩譜疏引史作「建」，誤。

子貞伯立

案：世本作「箕伯」，説在世表。

頃侯立，十三年卒，

案：頃侯之年疑有誤，説在世表。

太子共伯餘立爲君。共伯弟和有寵於釐侯，多與之賂，和以其賂賂士，以襲攻共伯於墓上，共伯入釐侯羡自殺。

案：淇奧詩疏曰「詩美武公之德，武公殺兄篡國，得爲美者，美其逆取順守，德流於民，齊桓、晉文篡弒而立，終建大功，亦皆類也。」此仲達過信史記，妄爲之説。前編載王柏謂「武公功罪，不以老少相掩」，仍孔疏之謬耳。索隱辨之曰「和殺恭伯代立，此説蓋非也。季札美康叔、武公之德。又國語稱武公年九十五，猶箴誡於國，恭恪於朝，倚几有誦，各本史記云「作抑自儆」。至於没身，謂之叡聖。又詩著衛世子恭伯早卒，不云被殺。若武公殺兄而立，豈可以爲訓而形之國史乎？太史公採雜説爲此記」。讀詩記曰「武公在位五十五年，國語稱武公年九十有五，猶箴儆於國，計其初即位其齒蓋已四十餘矣。使果弒共伯而篡立，則共伯見弒之時，其齒又加長於武公，安得謂之早死。髦者子事父母之飾，諸侯既小斂則脱之。史記釐侯已葬，共伯自殺，是時共伯既脱髦矣，玉藻曰「親没不髦」。詩安得猶謂之『髧彼兩髦』，是共伯未嘗有見弒之事，武公未嘗有篡弒之惡也」。黄氏日抄引華谷説以兩髦指共姜，恐未然。古史曰「詩序言共伯早死，初無篡奪之文。且武公賢者，衛人謂『睿聖武公』，奪嫡之事，未可」遽以誣之。」學史曰「淇奧之風，抑之雅，武公之德粹矣，季札觀樂又盛稱其德，其没謂之『睿聖武公』。而史乃有殺兄代立之説，何其不類也！遷所聞誤矣」。先儒糾駁精核，故稽古録、古史、皇王大紀皆削而不録，但云「釐侯卒，世子共伯早死，立其弟和」而已。余謂武公固無弒奪之事，而共伯並非釐公之子，武公之兄。何以明之？柏舟二章雖爲鄘詩之首，然次於新臺、乘舟之下，牆茨之上，則必衛宣公時事。若釐公卒於周宣王十五年，在春秋前九十年，詩不應失次如是。意者共伯爲宣公太子伋乎？伋不敢違命見殺，故謚曰共，猶晉申生之爲共世子也。宣公奪伋之妻爲之別娶，而所娶者能守義自誓，可謂不負所天矣。親没不髦，伋死於宣公見存之時，故曰「髡彼兩髦」。未爲君而見殺，不得其終，故曰蚤死。

周平王命武公爲公

案：東遷以後，諸侯於其國皆稱公，從未有天子命諸侯爲公者，武公蓋入爲王卿士耳。

子莊公揚立

附案：表作「楊」，詩譜疏引世家亦作「楊」，而今本作「揚」，古通。

莊公五年，取齊女爲夫人，好而無子。又娶陳女爲夫人，

詩燕燕疏曰「禮，諸侯不再娶，且莊姜仍在。左傳惟言又娶於陳，媵也。不言爲夫人，世家非也」。取齊女何以在五年，亦未確。

而生子完

附案：名完而謚桓，古不諱嫌名也，然亦僅見。

完母死，莊公令夫人齊女子之，立爲太子。

案：詩疏云「左傳唯言戴嬀生桓公，莊姜以爲己子，不言其死，云完母死，非也」。余攷小序、毛傳並言燕燕之詩，莊姜送歸妾戴嬀所作，在州吁殺桓公後，則史公之誤審矣。又隱三年左傳杜注雖爲莊姜子，然太子之位未定。孔疏曰「石碏言將立州吁，乃定之矣。請定州吁，明太子之位未定，衛世家言立完爲太子非也。」

十八年，州吁長，好兵，莊公使將。石碏諫莊公曰：「庶子好兵，使將，亂自此起。」

案：傳但言莊公弗禁其好兵耳，而史遂有「使將」之說，並以石碏之諫爲諫使將，似誣也。又書於十八年，亦非，説見表。

桓公二年，弟州吁驕奢，桓公絀之，州吁出犇。十三年，鄭伯弟段攻其兄，不勝，亡，而州吁求與之友。十六年，州吁收聚衞亡人以襲殺桓公。

案：傳無出奔、反襲之事，已説在表。州吁友段，亦不知何據？

爲鄭伯弟段欲伐鄭

案：伐鄭修怨也，爲叔段乎哉？繹史亦云史誤。

石碏乃因桓公母家於陳，詳爲善州吁。至鄭郊，石碏與陳侯共謀，使右宰醜進食，因殺州吁於濮。

案：隱四年傳，州吁如陳，石碏使告於陳而執之，使右宰醜涖殺州吁，非陳桓公至鄭，碏與共謀殺之也，而又何進食之有？

而迎桓公弟晉於邢而立之，

案：以晉爲桓弟未的。而詩疏引世家及人表，又皆以宣公爲桓公子，尤誤。

十年，晉曲沃莊伯弑其君哀侯。

案：「莊伯」當作「武公」，莊伯已死八年矣。

宣公愛夫人夷姜，夷姜生子伋，以爲太子，

附案：桓十六年傳云「宣公烝於夷姜」，杜注「夷姜，宣公之庶母。」孔疏謂「世家宣公愛夫人夷姜，烝淫而謂之夫人，馬遷謬耳」。明季詡戒菴漫筆曰「容齋五筆云宣公以魯隱四年十二月立，至桓公十二年十二月卒，凡十有九年。姑以即位之始，便成烝亂，而伋即以次年生，勢須十五歲然後娶，既娶而奪之，又生壽、朔，朔已能同母譖兄，壽又能代爲使者越境，非十歲以下兒所能辦也。然則十九年之間，如何消破，此最難曉」。德清陳霆駁之云「衛莊公以平王三十六年卒，是年子桓公立，越十三年而入春秋，再四年而蹈州吁之難，是年十二月國人殺州吁迎公子晉入立，是爲宣公。宣乃莊衆子，莊之卒距宣公之立凡十七年，其烝夷姜當在桓公嗣位之後，而非其即位之初爲始也。意者，莊公甫卒，宣公即上行無禮，而桓公以逼於州吁之故，慮其合而搆也，故不加禁焉。迨宣公入立，則伋之生既勝冠矣，夷姜亦已當小君之禮，專寵宮闈。既而新懽間舊，幼子加長，嫌疑讒隙，日積月生。始則以夷姜之愛而爲伋娶，終則以宣姜之故而置伋死，此其前後恩怨之反，而伋母子戕隕之由也。壽、朔之生在宣公即位一二年之後無疑，蓋新臺之築，苟宣公未立則亦未能所事如志也。然則宣公末年，壽、朔當踰男子化生之期矣，譖兄越境，奚爲不能哉？洪氏曾不致推宣公於爲公子之時，而徒以烝母奪婦與前後生子皆併於十九年之內，宜其攷論之不可通矣」。是説勝容齋。而大事表又有夷姜辨，云「左傳衛宣公烝於夷姜生急子，予嘗核其年，而知左氏之誣也。據閔二年傳『惠公之即位也少』，杜注謂『蓋年十五六』，宣公之在位止十九年，而朔尚有其兄壽，則奪伋妻之事計當在即位之元、二兩年，伋年可娶亦必當十五六。而宣公之兄桓公，凡十六年而爲州吁所弑，則烝夷姜當在桓公卽位之初年矣。凡先君之妾媵，嗣君當嚴閉深宮，無有他公子得瀆亂宮掖者。而宣公爲公子時又出居邢，遠寄他國，無由得近。借令有之，亦當闕不令宣，何乃顯然屬諸右公子，猖狂無忌如此。且夷姜何人？當卽莊姜之姪娣也，而右公子卽宣公之兄弟。莊姜嚴正，惡州吁之好兵，豈反不惡宣公之淫亂。而石碏老成謀國，手定州吁之難，創深痛鉅，豈有迎穢迹彰聞之公子而奉以爲君，此萬萬必無之理。竊意夷姜是未卽位時所娶之適夫人，後因寵衰見廢，横加之罪，左氏因而甚之耳。史記俱不及烝淫事，曰夫人，曰太子，此可徵者也。案新序節士篇「伋前母子也」，亦一證。宣公奪子婦以致大亂，無足深道，獨惜伋兄弟争死，而其母蒙不韙之名，不得不爲之辨」。鄭箋匏有苦葉云「刺夷姜」，而取證於「雉鳴求其牡」一語，竟似襄夫人之欲通公子鮑矣。罪狀輾轉增加，夷姜有知，得毋叫寃於地下乎，經史問答云「毛西河力主史記，然此事但可爲疑案也。」

生子壽、子朔

案：此以子壽子朔爲名，故下文一稱子壽，兩稱子朔，但傳於壽稱壽子，而無子朔之稱，亦有小異。

伋稱急子，已說見表。

宣公正夫人與朔共讒惡太子伋

案：此卽所納伋之妻也，而云正夫人，誤已。

乃使太子伋於齊，而令盜遮界上殺之。

案：殺伋一事，未定在宣公十八年，説見表。

與太子白旄

案：左傳作「旌」，疏云「旌有志識。世家『白旄』或以白旄爲旌，但馬遷演此文而爲之説，其辭至鄙，不可言鄙。未必其言可信也。」

太子可毋行

案：傳謂「壽告伋使行」，杜注「行，去也」。此云「可毋行」，是止其使齊矣，似不合。

盜并殺太子伋

附案：新序節士篇謂「壽母及朔使人與伋乘舟，將沉而殺之。壽因與同舟，不得殺。」又謂「伋見壽之死，載屍還境而自殺。」愈演愈殊，與經、史俱乖，其可信乎？

齊襄公率諸侯奉王命共伐衞，納衞惠公。

案：春秋諸侯之納惠公逆王命也，乃云「奉王命」，舛矣。

惠公立三年出亡

案：「三年」乃「四年」之誤。

周惠王犇温

案：王不奔温，説見表。

二十九年，鄭復納惠王。

疏證曰「左傳及年表應是二十七年」。

子懿公赤立

附案：論衡儒增篇懿公亦謚哀公，可補經、史所未及。

大臣言曰：「君好鶴，鶴可令擊翟。」於是遂入，殺懿公。（金陵本重「翟」字。）

案：閔二年左傳，使鶴之誚，國人言之，非大臣也。「擊翟」句下，一本重「翟」字是。

齊桓公以衞數亂，乃率諸侯伐翟，爲衞築楚丘，立戴公弟燬爲衞君，是爲文公。

案：左傳及年表，城楚邱在衞文二年，故春秋書於僖二年，此在衞文初立之年，誤。齊亦無伐翟事。韓子外儲説右、賈誼新書審微並云文公名辟彊，周行人郤之，乃更名⿰火焉。世家當兼載初名，不容略。韓作「燬」，賈作「⿰火焉」，此處集解及漢書文紀注引賈仍作「燬」。嘉定錢大昭曰「新書『⿰火焉』字，『焜』之譌也，詩『王室如燬』，説文引作『焜』，後書列女傳注引韓詩亦作『焜』，與『燬』同。」

初，翟殺懿公也，衞人憐之，思復立宣公前死太子伋之後，

案：憐懿公，則宜思立懿之後，何以思立伋後？況上文云「懿公之立，百姓大臣皆不服」，自懿公父惠公朔之讒殺太子伋代立至於懿公，常欲敗之，卒滅惠公之後，則衞人之不憐懿公也明甚，此語必誤。

太子伋同母弟二人，其一曰黔牟，其二曰昭伯，

案：杜注左傳，黔牟羣公子。昭伯，惠公庶兄。而史以爲伋同母弟，豈別有據乎？疑誤。

十六年，晉公子重耳過，無禮。

案：重耳過衛在十八年，説在表。

晉欲假道於衛救宋

案：僖二十八年傳，假道伐曹，非爲救宋也，此誤。

晉更從河南度，救宋。徵師於衛，衛大夫欲許，成公不肯。大夫元咺攻成公，成公出犇。（金陵本作「從南河度」，此誤倒。）

案：傳云「晉侯、齊侯盟於斂盂，衛侯請盟，晉人弗許。衛侯欲與楚，國人不欲，故出其君以説於晉。衛侯居於襄牛」。則晉無救宋徵師之事，衛亦無元咺攻公之事。

晉文公重耳伐衛，分其地予宋，討前過無禮及不救宋患也。

案：傳乃是討其前過無禮及不肯假道，非爲不救宋也。

衛成公遂出犇陳

案：春秋是年四月衛侯出奔楚，六月衛侯鄭自楚復歸於衛。左氏曰「衛侯聞楚師敗，懼，出奔楚，遂適陳。晉人復衛侯」。此缺不具。

二歲，如周求入，與晉文公會。

案：前二年爲與元咺訟殺叔武事，晉執衛侯歸於京師，非如周求入也，非與晉會也。史不言叔武、元咺事，亦疏。

晉使人鴆衞成公，成公私於周主鴆，令薄，

案：左氏言甯俞貨醫，使薄其酖，非成公私之。且是醫衍，何以言周？評林謂一本「周」作「晉」是。

已而周爲請晉文公，卒入之衞。

案：傳云「公爲之請納玉於王與晉侯，王許之，乃釋衞侯」，此直言周爲請晉，亦疏。

衞君瑕出犇

索隱曰：「是元咺所立者，成公入而殺之，故僖三十年經云『衞殺其大夫元咺及公子瑕』。此言『奔』，非也。」

三十五年，成公卒。

案：成公遷於帝丘，在六年，爲魯僖三十一年。徙都大事，何以不書？

十一年，孫良夫救魯伐齊，

案：成二年經、傳，衞爲齊所敗，如晉乞師伐齊，非爲救魯也。

獻公十三年，公令師曹教宮妾鼓琴，妾不善，曹笞之。妾以幸惡曹於公，公亦笞曹三百。

案：笞妾事未必在十三年，說見表。

二子怒，如宿。

案：「二子」當作「文子」，宿乃孫文子邑，甯惠子不聞偕去也。「戚」之作「宿」，見吴世家。

齊置衛獻公於聚邑

案：襄十四年傳以郲寄衛侯，此訛「郲」爲「聚」。

孫文子、甯惠子共立定公弟秋爲衛君，是爲殤公。

案：殤公非定公弟，其名秋謚殤亦疑，並說在表。

殤公秋立，封孫文子林父於宿。

案：宿爲孫氏邑舊矣，奚待殤公始封之，妄也。

甯喜與孫林父爭寵相惡，殤公使甯喜攻孫林父。林父犇晉，復求入故衛獻公。獻公在齊，齊景公聞之，與衛獻公如晉求入。晉爲伐衛，誘與盟。衛殤公會晉平公，平公執殤公與甯喜而復入衛獻公。

案：襄二十六年傳，甯喜欲復獻公故伐孫氏弑殤公，孫林父以戚如晉。此言甯、孫爭寵，殤公使喜攻林父因而奔晉求入獻公者，誤也。獻公初奔齊居郲，後晉納於夷儀，緣甯喜等納之，從夷儀入國。而獻公之入與殤公之弑，皆在二月。獻公既入侵戚，晉爲林父戍戚。獻公殺晉戍三百人。故六月晉會諸侯討衛，執獻公及喜，齊景公如晉請之。此誤以景公如晉爲求入獻公，又誤以獻公被執爲殤公事。是時殤公已弑五月矣，尚安得與平公會而執之乎？此與表言齊、晉殺殤公復入獻公同誤。而世家之誤尤甚，故古史曰史記言獻公入與殤公之死，最爲疏謬。其說不根，今以左氏爲正。

過宿，孫林父爲擊磬，曰：「不樂，音大悲，使衛亂乃此矣。」

案：吴世家載季札過衛事，依左傳。此所載矛盾，不祇一以爲鐘，一以爲磬之異也。故滹南集辨惑云「如前説是文子自作樂而季子適聞之，如後説是文子爲札而作也。前説則罪其不自愧懼而安於娱樂，後説則以音聲之悲而知其爲亂之徵，是何乖異耶？前説本於左氏，當以爲是。」

襄公有賤妾，幸之，有身，夢有人謂曰：「我康叔也，令若子必有衛，名而子曰『元』。」妾怪之，問孔成子。成子曰：「康叔者，衛祖也。」及生子，男也，以告襄公。

邵氏疑問曰「昭七年傳，孔成子、史朝夢康叔，今云妾夢，史與傳違。且閨中夢兆先及外庭，宜男告語始呈公聽，夫豈衛襄嬖幸之寵姬，不若鄭文燕姞之徵蘭哉」。

四十二年春，靈公游於郊

案：游郊非當年事，左傳是「初」字，宜改「春」爲「初」。

曰：「此靈公命也。」

案：靈公甫卒，安得便有謚，當衍「靈」字。左傳「夫人曰：『君命也』」。

是爲出公

案：朱子注孟子，疑衛孝公卽出公輒。攷輒在位前後凡二十年，不應無謚。孝公當是出公，而謂之「孝」者，殆反言之歟？

趙簡子欲入蒯聵，乃令陽虎詐命衛十餘人衰絰歸，簡子送蒯聵。衛人聞之，發兵擊蒯聵。蒯聵不得入，入宿而保，衛人亦罷兵。

案：哀二年傳云晉趙鞅納衞太子於戚，宵迷，陽虎使太子絻八人衰絰僞自衞逆者，告於門哭而入。此言十餘人，非。亦無衞發兵擊太子事。

齊鮑子弑其君悼公

案：悼公非鮑所弑，説在表。

孔子自陳入衞

案：此書於出公八年，時孔子自楚入衞已五年矣。言自陳入衞亦誤，説在陳世家。

十二年

案：此「十三年」之誤，説在後。

召護

附案：左傳作「召獲」。左通曰「儀禮大射儀注古文『獲』皆作『護』。曲禮釋文『固獲』一音『護』」，蓋通用」。

是爲莊公

附案：蒯聵之謚，史與左傳同，而人表作「簡公」，豈有二謚歟？

元年卽位，欲盡誅大臣。曰：「寡人居外久矣，子亦嘗聞之乎？」羣臣欲作亂，乃止。

案：哀十五年傳，莊公害故政，欲盡去之，先謂司徒瞞成曰：「寡人離病於外久矣，子請亦嘗之。」歸告褚師比，欲與之伐公，不果。明年，二子出奔宋。則非盡欲誅之也，非盡欲作亂也。居外之言告司徒，非告諸臣也。嘗之者，嘗此居外之苦，不得云「嘗聞之」。伐公不果而出奔，亦不得云「乃止」。

二年，魯孔丘卒。

案：卒卽在元年，「二年」當作「是年」。

三年，莊公上城見戎州，曰：「戎虜何爲是？」戎州病之。十月，戎州告趙簡子，簡子圍衞。

十一月，莊公出奔。

案：「三年」當作「二年」，莊公無三年也。莊公翦戎州，後爲戎州人己氏所殺。而簡子之伐衞與戎州無涉，不得云「戎州告簡子」也。公出奔在十月，若十一月則晉師已還，爲莊公復入被殺之月矣。此俱誤，亦說在表。

衞石曼尃（金陵本作「石曼尃」）。

附案：「尃」當作「專」，「曼」字衍，說見表。

出公立十二年亡，亡在外四年，復入。出公後元年，賞從亡者。立二十一年卒，

案：出公立十三年亡，三年復入，立七年又亡，前後在位二十年，其卒不知何歲，左傳哀二十六年謂卒於越，是終言之。此誤也，說見十二侯表及六國表。

出公季父黚攻出公子而自立，是爲悼公。悼公五年卒，

案：哀二十六年傳，悼公乃衞人立之，無攻出公子之事，此誤，餘說見表。又呂覽愼小言「孫林父甯殖逐獻公立公子黚，石圃逐莊公立公子起」，眞諺所謂「張冠李戴」，不可信也。

子敬公弗立

附案：注引世本名費，疑「弗」乃脱其半耳。

昭公六年，公子亹弑之代立，是爲懷公。

案：表作「悼公」，説在表。

公子適

附案：適乃敬公庶子，索隱謂卽悼公，非。

子聲公訓立

案：索隱謂「訓」亦作「馴」，又引世本作「聖公馳」，名謚並異。錢宫詹曰「廣韻引風俗通云『聖者聲也』。周禮地官『土訓』，鄭司農讀爲『馴』。五帝紀『五品不馴』，後書鄧禹、周舉傳俱作『不訓』，皆古通用字。『馳』蓋『馴』之譌」。

子成侯速立（金陵本作「遬」。）

案：索隱本作「遬」，注云「系本作『不逝』」。案上穆公已名遬，不可成侯更名，則系本是也。

成侯十一年，公孫鞅入秦。

案：秦紀孝公元年，鞅入秦。秦孝公元年，當衛成侯十五年。年表於衛出公已下其年皆錯，索隱不察，遂仍其誤耳。

子平侯立。平侯八年卒，子嗣君立。子懷君立。

案：平侯已下失名，嗣君亦不應無謚，説見表。

魏更立嗣君弟，是爲元君。

案：元君失名。大事記曰「世家嗣君弟元君。徐廣曰『班氏云元君者，懷君之弟』，則亦嗣君之子也。兩説不同，通鑑從徐氏」。案嗣君在位四十二年，懷君在位三十一年，使嗣君有弟尚存，蓋亦八十餘矣，徐氏是也。

元君十四年，秦拔魏東地，秦初置東郡，更徙衞野王縣，而并濮陽爲東郡。二十五年，元君卒。

案：元君在位二十五年，表誤作二十三年也。秦拔魏地置東郡，在始皇五年，當元君二十四年，此「元君」下脱「二」字。明年，衞徙野王，此亦誤，應移「二十五年」四字於「更徙衞野王」上，而「元君卒」之上再補「是年」二字。集解、索隱俱仍年表之誤。

君角九年，秦并天下，立爲始皇帝。二十一年，二世廢君角爲庶人。

案：君角立於始皇七年，至秦并天下凡二十年，廢於二世元年，在位三十二年。此書角立於始皇十八年，則所云「九年」、「二十一年」，皆史公故縮其年以合之，欲自掩其誤耳。

衞絶祀

附案：孝武封周後姬嘉爲周子南君於洛陽，周紀集解引臣瓚曰「汲冢古文謂衞將軍文子爲子南彌牟，哀二十六年左傳稱彌牟爲南氏。通志氏族略「子南氏，衞靈公之子公子郢之後」，蓋郢字子南也。其後有子南勁。勁朝於魏，後惠成王如衛命子南爲侯。秦并六國，衛最後滅，疑嘉是衛後，故氏子南而稱君也」。水經注二十一同。正義引顔師古謂「子南爲封邑之號，瓚言恐非」，乃妄駁也，觀建武間更封衛公可證。然則衛之祀當史公時未絶，而此云「絶祀」者，豈子南君爲周後，不得私衛乎？嗣後改封周承休侯，又進爲公，至東漢不絶，康叔、武公之德遠哉！

太史公曰：余讀世家言，

案：世家言即史公所作也，而曰「余讀」何哉？豈衛世家是司馬談作，而遷補論之歟？

宋微子世家第八

及祖伊以周西伯昌之修德，滅阢，阢國懼禍至，以告紂。（金陵本不重「阢」字。）

案：史誤以伐阢爲戡黎，説見殷紀，重一「阢」字，當衍，索隱本作「滅阢國。」史詮曰「阢當作『⿰阝几』」。盧學士云伊耆氏或作「伊帆」，從巾從几。疑此亦當爾也。

婦人是用

案：微子篇無此句。

箕子者，紂親戚也。王子比干，亦紂之親戚也。

案：李斯傳紂殺親戚，亦謂箕子、比干。然親戚有數解：左傳伍尚曰「親戚爲戮」；大戴禮曾子疾病篇曰「親戚既没，雖欲孝，誰爲孝」，孟子曰「人莫大焉，亡親戚君臣上下」，楚世家之「如悲親戚」，孟嘗傳之「遺其親戚」，是稱父兄也。左傳富辰曰「封建親戚，以蕃屏周」，是稱子弟也。國策蘇秦曰「富貴則親戚畏懼」，是稱妻嫂也。曲禮曰「兄弟親戚」，孔疏言「親是族内，戚是族外也」。攷商書、左傳、僖十五。論語注疏，先儒論比干爲紂諸父，無異説，以孟子已有明文。至於箕子，馬、鄭、王諸儒以爲紂之諸父，服、杜以爲紂之庶兄。孔仲達謂「既無正文，各以意言之」。又謂「父師呼微子爲王子，則父師非王子矣，鄭、王等以爲紂之諸父，當是實也」。公都子以微子爲紂叔父，乃引當時人言之誤。且古人文法簡渾，重在比干，即不别言微子，亦不定是誤。高誘注呂子必己、離謂、過理等篇云「箕子，紂庶父」，而注淮南主術云「紂庶兄」，未免歧見。孟子趙注謂「紂與微子、比干有兄弟之親」，亦是互文錯舉。史公但言親戚，似欠分明。路史後紀以舜後箕伯爲箕子之先，羅苹注謂「世家云親戚，蓋外親也」，恐非。又箕子不詳其名，書微子篇疏曰「偏檢書傳，不見箕子之名，惟司馬彪注莊子云箕子名胥餘，不知出何書？攷莊子大宗師篇釋文及文選非有先生論注，並引尸子云」。

彼爲象箸，必爲玉桮。

附案：龜策傳雖非史公本書，而有紂爲「象郎」及「圍之象郎」語，象牙飾廊，視象箸更侈矣。附著之。

乃披髮佯狂而爲奴

案：比干剖心在箕子佯狂之先，微子行遯在剖心佯狂之先。蓋微子去而後比干强諫，箕子見比干死而後佯狂，周乃伐紂，殷紀可據。楚辭天問注謂「箕子見醢，梅伯佯狂」。醢梅伯與剖心同時也。世傳箕子操是僞作，然亦云紂殺比干乃佯狂。此既誤以箕子佯狂爲諫不聽之故，又誤以比干見箕子爲奴遂直諫以死，而微子始去，傎矣。

於是太師、少師乃勸微子去，遂行。

附案：上文言微子謀於二師「遂亡」，此又言二師勸微子去「遂行」，而是時比干已死，亦不得有少師，故注以爲誤。殊不知上文自「箕子者紂親戚」至此，乃帶敍追敍之法，因孔子稱「殷有三仁」牽連書之。勸行一語，應前「遂亡」句，非乖複也。

微子乃持其祭器造於軍門，肉袒面縛，左牽羊，右把茅，膝行而前以告。於是武王乃釋微子，復其位如故。

案：殷紀言「太師、少師持其樂器奔周」，卽周紀所云太師疵、少師强，非箕子比干也，乃是二樂官，亦猶夏太史終古執圖法奔殷，殷內史向摯載圖法奔周，見竹書及呂覽先識、淮南氾論。非微子也，而此以爲微子持器造軍門，豈不謬哉。至肉袒面縛之事，更爲誣戾，亦猶易林遯之既濟云「貞良得願，微子解囚」，微子何嘗被囚乎？其時微子已行矣，則伐商之際，必不自歸以取辱。又呂氏春秋誠廉篇載武王使召公盟微子於共頭之下，曰「世爲長侯，守殷常祀，相奉桑林，宜私孟諸」，益可驗無軍門之辱也。蓋共頭之下，卽微子去位行遯處，古者同姓雖危不去國，共在河內，近朝歌紂都，此最確。故周就而盟之。其所以知微子遯共頭者，必物色得之耳。史本於左傳僖六年逢伯對楚成王語，而不知此乃左氏之妄記。武王非討微子，微子非亡國之子，何爲其然？前編據王柏之説，云「面縛銜璧，必武庚也，後世失其傳也。」斯論真不可易。何孟春餘冬敍録謂「逢伯之言非微子事，逢伯欲託諸武王禮命，悦楚子以爲許男」。孟春殆未睹王氏説。然則傳云「使復其所」，史云「復其位如故」，是仍其太子之故，將封爲殷後也。使以爲微子，則所復者爲何位？將復其卿士之位歟？而君亡國破，何忍立人之朝。將復其微國之位歟？而登卽封宋，不得言如故。邵寶學史獨以微子面縛銜璧爲信，蓋本於路史發揮，不免一孔之見。尚書、左傳疏駁之曰「面縛，縛手於後，故口銜其璧，又安得左牽羊，右把茅」。此駁可以解頤。或謂依史所述，須再得兩手持其祭器也。毛氏經問十七謂微子實有持器降周之事。經問補三又駁王柏降周爲武庚之非，俱僻論也。

武王既克殷，訪問箕子。

案：周紀言克殷後二年訪洪範，因武王克殷在十一年，而洪範稱十三祀故耳。與大傳稱武王封箕子朝鮮於十三祀來朝而問洪範正合。此謂克殷之後卽訪洪範，既訪洪範，乃封朝鮮，殊不然。孔疏反以宋世家爲得其實，非也。又有説洪範箕子歸鎬京而作者，亦非。蓋書序云「武王勝殷殺受，立武庚，以箕子歸作洪範。」序自相顧爲文，非當年事。竹書於武王十六年書「箕子來朝」。

毋偏毋頗，遵王之義。

附案：頗，普多反，而古儀、義二字通用，俱音莪，非不協韻也。乃唐玄宗謂「頗」與下文不協，據周易泰卦「無平不陂」改「頗」爲「陂」字，事見新唐志，宋王欽若册府元龜、宋宋白文苑英華並載詔辭。

困學紀聞二注云「宣和六年詔洪範復從舊文。然監本未嘗復舊也。陸氏釋文云「陂音秘，舊本作『頗』。」攷楚辭「修繩墨而不頗」，王逸注引易作「不頗」，則非但「頗」與「義」協，不必刊革，且周易原是「頗」字，不得據今本之易以改古本之書。而釋文成於貞觀，何以特出秘音，當是宋開寶時校增，非陸氏本書。匡謬正俗作「陂」，蓋傳刻之訛也。又匡謬正俗引書作「遵王之誼，音宜。宜有「何」音，亦與「頗」協。蓋古「義」字皆「誼」，漢書猶然，鄭仲師周禮春官肆師注云「古者書『儀』但爲『義』，今時所謂『義』爲『誼』。」然則史記及呂覽貴公篇、玄宗詔作「義」，匡謬正俗作「誼」，卽依字讀亦皆當平聲，是「陂」應音碑，不應音秘矣，況不必改乎。楊子太玄經曰「陽氣汜施，不偏不頗。物與爭訟，各遵其儀」，正用洪範，可證「義」「誼」「儀」三字之同也。毛氏奇齡古文尚書寃詞以明皇之改「陂」押「義」，謂之本韻三聲，合于喜起歌，以「義」讀「俄」爲非，恐妄。

毋黨毋偏，王道平平。

附案：「平」當作「釆」，字之譌也，九經古義糾其誤，嘉定王光禄鳴盛尚書後案辨之尤詳，案曰「説文釆，辨別也，象獸指爪分別也，讀若辨，蒲莧切，古文作『乎』。平從亏從八，語平舒也，又正也，符兵切，古文作『𠀤』。二字不同，而形聲易混。説文又於『[illegible]』字下注云『釆，古文「辨」字』。堯典『平章』，鄭訓『辨別』，則鄭本必作『釆』。小雅『平平左右』，疏云『平章，書傳作「辨章」』，則伏生亦作『釆』。史記索隱曰『今文作「辨章」』，是也。鄭注周禮馮相氏引『辨秩』，賈疏謂是據書傳，則伏、鄭合矣。史記作『便』，假借同音字耳，僞孔誤爲『平』，遂訓爲『和』，并洪範『王道釆釆』亦改爲『平』。詩『平平』，韓詩作『便便』，閒雅貌。毛傳『辨治也』。襄十一年左傳引詩作『便蕃』。爾雅『便便，辨也』，則詩亦當作『釆』。而洪範雙聲，與詩正同，亦當作『釆』。三輔黄圖長安城南出第三門曰便門，一作『平門』，亦釆之誤。陸德明詩釋文、孔穎達詩疏、徐廣史記注皆不識釆，而誤認『平』亦有『便』音。廣韻二仙『平，房連切』。十二庚『平，符兵切』，俱誤認『平』可兩讀。唐、宋以來宰輔銜名皆誤用『平章』，而世無識『釆』字者矣。」又案曰「『王道平平』，當作『釆釆』，皮莧反。平聲，則皮延反也。史記張釋之馮唐傳論引作『王道便便』，徐廣曰一作『辨』，是與『平章』、『平秩』等僞孔作『平』，鄭作『辨』，史作『便』者同」。王丈所案甚覈。説文有釆部即「釆」字，與「采」別。墨子兼愛下篇引周詩曰「王道平平，不黨不偏」，蓋亦「釆」之譌

内友柔克

索隱曰「内，當爲『燮』」。

曰涕曰霧

附案：五兆之名，各本不同，如霽之爲濟，克之爲剋，字義並通，不足爲異。釋天曰「濟謂之霽」。周禮太卜注「克」作「剋」。所可異者，今本洪範「曰驛」，史作「涕」，徐廣一作「洟」，説文及鄭氏尚書注、詩載驅箋、周禮太卜注皆作「圛。」」今本「曰蒙」，史作「霧」，徐一作「被」，鄭尚書注作「雺」，太卜注作「蟊」。攷詩載驅疏云「古文作『悌』今文作『圛』，賈逵以今文校之，定爲『圛』，鄭依賈所奏。然則史必作『悌』，史公從孔安國問，多得古文之説，故作『悌』也。」尚書後案曰「説文曰部圛，從囗睪聲。尚書『曰圛』，圛升雲半有半無，讀若驛。蓋古文作『悌』太迂，故賈逵作『圛』。許慎書稱孔氏，説文自序。又攷之於逵，慎子

沖上書。其說宜從僞孔，乃因其讀若驛而卽改爲『驛』，妄矣。其作『涕』者，篆立、心與水相似，讀者誤從水。見鄭氏易注。『洟』又因『涕』而誤也。」再攷「霧」與「雺」「霚」「霿」是一字，然當依鄭作「雺」爲定。鄭云「雺」聲近「蒙」也。尚書後案曰「鄭讀若蒙，而卽改爲『蒙』則非矣。今俗刻史記誤『雺』爲『霧』，爾雅誤『霿』爲『霧』，釋天云「天氣下地不應曰雺，地氣發天不應曰霿」，說文乃互易之，恐非。『霧』乃俗字，說文所無。異文耳，恐非俗。其作『蟊』者，音近而假借。雺亦音矛。作『被』者，被古音平賀反，音轉而譌也」。孫侍御云今本作「驛蒙」是開元中衞包妄改也，孔疏作「驛蒙」可證。錢宮詹云「被」蓋「敄」之譌，卽「霚」之省。

五者來備

附案：困學紀聞二曰「洪範『五者來備』，史記云『五是來備』，荀爽謂之『五韙』，李雲謂之『五氏』，傳習之差如此」。攷今本史記皆作「五者」，李賢於後漢書荀、李兩傳皆引史記，一作「五者」，一作「五是」，蓋所見本異。古是、氏本一字，吳志是儀傳孔融嘲「氏」字「民」無上，遂改爲「是」。而「韙」卽「是」也。九經古義依釋詁以「時」爲「是」，謂漢儒讀經連上文「曰時五者來備」爲一句，王丈作後案從之，恐非。續後書律歷志中有「五是以備」語。

箕子傷之，欲哭則不可，欲泣爲其近婦人，乃作麥秀之詩。

案：學齋佔畢云「尚書大傳以爲微子，不知司馬何所據，而與書傳牴牾耶」？攷淮南王傳作「微子」，與大傳同，似此誤稱箕子。然漢書伍被傳及張晏注、水經淇水注並作「箕子」，蓋所傳異辭，未知孰是。

麥秀漸漸兮，禾黍油油。彼狡僮兮，不與我好兮！

附案：史詮謂「好字叶許侯反」，未知何出？詩遵大路云「無我魗兮，不寁好也。」斯干云「式相好矣，無相猶矣。」若作平聲讀，則好字當許侯反，音留，與「魗」「猶」叶。然詩中凡好字皆叶音吼，則當讀油爲上聲，不當讀好爲平聲。公羊定四年經「盟於浩油」，釋文「一音羊又反」。又字去聲，陸微誤。可證油有右音。其實古無平仄之分也。但御覽五百七十引史作「不我好仇」，則不必叶而韻自合，豈今本史記譌易耶？而大傳載歌辭又各不同，今本大傳云「麥秀蔪蔪蔪與漸同，音尖。兮，黍禾蠅蠅。彼狡童兮，不我好仇」。攷文選洞簫賦注「蠅蠅游行貌，然不得其韻。」而思舊賦注引大傳云「麥秀漸兮，黍禾⿰日黽⿰日黽。彼狡童兮不我好。」孫侍御云「⿰日黽音映，日輝也，與黍禾無涉，疑刻誤。選注引大傳上尚有『又曰禾黍油油』六字，當在『不我好』之下，蓋記大傳別本作『油油』也，傳寫倒耳。」又漢書伍被傳注張晏曰「箕子歌曰：『麥秀之漸漸兮，黍苗之繩繩兮，彼狡童兮，不與我好兮』」，張所引必是大傳，「⿰日黽」「繩」字必譌。

欲襲成王、周公

附案：徐廣作「欲襲成周」，非也。史詮刪「成」字，亦非。

殺管叔

案：管叔非殺也，說在周紀。

作微子之命以申之，國於宋。

案：成王以舊宋命微子爲殷後，非武庚既誅，微子始國於宋也，說在殷紀。

微子開卒，立其弟衍，是爲微仲。

案：仲乃微子之子，非弟也，說在世表。僞家語本姓一作「始」。解謂「微子弟仲思名衍，或名泄號微仲」，恐不可信。惟是遷爵易位，仍以故官爲稱，父子俱不去微之號，終身不稱宋公，其忠盛矣。而水經注八言「微在東平壽張，杜預曰有微子冢」。經史問答據之，以爲微子反葬於其先王所封之地，則誤甚。壽張之微鄉，卽春秋莊二十八年所築之郿，公、穀作「微」，古字通。時已屬魯，微子安得葬之。武王封微子於宋，微國亦已久除，微子安得遥兼故國。檀弓稱齊太公五世反葬於周，日知録辨其妄，余卽借其言而明之，曰：微子卒於宋，自葬於宋。宋都商丘，去壽張幾及千里，而使其已化之骨，跋履山川，觸冒寒暑，以葬於封守之外，於死者爲不仁。古葬禮祖於庭，堋於墓，反哭於其寢，故云葬日虞弗忍一日離。使宋之孤重趼送葬，曠日踰時，不獲速反而虞，於生者爲不孝。且入魯境而不見魯侯則不度，離其喪次而以衰絰見則不祥，若其孤不行使卿攝之則不恭，勞民傷財則不惠，數者無一而可，是知微子冢不在微鄉，而微鄉之冢非微子。郡國志梁國薄縣注云「城西有微子冢」，此的證也。又路史國名紀言微本扶風之郿縣，紂徙畿内，則在聊城，今故城在潞東北，以在魯爲非，亦難據。徐氏測議主聊城之說，而又誤信上文歸周復位語，因疑微子與武庚同在故都，何以武庚叛時絶無異同之跡？殊不知紂都千里，武王祇以鄭封武庚，以商舊都封微子，其餘地別建諸侯，分隸功臣之國。不但武王未嘗以殷全都畀武庚，卽微子亦不能仍有微邦，而鄭、宋相隔甚遠，安得同在故鄉耶？蓋微子自武王封之於宋，微已他屬，身不復至微矣，其以微之號自終者，不忘舊也。經史問答謂徐閶公不知復位爲復微國之位，本于路史發揮以復位爲復之微。毛氏經問十七亦謂周仍封於微，俱非。

子滑公共立

附案：唐宰相表云名捷，誤甚，名捷者後之滑公也。

滑公子魴祀

附案：徐廣「魴」作「魴」，索隱引譙周亦作「魴祀」，未知二名孰是。攷昭十七年左傳「魴也以其屬死之」，周禮春官太卜注引作「魴」，疑古通借。僞家語作「方祀」，脱其半耳。

目而觀之

滹南集辨惑曰「左氏『目逆而送之』，其言甚文，史乃云『目而觀之』，不成語矣。服虔曰『目者，極視睛不轉也』，殆是妄説」。

乃使人宣言國中曰：殤公卽位十年耳，而十一戰，

案：「殤」字誤，當省。史詮曰「當作『今君』」。又口稱十年，而敍於九年亦非。

是歲，魯弑其君隱公。

疏證曰「隱公弑於宋殤公八年，此敍在九年，誤」。

九年，執鄭之祭仲，

案：事在宋莊公十年。

十九年，莊公卒，

案：莊公十八年卒，無十九年，說見表。

宋水，魯使臧文仲往弔水。湣公自罪曰：「寡人以不能事鬼神，政不修，故水。」臧文仲善此言，乃公子子魚教湣公也。（金陵本重「此言」二字。）

案：此史公改莊十一年左傳文而誤者，未必所見本異也。其辭曰「孤實不敬，天降之災。」文仲稱其言懼而名禮。」若如史云「寡人」，何得謂名禮。而辭出於公子御說，史又誤爲子魚，子魚乃桓公御說之子也。至魯弔非文仲，已說見表。

十年夏，宋伐魯，戰於乘丘。

案：乘丘之役在宋湣八年，此書於十年者，蓋因左傳於莊十一年追敍獲南宮萬而誤差二年也。

十一年秋，湣公與南宮萬獵，因博爭行，

案：「十一年」三字衍，湣公立十年而被弒，上文已書曰十年也。又史本公羊，以弒公因博起釁，然不聞獵也，豈別有據乎？

遂以局殺湣公於蒙澤。

案：公羊云「萬摶閔公絕其脰」，此言以局殺公亦異。魏徐幹中論法象篇「宋敏碎首於棋局」。「愍」與「閔」同，訛爲「敏」。

萬弟南宮牛

案：杜預以牛爲萬之子，此云「萬弟」，疑非。

太子兹甫讓其庶兄目夷爲嗣

案：説苑立節篇以目夷爲桓公後妻子襄公之庶弟，故襄公請立目夷曰「臣爲相兄以佐之」，與經、史異，未知孰是。

襄公七年，宋地霣星如雨，與雨偕下。六鶂退蜚，風疾也。

案：春秋「莊七年夏四月辛卯夜，恒星不見，夜中星隕如雨。在宋湣五年。僖十六年春王正月戊申朔，隕石於宋五。是月，六鶂退飛過宋都。」在宋襄七年。此誤書也。索隱欠明。滹南集辨惑曰「星隕如雨，初不指其在宋，且莊七年與僖十六年相去遠矣，安得併爲宋地同時之事乎？蓋見左氏釋隕石爲隕星，故誤誌焉。而隕石之事反遺而不書，疏甚」。又曰「如雨者，直言其狀之多若雨，後世史書五行志亦時有載此者。左氏乃謂『與雨偕下』，杜預遂以『如』訓『而』，蓋失之矣，公、穀作「似雨」。至史記則併舉之，愈謬」。漢五行志「成帝永始二年二月癸未，星隕如雨。

諸侯會宋公盟於盂，目夷曰

案：「目夷」當作「子魚」，説在後。

子魚諫曰

附案：僖二十二年左傳此句作「大司馬固諫」，杜云「大司馬固，莊公之孫公孫固」。晉語「公子過宋與司馬固善」，韋云「宋莊公孫大司馬固」。韋、杜皆依世本言之。陸粲左傳附注據世家以子魚爲公子目夷，公孫固猶在戰泓後。固諫猶固請、固辭。顧氏補正祖其説，增引定十年左傳「公若藐固諫」爲驗，蓋謂杜氏誤矣。而傳遜注解辨誤曰「子魚累見，或稱名，或稱字，或稱官，皆未有言大者。此獨言大，必有所別。史記疏略，豈可爲據，又何由知固爲司馬在戰泓之後，今從杜稱公孫固」。惠氏補注依傳說，又云「大司馬與太宰不在六卿之列，文七年穆襄之族殺公孫固，時樂豫爲司馬，泓之戰子魚爲司馬，明大司馬是宋之孤卿也」。蓋謂世家誤矣，其將奚從？余攷宋無兩司馬之官，文七年宋昭公被弑時，固已不爲司馬，樂豫代之，非有二官。而司馬與大司馬實一官名，文八年傳上云「殺大司馬公子卬」，下云「司馬握節以死」。隱三年傳云「大司馬孔父」，桓二年傳云「孔父嘉爲司馬」。可參互知之。若以爲有別，則晉語何以不稱大司馬固而稱司馬固乎？傳說不足以折陸，然謂諫襄公者是公孫固非公子目夷，誠不可易。有二確證，戰於泓，傳先稱大司馬固繼稱司馬，後稱子魚，中間敍諫事，層次井然，自出一口，安得別爲二人。目夷以左師聽政，傳有明文，安得降爲司馬，因知此時公孫固爲司馬。而固亦字子魚，蓋傳稱目夷爲子魚止見僖八年辭位一篇，先稱目夷繼稱子魚，其餘稱司馬子魚。及單稱子魚者，皆莊公孫公孫固，文極明曉。故盂之會，泓之戰，傳皆書子魚，乃固之字。固卽鯝也。世家於上文盂之會改爲目夷，於下文泓之戰首尾俱曰子魚，中間忽書目夷者一，豈不誤哉。杜注戰泓傳雖不誤，而其誤在宋用鄫子傳中司馬子魚一句之下，以子魚兩字之同，遂併爲一人，則昭十七年傳楚有司馬子魚，亦將認爲目夷耶？穀梁戰泓傳作「司馬子反」，又將認爲楚之子反耶？韓子外儲左篇述泓之戰作「戰於涿谷上」，大司馬子魚作「右司馬購強」，更將以購強爲何人耶？盧學士文弨鍾山札記謂子魚是目夷，而疑購强卽公孫固之字，似未的。衞有史子魚，卽有祝子魚，亦同時。史於盂之會稱目夷，其誤必因公羊僖二十一年楚人獻捷傳來，而不知公羊乃追述目夷盟於鹿上之諫也。

楚人未濟，目夷曰：

案：「目夷」當作「子魚」，說見上。

必如公言，卽奴事之耳，

案：奴事非當時語，蓋史公改之，卽左傳所云「愛其二毛則如服焉」。

楚成王已救鄭，鄭享之；去而取鄭二姬以歸。叔瞻曰：「成王無禮，其不沒乎？爲禮卒於無別，有以知其不遂霸也。」

案：徐氏測議謂此楚事著於宋，傳失刪正也。然楚世家不載此事，則是史家帶敍之法，不得謂失於刪正。惟成王生而稱謚爲非，當曰「楚王無禮」。

是年晉公子重耳過宋，襄公以傷於楚，欲得晉援，厚禮重耳以馬二十乘。

案：左傳重耳歷游諸國，惟自鄭至楚及楚送諸秦，當在魯僖二十三年，過衞在僖十八年，餘皆追敍，莫定在何歲。此及晉世家書過宋於宋襄公十三年傷泓之後，當魯僖二十二。謂因敗禮重耳，未確也。左通曰「晉文公在外十九年，不知於何年過宋，史特因上年傷泓而爲此說，安知過宋不竟在泓戰之前」。索隱亦言史公之疎，而年數多誤，語亦欠明，故不錄。

十七年，成公卒。成公弟禦殺太子及大司馬公孫固而自立爲君。宋人共殺君禦而立成公少子杵臼。

案：經、傳無欒作亂事，說見表。是時樂豫代公孫固爲司馬，固已不爲司馬，故文七年傳但云「殺公孫固、公孫鄭於公宮」。

昭公四年，宋敗長翟緣斯於長丘。

案：敗翟非昭公四年事，說在表。

昭公弟鮑革

附案：春秋經、傳及年表，宋文公名鮑，不名鮑革，徐廣云「一無『革』字」，是也。下文一稱公子鮑，一稱鮑革，衍「革」字。

因大夫華元爲右師

評林曰「左傳昭公無道，國人奉公子鮑以因夫人，於是華元爲右師。此云因大夫華元爲右師，文義不順。」正義依文立解，妄也。

夫人王姬使衞伯攻殺昭公杵臼

案：「衞伯」與左傳稱「帥甸」異，說見表。

昭公子因文公母弟須與武、繆、戴、莊、桓之族爲亂，文公盡誅之，出武、繆之族。

案：文十八年傳，武氏之族道昭公子將奉司城須作亂，宋公殺須及昭公子，使戴、莊、桓之族攻武氏，遂出武、穆之族。然則始亂者武族，非昭公子因須爲亂也。黨於武者爲穆族，而戴、莊、桓三族乃攻武族者。此謂戴、莊、桓亦偕亂被誅，誤矣。

鄭命楚伐宋

附案：左傳云鄭受命於楚伐宋，則此是楚命鄭伐宋，傳寫倒耳。或曰「命」上缺「受」字，或曰「命」下缺「于」字。

執楚使，

案：「執」當作「殺」。

楚人圍宋，五月不解。

案：「五月」乃「九月」之誤，說見表。

莊王曰：「誠哉言！我軍亦有二日糧。」

案：「二日」，公羊傳作「七日」。又公羊作子反告華元，此謂莊王喜華元之誠而自發斯言，亦異。蓋史公述楚圍宋事合採公羊、左氏而變易之，不盡依原文耳。

子共公瑕立

案：共公一名固，說見表。

共公元年，華元善楚將子重，又善晉將欒書，兩盟晉、楚。

案：「元年」當作「十年」，卽成十二年傳所云「華元合晉、楚之成會於瑣澤」也。徐孚遠、陳子龍不知「元年」是「十年」之誤，又忘華元合晉、楚事，遂謂此是向戌盟宋之譌，妄矣。

共公卒，華元爲右師，魚石爲左師。司馬唐山攻殺太子肥，欲殺華元，華元犇晉，魚石止之，至河乃還，誅唐山。

案：成十五年傳，司馬蕩澤弱公室，殺公子肥，華元自罪身爲右師不能討澤，故出奔，魚石止之乃反，因攻殺子山。蕩澤亦名子山，經止書「山」，「唐」與「蕩」疑古通。杜注「肥，文公子」，然則唐山無欲殺華元之事，而肥亦非共公太子也。

乃立共公少子成

案：史誤以公子肥爲共公太子，故以成爲少子，公羊注云「宋公卒，子幼」，當是也。平公之名，左、穀經作「成」，史從之，公羊經兩見俱作「戌」，成十五，昭十。公羊釋文曰「本或作『成』」。又曰「何云向戌與君同名，則宜音恤」。此引何休昭元年注。或謂「戌」乃「成」之誤，何據公羊誤文爲說耳。然平公曾祖謚成公，則不應名成。

四年，諸侯共誅魚石，而歸彭城於宋。三十五年，

案：晉未嘗誅魚石，説見表。又平公三十年，向戌善於晉、楚因爲宋之盟，以弭兵爲名，而史皆略之。陳氏測議曰「向戌之盟，南北分霸之始，宋大事也，史失書」。

元公毋信，詐殺諸公子，大夫華、向氏作亂。楚平王太子建來犇，見諸華氏相攻亂，建去如鄭。

子景公頭曼立

案：華、向詐殺諸公子，非元公殺之。建之奔鄭亦非爲見亂之故。説在表。

案：人表作「兜欒」，左傳作「太子欒」，與史異。攷山海大荒南經驩頭國卽驩兜也，則知「兜」「頭」古通，而「欒」與「曼」聲相近，其所以或稱兜欒或稱欒者，呼之有單複耳。金石録有宋公䜌餗鼎銘，「䜌」卽「欒」字，東觀餘論、廣川書跋、國策吴注、日知録並有説，謂頭曼爲訛混也。

二十五年，孔子過宋。

案：是時孔子在陳，過宋在二十二年，説在表中。

三十七年，楚惠王滅陳。熒惑守心。

案：陳滅於魯哀十七年，爲宋景三十九年，此誤。而熒惑守心亦不定在三十七年，説見表。

六十四年，景公卒。

案：景在位四十八年，無六十四也，説見表。

宋公子特攻殺太子而自立，是爲昭公。昭公者，元公之曾庶孫也。昭公父公孫糾，糾父公子褍秦，褍秦卽元公少子也。景公殺昭公父糾，故昭公怨殺太子而自立。「褍」當從「衣」。又左傳疏引此「少子」作「小子」，非。（金陵本「褍」作「褍」。）

案：「特」乃「得」之誤，左哀二十六疏引世家作「得」，可證。但世家與左全乖，未知史公據何爲説；孔仲達及小司馬已疑之。左傳「糾」作「周」，蓋音近相借，如左成十七年晉孫周亦作「糾」也。又韓詩外傳六、賈子先醒篇言「昔者宋昭公出亡，歎曰：吾内外不聞吾過，是以至此。革心易行，二年，宋人迎而復之。」宋有兩昭公，所言必是昭公得，史失書，蓋宋之賢君也。

昭公四十七年卒，子悼公購由立。悼公八年卒，子休公田立。休公田「田」字衍。二十三年卒，子辟公辟兵立。辟公三年卒，子剔成立。剔成四十一年，剔成弟偃攻襲剔成，

案：五君之年數謚名，俱說見表。蓋史於諸君之年原不誤，注家誤耳。謚法無「休」而稱休公，辟兵謚桓而稱辟公，剔成是「易城」之譌，成城古通。因封地以爲號，而并其謚名失之。偃亦失謚。均史之疏也。又據索隱引王邵案「紀年云宋易城旰三字各本訛作「剔成肝」。廢其君璧與「辟」通。而自立」，則剔成非辟兵之子明矣。

君偃十一年，自立爲王。東敗齊，取五城；南敗楚，取地三百里；西敗魏君，乃與齊、魏爲敵國。高誘注呂子禁塞篇作「齊、楚、魏」也。

案：年表、世家皆無宋取齊、楚地及敗魏軍之事，惟田完世家湣王七年依表當偃十二年，其實是齊宣王二十六年，偃王三十年。有「與宋攻魏，敗之觀澤」語，然攷年表、魏、趙世家並言齊敗魏、趙於觀澤，非止敗魏，並不言與宋攻之。且宋方與齊爲敵國，無緣共宋出兵，則田完世家固非，而此亦虛説也。又宋策有齊伐宋一章，云「齊伐宋，宋索救於荆。齊拔宋五城，而荆王不至」。雖未知事在何年，而注家謂齊爲宣王，荆爲威王，其時甚合，則此誤以齊取宋城爲宋取齊也。又宋策云「康王滅滕伐薛，取淮北之地。」漢地理志、杜世族譜稱滕爲齊滅，世本言齊景亡滕，謬也，辨見春秋隱七年疏。竹書曰於越滅滕，通志謂秦滅之，策言宋滅滕，恐與竹書、通志俱難信。而取淮北一語，得毋卽此取楚地乎？然云三百里似誕。路史國名紀一以越所滅者是黃帝後之滕。

盛血以韋囊，縣而射之，命曰「射天」。淫於酒婦人。羣臣諫者，輒射之。

附案：宋策「康王射天笞地，斬社稷而焚滅之，罵國老諫臣，爲無顔之冠以示勇，剖傴之背，鍥朝涉之脛。」燕策蘇子謂齊王曰：「宋王射天笞地，鑄諸侯之象使侍屏匽，展其臂，彈其鼻。」又蘇秦傳蘇代約燕，述秦告齊之詞曰：「宋王無道，爲木人以寫寡人射其面。」燕策亦有。此略不具。射天事又見呂氏春秋過理篇。

告齊伐宋

案：國策、田完世家齊湣王因蘇代之謀以伐宋，非諸侯告齊伐之也。

王偃立四十七年，

案：偃立六十一年滅也，説在表。

齊湣王與魏、楚伐宋，殺王偃，遂滅宋而三分其地。

案：湣王滅宋未嘗與楚、魏共伐而三分其地，六國表及各世家皆不書，惟此有之。大事記以爲魏得其梁、陳留，齊得其濟陰、東平，楚得其沛，蓋據此也。國策吴注曾論之，云「蘇代説燕曰，齊王南攻楚，西困秦，又以其餘兵舉五千乘之勁宋。説秦曰：齊强輔之以宋，楚、魏必恐。使當時齊與楚、魏合，其言豈若是乎？史稱齊既滅宋，南割楚之淮北，西侵三晉，是其乘滅宋之强，並奪楚、魏地，而謂與之分宋地，豈其實哉！樂毅勸燕昭王約趙、楚、魏伐齊，曰攻齊莫若結趙。又淮北宋地，楚、魏之所欲，年表書楚、趙取齊淮北，則楚、魏分地當是樂毅破齊後事」。此論甚確。或問田完世家載齊伐宋，蘇代爲齊説秦王語，實襲國策韓人攻宋一章，史公改「韓」作「齊」，未知何據？竊意偕齊滅宋者非楚、魏乃韓耳。余謂不然。韓伐宋分地，史無明文，趙策韓珉處趙，去齊三千里，魏疑齊有秦私。蘇代説奉陽君曰秦内韓珉於齊。又曰東勉齊王必無召珉。而韓策有韓珉相齊之語，蓋韓珉爲齊伐宋也。國策首句「韓人」即「珉」之譌耳，斯亦吴氏所辨。史公改「韓」作「齊」，决非無據，惟以「珉」作「聶」，疑有二名。又攷秦紀、年表及魏、田完兩世家，言王偃出亡死於温，策云「逃倪侯之館，得病而死」，蓋館在温地也。則此云殺王偃誤。而温爲魏地，若魏果同伐，何以反走於温，此又魏不與齊伐宋之一驗。

春秋譏宋之亂自宣公廢太子而立弟，國以不寧者十世。

案：宣之舍子而立弟，蓋知殤之不肖也；穆舍其子而復與宣之子，不忘德也，君子美之。乃此謂宋亂始宣公，本於公羊之謬説，猶下文之褒襄公也，前賢論之詳矣。十世不寧，尤非。

襄公之時，修行仁義，欲爲盟主。其大夫正考父美之，故追道契、湯、高宗，殷所以興，作商頌。

案：昭七年左傳及魯語、詩序言正考父佐戴、武、宣，得商頌十二篇於周太師，以那爲首。則是從戴至襄百四五十年，正考父非襄公大夫也，非作頌之人也，非追作之也。但史公此説實本韓詩，故法言學行篇曰「正考父睎尹吉甫，公子奚斯睎正考父」。奚斯作閟宫，史克作頌，而以頌爲奚斯作亦韓詩説。後書曹褒傳曰「奚斯頌魯，考甫詠殷。」康成樂記注以歌商爲宋詩，嗣後文人多仍此説，然與本義全乖，詩疏、史索隱及困學紀聞俱斥其誤。

襄公既敗於泓，而君子或以爲多，傷中國闕禮義，褒之也。

案：此本公羊説，卽上文所云「襄公修行仁義」也。泓之役以迂致敗，得死爲幸，又多乎哉？執滕子，戕鄫子，行仁義不忘大禮者如是耶？何褒乎耳！史公採摭極博，於尚書兼今古文，於詩兼齊、魯、韓，於春秋兼三傳，然未免擇而不精之誚。

史記志疑卷二十一

晉世家第九

初，武王與叔虞母會時，夢天謂武王，

案：昭元年傳云「當武王邑姜方震大叔，夢帝謂己」，疏曰「世家謂此夢爲武王之夢，若是武王之夢，傳直云武王方生大叔足矣，何以須言邑姜方震。邑姜方震而夢，明是邑姜夢矣，安得以爲武王夢也。薄姬之夢龍據其身，燕姞之夢蘭爲己子，彼皆夢發於母，此何以夢發於父？是馬遷妄言耳」。余謂世家之異於傳者，言虞母夢天謂武王，不言是武王之夢，故御覽卷一引史作「叔虞母夢天謂武王」。蓋節引之。孔疏錯會世家文也。鄭世家同傳。漢志則云「武王夢帝」。

成王與叔虞戲，削桐葉爲珪以與叔虞，曰：「以此封若。」史佚因請擇日立叔虞。

案：呂氏春秋重言，作「梧葉」。説苑君道作「梧桐葉」。皆謂周公請封叔虞唯此作「史佚」。然其事非實，柳宗元曾辨其妄，故褚少孫續梁孝王世家及漢地理志應劭注據韓詩又以爲封應侯也。晉語叔向曰「唐叔射兕於徒林，殪以爲大甲，以封於晉」，則非剪桐之故。

姓姬氏

滹南集辨惑曰「周紀自有姓氏，既云武王子，何必更言姓。且魯、衞、管、蔡等世家類皆不著，而此獨著何哉？」

字子于

附案：毛集解本作「子干」。

唐叔子燮，是爲晉侯。

案：叔虞本封唐侯，燮父改國號爲晉，史不書疎也。

晉侯子寧族　成侯子福

案：索隱引世本「寧族」作「曼期」，譙周作「曼旗」。又引世本「福」作「輻」，字形相近，未知孰是。毛本「族」作「旅」。

自唐叔至靖侯五世

案：「靖侯」當作「厲侯」，故云五世。

大臣行政，故曰共和。

案：「共和」之解見周紀。

子獻侯籍立　子穆侯費王立

附案：二侯之名，説見表。

穆侯太子仇率其徒襲殤叔而立

案：文侯仇與衞武公同爲平王功臣，書是以有文侯之命，世家無一言及之，何也？

晉國之衆皆附焉

案：此言衆附桓叔，與詩揚水序言「國人將叛而歸沃」同。經史問答曰「詩序與史記合」，華谷嚴氏名粲。以爲不然。攷之左氏，似華谷之言是。朱子仍依序説，蓋華谷後朱子而生，未得見其詩緝也。曲沃自桓叔至武公祖孫三世，竭七十年之力而得晉，皆由晉之遺臣故老不肎易心故耳，是真陶唐之遺民，而文侯乃心王室之餘澤也，詩序、史記之言俱謬。今以其曲折次之，平王三十二年晉大臣潘父弑昭侯迎桓叔，桓叔將入，晉人攻之，桓叔敗歸。晉人誅潘父立孝侯。由是終桓叔之世不得逞。此一舉也。四十七年，莊伯弑孝侯，晉人不受命，逐之而立鄂侯。是再舉也。桓王元年，莊伯伐晉而鄂侯敗之，乘勝追之，焚其禾。此事不見於左傳，而史記有之，竹書有，非史記也。曲沃懼而請成。是三舉也。二年，莊伯合鄭、邢之師請王旅以臨晉，鄂侯奔隨，而晉人立哀侯以拒之。是四舉也。三年，晉之九宗五正復逆鄂侯入晉，使與哀侯分國而治，其不忘故君如此。十二年，當作「十一年」。陘庭召釁，哀侯被俘，晉人立小子侯以拒之。是五舉也。十六年，曲沃又誘小子侯殺之，而周救之，晉人以王命立哀侯之弟。是六舉也。於是又拒守二十七年，力竭而亡，而猶需賂取王命以脅之始得從。然則以爲將叛而歸者，豈其然乎？當是時曲沃豈無禮至之徒，而要之九宗五正，不可以潘父及陘庭之叛者槩而誣之，是則華谷之言，確然不易者也。故近日平湖陸氏曰「素衣朱襮，從子於沃，蓋發潘父輩之陰謀以告其君，使得爲防也。彼其之子，則外之也」。

晉人復立孝侯子郄爲君

案：鄂侯郄乃孝侯弟，非子也。「郄」，一本作「都」亦非，説見表。

鄂侯六年卒。曲沃莊伯聞晉鄂侯卒，乃興兵伐晉，周平王使虢公將兵伐曲沃莊伯，莊伯走保曲沃。晉人共立鄂侯子光，是爲哀侯。

案：哀侯之立，鄂侯未卒，莊伯伐晉，不關鄂侯之卒與否也，俱説見表。又使虢公伐曲沃者乃是桓王，左傳及年表甚明，此以爲平王，大誤。而哀侯之立，據左傳實出王命，此以爲晉人立之，亦非。

小子元年

案：小子何以不書侯？此與下「晉小子之四年」、「曲沃武公誘召晉小子殺之」，皆當有「侯」字。

周桓王使虢仲伐曲沃武公

案：左傳是年無王伐曲沃事，説在表中。

晉侯十九年，齊人管至父弑其君襄公。

案：弑襄公但舉管至父何也？何以不曰無知？

晉侯二十八年

案：當作「二十六年」，説見表。

釐王命曲沃武公爲晉君

案：王命爲君，當書於武公三十九年，此連叙其事，不依年爲紀也。然表亦并叙於滅晉侯湣之歲則誤，已説在表。

曲沃武公已即位三十七年矣

案：「三十七」當作「三十八」，下文「通年三十八年」當作「三十九」，「通年即位凡三十九年而卒」當作「四十」，説見表。

晉武公始都晉國

案：漢書地理志、詩唐風鄭譜及孔疏，叔虞封唐，子燮父改晉，至曾孫成侯南徙曲沃，成侯曾孫之孫穆侯徙於絳，昭侯以下徙翼，及武公并晉又都絳，景公遷新田，史皆不書，而反謂武公始都晉，獻公始都絳，何疎舛也。水經涑水注言「武公自晉陽徙曲沃」。澮水注言「孝侯改絳爲翼，獻公北廣其城命之爲絳」。並非。

獻公元年，周惠王弟頽攻惠王，

案：事在二年，非元年也。

五年，伐驪戎，

案：此事不定在五年，説見表。

八年，士蔿説公曰：「故晉之羣公子多，不誅，亂且起。」乃使盡殺諸公子，而城聚都之，命曰絳，始都絳。

案：莊二十五年傳「士蔿使羣公子盡殺游氏之族，乃城聚而處之。晉侯圍聚，盡殺羣公子。」則聚以處公子，非晉都聚也。聚與絳是二地，非命聚爲絳也。城絳在九年，此合爲一科，并書於八年，詩唐風疏已言其誤。而都絳亦非始獻公，說見前。

晉羣公子既亡奔虢，虢以其故再伐晉，弗克。

案：莊二十六年傳虢於秋、冬兩侵晉，非爲羣公子也。且晉之公子盡殺於聚矣，尚安得有未殺而奔虢者乎？下文言「虢匿晉亡公子爲亂」，同妄。

獻公有意廢太子，乃曰：曲沃吾祖宗廟所在，而蒲邊秦，屈邊翟，

案：三公子居鄙在十一年，此誤書於十二年，說見表。又左傳驪姬欲立其子，賂二嬖，使言於公居三公子於外，非公有意廢太子而爲是言也，此亦誤。

太子申生，其母齊桓公女也，曰齊姜，

附案：莊二十八年傳「獻公烝於齊姜，生秦穆夫人、太子申生」。注云「齊姜，武公妾」。故僖十五年疏曰「申生之母本是武公之妾，武公末年齊桓始立，武公卒於齊桓九年。不得爲齊桓女，馬遷妄也」。而大事表齊姜辨曰「獻公烝齊姜，愚核其年而知左氏之誣。莊二十八年，晉使申生居曲沃係獻公之十一年，若申生是烝武公妾所生，想當在即位後年不過十歲，重耳、夷吾必當更幼。以三稚子守宗邑與邊疆，適足以啟戎心而使民慢，何謂威民而懼戎？又史記重耳奔狄時年四十三，計守蒲時年三十二矣，而申生居長，則其生當在獻公爲曲沃世子時。是時武公暴起，方圖并晉，志意精明，豈有縱其子淫昏之事。即使有子，豈宜復立爲太子。唐之高宗，不聞於太宗之世而先通武后也。竊意齊姜是未即位時所娶之適夫人，後因寵衰見廢，横加之罪，左氏因而甚之耳。史記不及烝淫事，曰世子申生其母齊桓

公女齊姜，此尤信而可徵者。獻公惑驪姬幾亡國，無足深道，獨惜申生爲千古純孝，而其母蒙不韙之名，不得不爲之辨」。

申生同母女弟爲秦穆公夫人

仁和景吏部江錦曰「左傳僖十五年注云『穆姬，申生姊』。疏曰『莊二十八年傳先言穆姬，後言申生，知是姊也。』其實秦紀明言秦穆夫人，申生、夷吾姊。杜注蓋用秦紀，而此又稱女弟，豈不誤哉」。

夷吾母，重耳母女弟也。

案：莊二十八年傳「大戎狐姬生重耳，檀弓上疏引傳作「犬戎」，疑今本大字譌。晉語十韋注亦云「犬戎」。小戎子生夷吾」。注云「大戎，唐叔子孫别在戎狄者。小戎，允姓之戎。此言二女是姊妹」。蓋以大戎、小戎之稱而淆譌也，故仲達於僖十五年疏云「虢射惠公之舅，狐偃文公之舅，二母不得爲姊妹，馬遷之妄」。

獻公子八人，而太子申生、重耳、夷吾皆有賢行。

案：傳曰獻公之子九人而云八人，何故？下文述介推語，固是九人也。惠公之失德，内外棄之，乃以爲有賢行，與申生、重耳並稱，毋乃非乎？

盈數也 以從盈數

案：「盈」字何以不諱？魏世家皆作「滿」。

今命之大

附案：毛本命作「名」。

里克謝病，不從太子。

附案：毛本無太子二字

乃使荀息以屈産之乘

案：不言垂棘之璧，失之也。

居二日

案：傳作「六日」，「二」字譌。

築蒲、屈城，弗就。

案：築城無弗就之理，僖五年傳云「不愼寘薪焉」。

蒲人之宦者勃鞮

案：僖五年傳「寺人披伐蒲」。晉語同。此以爲蒲人之宦者，非也。又晉語作「寺人勃鞮」，並見左僖二十五。亦稱「奄楚」，亦稱「伯楚」。韋注披之字。史於此作「勃鞮」於下文作「履鞮」。文選報任少卿書及宦者傳論注並引史記作「履貂」，蓋所見本異也，故後書鄭興傳注引史作「勃鞮」。後漢書宦者傳序作「勃貂」，何不同若是？蓋披其名，伯楚其字。宋庠國語補音曰「勃鞮，官名」。宋說甚得，然則內外傳云勃鞮，僖二十五年左傳有。以及履鞮、履貂、勃貂，皆官號之異，乃主屨者，若周官之鞮鞻氏。鞮是革履，貂是皮履，勃者排也，説文解。取排比之義，故後書注以勃鞮爲名固非，惠氏儀禮古義謂「勃鞮爲披，卽後世反切之學，」亦非。

太伯、虞仲，太王之子也。

附案：虞仲乃周章之弟，非太王子也。宮子奇因晉假虞伐虢，故舉虞、虢之始祖言之。舉虞仲而先言太伯，舉虢叔而連言虢仲，以虞仲爲吴之分，叔爲仲之弟耳。余嘗有虞仲辨，云太伯之弟仲雍亦稱吴仲，見吴越春秋，周章之弟虞仲見史世家。吴仲爲虞仲之曾祖，虞仲爲吴仲之曾孫，寧得混乎？自班固地理志誤引論語之虞仲以爲仲雍，遂使兩人合一。無論仲雍君吴不當稱虞，而一祖一孫詎堪同號，誤蓋起於古字吴、虞之通用，故志總論云「封章弟中於北吴，後世謂之虞」。河東大陽縣注云「吴山在西，上有吴城，武王封太伯後爲虞公也」。或曰：左傳謂太伯、虞仲太王之昭，非歟？曰傳未嘗誤，杜注誤從史言太王子耳。傳不別言虞仲者，統於太伯也。或曰：論語虞仲爲太伯之弟歟？爲周章之弟歟？曰：此另一虞仲，不見經傳，無緣取證，亦若「夷逸」、「朱張」之莫攷已，故漢、唐諸儒俱不注，惟班氏以仲雍實之，而朱子遂從之，獨不思太伯、仲雍猶夷、叔也。叔齊與伯夷並列，而太伯不與仲雍同居於逸民，其義安在？且孤竹二子後雍幾百年，乃反先於雍，奚敍次之紊耶？況二仲皆儼然有土之君，非惟不得以逸民目之，并與隱居放言不合，黄氏日抄及四書釋地續曾疑之，則逸民虞仲之爲別一人明矣。然則漢志何以謂之北吴？杜預何以謂之西吴？曰：此亦緣古字通用，以虞爲吴也。在鎬京之北曰北虞，在成周之西曰西虞，非有異焉。詩云「虞、芮質厥成」，仲蓋虞滅後所封。水經注四謂「武王封太伯弟虞仲于虞」，以周章弟爲太伯弟，謬甚。日知録七疑論語、左傳虞仲是吴仲之譌，亦非。吴仁傑刊誤補遺以爲虞仲、仲雍是二人。雍乃太伯子，嗣有吴國。伯之弟虞仲終於逸民，武王所封者逸民虞仲之後。以史、傳言仲雍卽虞仲爲不然，尤臆説不足據。

虢仲、虢叔，王季之子也。

附案：晉滅之虢乃西虢。虢叔之後仲爲東虢，鄭滅之。左隱元年、僖五年注疏及韋昭周、鄭語注甚明。馬融上陽、下陽同母、異母之説，乃畢辭謬解，孔疏及高氏春秋地名攷略已糾之矣。虢亦作「郭」，而春秋所書之「郭公」，疑是小虢，其亡在魯莊公七年，春秋錯簡在二十四年。「郭公」乃「郭亡」之譌，猶「梁亡」然。又攷漢志宏農陜縣下云「北虢在大陽，東虢在滎陽，西虢在雍州。」雍州之虢在扶風虢縣，卽秦紀秦武公十一年所滅之小虢，乃西虢君之支屬，故亦號西虢，與仲叔初封之二虢無涉。而漢志之北虢，水經注河水四謂之南虢，並是西虢別稱。蓋叔之國在中國西，而陜上陽。與大陽下陽。夾河相對，故又有南北之名。先儒言仲叔之後或東或西，既互易不同，而所説封地亦糾錯欠晰，如續郡國志、水經河水、渭水注、唐書郭氏世系表、路史後紀十及國名紀五、吳仁傑刊誤補遺、程公説春秋分記、高氏春秋地名攷略皆不能無誤也。

及其大夫井伯百里奚

案：奚與井伯非一人，且奚不及虞難也，説在秦紀。

二十五年，晉伐翟，翟以重耳故，亦擊晉於齧桑。

案：傳晉伐狄敗於采桑在前年，説見表。是年乃狄擊晉。采桑是晉敗狄處，非狄擊晉處。晉因重耳奔狄故伐之，表所書甚明。狄之擊晉，報其來伐，豈因重耳歟？史既誤書年數，又謂翟爲重耳擊晉，謂翟擊晉齧桑，皆誤。而齧桑即采桑，高氏地名攷略云「杜注平陽北屈縣西南有采桑津。案采桑史作『齧桑』，服虔以爲翟地，索隱以爲衞地，俱非。水經注『河水又南爲采桑津，又南逕北屈故城西』。今其地在吉州西。顯王四十六年，諸侯執政，與秦相張儀會於齧桑，徐廣曰在梁與彭城之間，此又一齧桑，瓠子歌所云『齧桑浮兮淮泗滿』者也」。

生悼子

附案：春秋三傳及史於秦紀、年表、齊世家等處皆作「卓」，此「悼」字誤。徐廣於秦紀云「一作『倬』」，古字通用。此或是「倬」字傳寫譌「悼」耳。有謂「悼」爲謚者，大謬，奚齊無謚，卓子安得謚，且未有名卓而謚悼者也。鶡冠子世賢篇「卓襄王」，宋陸佃注「卓當爲『悼』」，又是誤「悼」作「卓」矣。

宰孔曰，齊桓公益驕，

案：此當云「齊侯」。

里克弒悼子於朝

案：國語云「殺驪姬」，列女傳云「鞭而殺之」，此本左傳，不言姬死亦疎。

齒牙爲禍

附案：國語「禍」作「猾」。

呂省、郤芮曰

案：國語「呂甥使告夷吾于梁曰：子厚賂秦以求入，吾主子，」是呂甥未嘗從夷吾在外也，此與郤芮並舉誤。又「省」乃「甥」之譌。蓋呂甥或稱瑕甥，或稱陰飴甥，或稱瑕呂飴甥，周語韋注作「飴」。或稱子金，皆見內外傳，竹書又稱瑕父呂甥。呂其氏，郡國志河東永安注引博物記云「有呂鄉，呂甥邑也」，恐非。或是其先邑于呂，遂以邑爲氏耳。飴其名，子金其字，陰、瑕其所食二邑，爲晉之甥，杜注「姓瑕呂名飴甥」非。未聞有「呂省」之稱也。下同誤。通志畧四「甥」作「生」，釋名曰「甥亦生也」。

乃使郤芮厚賂秦

案：左、國皆言芮使夷吾賂秦求入，此非。

及遺里克書曰：「誠得立，請遂封子於汾陽之邑。」

索隱曰：「國語『命里克汾陽之田百萬，命丕鄭負蔡今本訛「葵」。之田七十萬。』今此不言，亦其疎略也。」

後十日

附案：左傳「七日」，此誤直其下耳。

恭太子更葬矣

附案：索隱本作「更喪」。

周使召公過禮晉惠公，惠公禮倨，召公譏之。

案：僖十一年傳「天王使召武公內史過賜晉侯命，受玉惰。過歸告王曰：晉侯無後」。告王之言乃內史過，非召武公也。此云召公譏之，誤。其所以誤者，召武公亦名過耳。見國語。

惠公用虢射謀，不與秦粟，而發兵且伐秦。

案：晉無因饑伐秦之謀，說在秦紀。

六年春，秦繆公將兵伐晉

案：秦伐晉，左傳在九月，經從赴在十一月，此言春誤。

更令梁繇靡御

案：內外傳梁由靡御韓簡，無更御惠公之事。

反獲晉公以歸，秦將以祀上帝。

案：祀上帝，妄也，說在秦紀。

欲使人殺重耳於狄，重耳聞之如齊。

案：如齊求入，非爲惠公欲殺之故也。又事在惠公七年，此書於六年，亦非。

梁伯卜之

案：左傳僖十七年，梁卜招父與其子卜之，非梁伯也。

有賢士五人：曰趙衰；狐偃咎犯，文公舅也；賈佗；先軫；魏武子。

景吏部曰：「五士所說不同，僖二十三年左傳數狐偃、趙衰、顛頡、魏武子、司空季子爲五，杜注云『狐毛賈佗皆從，而舉五人者，蓋賢而有大功。』則既與世家異矣。昭十三年傳『有士五人，子餘、子犯爲腹心，魏犨、賈佗爲股肱，』杜氏據僖二十三年傳所數五人爲注，又云『稱五人而說四士，佗又不在本數，蓋叔向所賢。』索隱於後文『五蛇爲輔』曰『狐偃、趙衰、魏武子、司空季子及子推。舊云五臣有先軫、顛頡，今恐二人非其數。』呂氏春秋介立注以衰、偃、佗、犨、推爲五，則又與經、史異矣。國語止稱狐、趙、賈三人，余謂當定狐偃、趙衰、賈佗、魏犨、胥臣爲五士，胥臣卽司空季子。杜言賈不在數，殊妄，內外傳明列之也。而傳數顛頡頗不足據，反國未幾，奸命被戮，豈曰能賢。從亡之臣如狐毛、顛頡、舟僑介推之徒，其人甚衆，皆不得與五士比。而史數先軫，乃不攷而誤書之耳，軫未嘗從亡，故叔向云『欒郤狐先爲內主也。』又此敍五人不應夾述狐偃獨詳，疑『咎犯文公舅也』六字，是後人之注，錯入本文。」

獻公卽位，重耳年二十一。「一」當作「二」，各本俱譌。

附案：史言文公二十二獻公卽位，四十三奔狄，六十二反國，卒時年七十。左、國言文公生十七年而亡，十九年而反，凡三十六年卒，時年四十四，何不同若是。余謂信左、國不如信史記。奚以明之？其守蒲城也，二孌曰：「疆埸無主，則啟戎心。若使重耳主蒲，可以懼戎。」依史記，文公守蒲城時年三十二，與懼戎之說正合，依左、國，但六齡耳，非適足以啟戎心乎？其戰城濮也，楚子曰：「天假之年，而除其害」。依史記文公戰城濮時年六十六與假年之說相符，依左、國僅四十耳，年少於楚成，安得謂天假之年乎？

獻公十三年，以驪姬故，重耳備蒲城守秦。

案：事在十一年，說見表，依史亦當作「十二年」。

狄伐咎如

案：左傳作「廧咎如」，此缺「廧」字。索隱所引别本非。

以長女妻重耳，以少女妻趙衰。

案：左傳重耳取少女，衰取長女，索隱已言之。

夫齊桓公好善

案：此當作「齊侯」。

今聞管仲、隰朋死，此亦欲得賢佐，盍往乎？

案：此卽國語狐偃所云「管仲没矣必求善以終」之説，特傳聞異詞耳。故年表亦云「重耳聞管仲死，去翟之齊」，其實重耳如齊將以求入，非因聞仲死而往，若欲代其位也。

過衞

案：表依晉語言重耳先適齊後過衞是也，此又從左氏先衞後齊，似不合事情。

趙衰曰：士者，有土也。

案：以子犯爲趙衰，非。

齊桓公厚禮，而以宗女妻之。

案：傳言桓公妻之是桓公之女，非宗女也。

留齊凡五歲

案：「五」乃「三」之誤。重耳以齊桓四十二年如齊，明年桓公卒，又明年爲齊孝公元年，遂適衞，爲衞文公十八年，有邢、狄之難，故有不禮重耳之事。

咎犯曰：「事不成，犯肉腥臊，何足食！」

案：事不成何以不足食，語見外傳，此所說不同。

去，過宋，宋襄公新困兵於楚，

案：過宋不在襄公傷泓之後，說在宋世家。

宋司馬公孫固善於咎犯，曰：「宋小國，新困，不足以求入，更之大國。」

案：晉語公子與固善，固言於襄公而禮之，非固善於犯使更之大國也。

鄭叔瞻

附案：「瞻」與「詹」同，而呂氏春秋又作「被瞻」。務本上德務大篇。

鄭君曰：「諸侯亡公子過此者衆，安可盡禮！」

案：此史公約國語文，而以曹共公之言爲鄭君，舛矣。

趙衰曰：子亡在外十餘年，

案：國語作子犯之言。

楚將子玉怒

案：是畏之，非怒之也。

繆公以宗女五人妻重耳
案：宗女非也，説在秦紀。
十一月，葬惠公。
案：此語不知何據？春秋三傳無之。
所不與子犯共者
陳大令樹華曰「古人相與言，雖卑幼亦字尊長，故甥不嫌呼舅之字。然左、國述重耳此誓作『舅氏』也。至下文述文公之言曰『偃説我毋失信，』直呼舅名，古君臣之間似不然，蓋史公失檢處」。
是時介子推從在船中，乃笑曰：「天實開公子，而子犯以爲己功而要市於君，固足羞也。吾不忍與同位。」乃自隱。
案：此疑卽下文推譏賞從亡一段語，史公謬分之，附會爲此説耳。
夏，迎夫人於秦。
案：内外傳文公迎夫人卽在元年春三月，非夏也。
介子推從者憐之，乃懸書宮門，
附案：龍蛇之歌，呂子介立、新序節士、説苑復恩並載之，而其詞各異，不但與史有殊，蓋所傳不同耳。至呂子謂推懸詩公門，新序謂推因酌酒陳詞，與「身隱焉」文之意不合，自是推從者爲之。説苑又言舟之僑有此歌，恐誤記。

聞其入緜上山中，於是文公環緜上山中而封之，以爲介推田。

案：左傳言推與母偕隱而死，晉侯求之不獲，以緜上爲之田，非入緜上山中。若隱在緜上山中，則求之卽得，何不獲之有？呂氏春秋言「推伏於山中」，亦不知何山？史似誤，且其封非推生前事也。日知録二十七云「推隱未幾而死，故以田禄其子耳。楚辭九章『思久故之親身兮，因縞素而哭之，』明文公在時推已死，若如史記，則受此田者何人乎？於義有所不通矣。至被焚之説，起於戰國時附會，故莊子盜跖篇有之，殊不足據。屈原九章亦有立枯語。後人誤信，遞相傳述，遂嫁其事於寒食之禁火，容齋三筆曾辨之。甚且謂推之妹介山氏亦積薪自焚，見金元好問遺山集，日知録二十五卷辨之。豈不誕哉！」

從亡賤臣壺叔

附案：「壺叔」，呂子當賞篇作「陶狐」，韓詩外傳三及説苑復恩作「陶叔狐」，古字通借也。

趙衰曰：求霸莫如入王尊周，

案：左傳及年表皆作咎犯之言，此作「趙衰」，誤。

周襄王賜晉河内陽樊之地

案：晉語王賜以南陽之地陽樊、温、原、州、陘、絺、鉏、欑茅凡八邑，此不具，左傳亦祇書其四。

使狐偃湖本訛「匽」。將上軍，狐毛佐之，

徐氏測議曰：「狐偃讓於狐毛，狐毛將上軍，狐偃佐之，史記不備，誤也。」

命趙衰爲卿

案：晉語衰三命三辭，文公所謂三讓不失義也，此不言衰辭卿，疏矣。

往伐

案：伐曹、衞在五年，此書於四年，非也，説見表。

冬十二月，晉兵先下山東，而以原封趙衰。

案：原乃王所賜，事在文公二年，豈此時下兵山東而得之乎？趙衰爲原大夫亦在二年，此敍於四年十二月，與年表書於元年，一前一後，其誤同也。

衞侯居襄牛，公子買守衞。

案：公子買上不言魯使，幾何不以買爲衞之公子乎？又不書魯殺買事，亦疏。

楚救衞，不卒

附案：徐廣謂「卒」一作「勝」。傳云「不克」，則「勝」字是。王孝廉曰「殆誤本左氏『不卒戍也』句來」。

而用美女乘軒者三百人也

案：「用美女」三字誤增也。左通曰「豈史公以詩稱『婉孌季女』而遂傅會之耶？」曹世家論不言美女，疑爲衍文。

文公曰：「昔在楚，約退三舍，可倍乎！」

案：此乃史公約内、外傳文，然是子犯之言，誤以爲文公也。下「文公曰：城濮之事，偃説我毋失信」。正指斯語。

天子使王子虎命晉侯爲伯

案：左傳「王命尹氏及王子虎、内史叔興父策命晉侯爲侯伯」。注云「尹氏、王子虎皆卿士，叔興父大夫也。三官命之，以寵晉」。此止言王子虎，疎矣。

賜大輅，彤弓矢百，玈弓矢千，

案：據傳「大輅」下失書「戎輅」。又「彤弓」下缺「一」字，并缺「彤」字，蓋弓一矢百，弓十矢千也。

虎賁三千人

案：傳作「三百人」，是。

周作晉文侯命：「王若曰：父義和」

案：尚書文侯之命，平王命晉文侯仇所作，乃以爲襄王命文公重耳，舛矣。索隱已糾之，後儒俱以史爲誤，惟劉伯莊言「天子命晉同此一辭」，可哂之甚。依樣畫葫蘆，後世或然，三代時亦有印板文字耶？左傳載命辭曰「王謂叔父：敬服王命，以綏四國，糾逖王慝」。是重耳之策書也，豈忘檢左傳乎？新序善謀篇同史誤。史詮謂「自此至『永其在位』。當在前文侯十年，『秦襄公始列爲諸侯』之下，蓋脱簡也」。然隔越太遠，文義亦不屬。

晉焚楚軍，火數日不息。

案：焚軍之言，史本韓詩外傳七，說苑亦有。蓋因左傳「晉師三日館穀」而妄爲之說。

壬申，遂率諸侯朝王於踐土。

索隱曰：「左氏『五月盟踐土，冬，會溫，天王狩於河陽；壬申，公朝王所』此文亦説冬朝於王，當合於河陽溫地，不合取五月踐土之文也。」

先縠將右行

案：先縠即彘季，晉景公時佐中軍，文公朝恐未得將右行，左傳作「屠擊」，是也。

圍鄭，欲得叔瞻。叔瞻聞之自殺。鄭持叔瞻告晉，晉曰：「必得鄭君而甘心焉。」

案：國語文公圍鄭曰「予我詹而師還。鄭以詹與晉。詹有辭，乃弗殺，禮而歸之。鄭以詹爲將軍」。則瞻未嘗自殺，晉亦無欲得鄭君語也，此及鄭世家並妄。

得爲東道交

附案：索隱曰「交猶好也。諸本及左氏皆作『主』」。

軫乃追秦將

案：左傳公使陽處父追之，非先軫也。

秦果使孟明伐晉，報殽之敗，取晉汪以歸。

案：是年晉敗秦於彭衙，又取秦汪，兩事也，此誤，説見表。

五年，晉伐秦，取新城，

疏證曰「『新城』上脱一『邧』字，觀左傳及年表可知」。

六年，趙衰成子、欒貞子、咎季子犯、霍伯皆卒。

案：文五年左傳書四卿卒，年表與傳同，是也，而此增子犯爲五人。攷傳，僖三十一年爲文公八年，至此凡八載，不見有子犯，而國語言子犯之卒在蒐清原後，其時霍伯將上軍，趙衰將新上軍，因子犯卒文公使趙衰代子犯佐上軍。而蒐清原在文公八年秋，明年冬文公卒，又明年爲襄公元年，霍伯爲中軍帥矣。則子犯不但先四卿卒，并先文公卒，此以子犯與四卿同卒於晉襄六年，誤也。說苑正諫篇謂咎犯在平公時，尤妄。盧學士曰「子犯或是臼季字」。

賈季亦使人召公子樂於陳

案：文六年傳此下有「趙孟使殺諸郫」一句，似不可缺。

齊、宋、衞、鄭、曹、許君皆會趙盾，盟於扈。

案：此失敍陳侯。

秦亦取晉之鄀

索隱曰「左傳文十年夏，秦伯伐晉取北徵，卽年表所謂之徵，今云鄀者，字誤也。」

使趙盾、趙穿、郤缺擊秦，大戰河曲，趙穿最有功。

案：文十二年河曲之戰，趙盾、郤缺、欒盾爲上、中、下三軍將，而佐之者荀林父、臾駢、胥甲也，趙穿雖卿，不在軍行，疑趙穿是欒盾之誤。又穿撓謀恃勇，幸逃不用命之討，而乃以爲最有功，何哉？是役也交綏而遁，亦不可言大戰，說在秦紀。

因執會以歸晉

案：傳云魏人譟而還，喜得士會也，不可言「執」。

晉使趙盾以車八百乘平周亂而立匡王

索隱曰：「文十四年傳云『趙盾以諸侯之師八百乘納捷菑於邾，不克，乃還。』而『周公閱與王孫蘇訟於晉，趙宣子平王室而復之。』則以車八百乘自是宣子納邾捷菑，不關王室之事，但文相連耳，多恐是誤也。」史詮云「年表『八百乘』下有『納捷菑』三字，與傳合，世家缺也。」

使鉏麑刺趙盾，盾閨門開，居處節，鉏麑一本此下有「退」字。歎曰：「殺忠臣，棄君命，罪一也。」（金陵本作「鉏麑退」。）

案：門開、處節，何以爲忠？攷麑見盾晨闢寢門，盛服將朝，坐而假寐，故歎其恭敬，此左傳也。又見盾閨門無人，且食魚飧，故稱其易而儉，此公羊傳也。史公牽合兩傳，割裂不明耳。

餓人，示眯明也。

索隱曰「鄒誕生音示眯爲祁彌，即左傳之提彌明，蓋由音相近字遂變耳。」人表水經注作「祁」，與公羊傳同，釋文引左、續郡國志注一引史作「祇」。又左氏桑下餓人是靈輒，示眯明是嗾當作「搏」。獒者，眯明鬬而死，今合二人爲一人，非也」。誤從呂覽報更篇來，水經注四亦誤從史。

未知母之存不，願遺母。

滹南集辨惑曰：「存否且不知，顧安所遺乎？左傳有『今近焉』三字，於理乃通，遷鹵莽而失之耳。」

已而爲晉宰夫

滹南集曰「言其職則明爲右而輒爲介，言其終則明死輒亡，而史云餓人卽提彌明且又以爲宰夫，何耶？」

盾昆弟將軍趙穿

案：「昆弟」二字非，左傳注穿是趙夙庶孫，爲盾從父昆弟之子。

虜秦將赤

案：此卽左宣八年殺秦諜之事，說見秦紀。

晉使中行桓子伐陳，因救鄭，與楚戰，敗楚師。是年，成公卒，子景公據立。

案：救鄭者是郤缺非桓子。伐陳救鄭乃兩事，鄭敗楚師，亦非晉也。景公之名，春秋作「獳」。並說在表中。

景公元年春，陳大夫夏徵舒弒其君靈公。

案：陳君之弒，春秋在五月癸巳，則「春」當作「夏」。或謂晉用夏正，故書春。曰：不然。史公所書晉事多依春秋用周正，不應於此獨異。

郤克、欒書、先縠、韓厥、鞏朔佐之

案：宣十二年傳，韓厥爲司馬不爲軍佐。而朔是上軍大夫之一，亦非佐也。上、中、下三軍，每軍二大夫，何獨舉朔乎？

隨會曰

案：傳是士貞子。

先縠以首計而敗晉軍河上，恐誅，乃奔翟。

案：宣十三年傳縠召赤狄伐晉及清，晉人討邲之敗與清之師，殺縠滅其族，是縠未嘗奔狄也。

縠，先軫子也。

附案：杜注左傳軫子爲先且居，且居子爲先克，而縠不言所出。此以爲軫之子，春秋分記同。蓋從世本則是且居弟矣。高氏士奇春秋姓名考云亦且居子，大事表引陳氏曰疑先克子，皆無據。

卒至晉君言

案：「至」當作「致」。

使郤克於齊，齊頃公母從樓上觀而笑之。所以然者，郤克僂，而魯使蹇，衛使眇，故齊亦令人如之以導客。

案：三傳與史所載各異。左氏曰「帷婦人使觀之」，公羊云「踊於棓而窺客」，穀梁云「處臺上而笑之」，史又云「從樓上觀」，一異也。穀梁云季孫行父禿，晉郤克眇，衛孫良夫跛，曹公子手僂。公羊云郤克臧孫許或跛或眇。杜預、韋昭云「郤子跛」。史又云「郤克僂，魯使蹇，衛使眇」，二異也。穀梁曰季孫，公羊曰臧孫，魯不應一時使二卿聘齊，亦異也。公羊云「使跛者迓跛者，使眇者迓眇者」，穀梁增二語，云「使禿者御禿者，使僂者御僂者」，卽史所云「如之以導客」耳。三傳之不同，或傳聞異詞，史從傳出，乃復乖迕若是，何耶？

魏文子請老休

案：左傳請老者范武子士會也，此誤。魏文子是魏頡，在悼公朝，景公時尚無其人。

齊使太子彊

案：「太子」當作「公子」。

取隆

附案：隆卽龍也，説在表。

魯告急衞

案：成二年傳齊伐魯，臧宣叔如晉乞師，未嘗先告急於衞也。

晉乃使郤克、欒書、韓厥

案：此失敍上軍佐士燮。

傷困頃公

案：「傷」字非。

齊使曰：蕭桐姪子，頃公母；頃公母猶晉君母。

案：「頃公」當作「寡君」。

齊頃公如晉，欲上尊晉景公爲王。

案：尊王之説妄也，辨在表中。

晉始作六卿

案：「六卿」乃「六軍」之誤，説在表。

趙穿

案：此「韓穿」之誤，左成三年可據。

魯怒去，倍晉。晉伐鄭，取汜。

案：成四年傳，公欲叛晉以季文子諫而止，此非實也。又「汜」下失「祭」字，説在表。

伯宗以爲不足怪也

案：山崩川竭，柰何以爲不足怪？史誣伯宗甚矣，蓋據穀梁輦者之言，誤括其意爲伯宗語耳。

楚將子反怨巫臣

案：不及子重，何也？

乃復令趙庶子武爲趙後

案：武乃宣子盾之孫，莊子朔之子，不得言庶。且但云庶子，是何人之庶乎？

立其太子壽曼爲君

附案：厲公之名，説在表。

虜其將成差

案：失書虜女父，説在表。

癸巳

案：此上缺「六月」二字。

其侍者豎陽穀進酒

案内、外傳、人表及韓子十過、飾邪、説苑敬愼是「穀陽豎」，楚子反内豎之名，此及楚世家云「陽穀」，似誤倒，然呂子權勳、淮南人間並作「陽穀」也。

厲公多外嬖姬，歸，欲盡去羣大夫而立諸姬兄弟。寵姬兄曰胥童，

案：「厲公」上失「七年」二字。外嬖者，卽胥童、夷陽五之屬，非婦人也。童爲胥克之子，不聞其有妹在公宮。且妾之稱姬，非當時語，豈因左傳「厲公與婦人飲酒」之言而誤歟？燕世家以「寵人」爲「寵姬」，其誤正同。

八年，厲公獵，

案：左傳此事在成公十七年，爲晉厲七年，史誤以爲八年耳。「八年」二字當書於後「正月庚申」上。

公令胥童以兵八百人襲攻殺三郤。胥童因以劫欒書、中行偃於朝，曰：「不殺二子，患必及公。」

案：攻三郤不止胥童一人，蓋舉其居首者。若不殺及公之言，乃長魚矯也，而以爲胥童語，非。

閏月乙卯，厲公游匠驪氏，欒書、中行偃以其黨襲捕厲公，囚之，殺胥童。

案：傳閏月乙卯殺胥童，非囚厲公之日也，囚公在己卯前。

而使人迎公子周于周而立之，是爲悼公。悼公元年正月庚申，

案：是年爲厲公八年，明年乃悼公元年，當移上文「八年」二字於「正月」上，移「悼公元年」四字於下文「伐鄭」上，衍去「而立之是爲悼公」七字，下文云：「與大夫盟而立之，是爲悼公」。則此爲重出矣。

厲公囚六日死

案：公以庚申日遇弒，其被囚之日無攷，史公誤以乙卯日實之，故云六日。

智罃迎公子周來，至絳，

案：內、外傳迎悼公於京師者荀罃士魴也，迎悼公於清原者，諸大夫也，此有脱誤。

桓叔生惠伯談，談生悼公周

案：遷之父名談，如趙世家張孟談，季布傳趙談，皆改作「同」，爲父諱故也。又高祖功臣表新陽侯呂談，王子表庸侯劉談並作「譚」字，雖古字通寫，或史公亦因避諱改書兼用耳。乃晉世家兩書惠伯談，李斯傳兩書韓談，司馬相如傳、滑稽傳並有「談」字，何耶？孔平仲雜説謂史記無「談」字，殊不然。

秋，伐鄭。

案：此當移前「悼公元年」四字於上，而攷「秋」爲「夏」，蓋晉伐鄭春秋在魯襄元年夏五月，即爲晉悼元年也。

使和戎

附案：魏絳和戎在四年，此牽連書於三年耳。

秦取我櫟

案：秦敗晉於櫟，非取櫟也，疑「取」當作「敗」。

度涇，大敗秦軍。

案：此遷延之役，不可言敗，說見秦紀。

十五年，悼公問治國於師曠，師曠曰：「惟仁義爲本。」

案三傳、國語皆無此事，疑卽左氏晉侯問衞人出君一篇，史改約之也，事在十四年。

平公元年，伐齊。

案：伐齊在三年。

齊靈公與戰靡下，齊師敗走。晏嬰曰：「君亦毋勇，何不止戰？」

案：徐廣云「靡，一作『歷』」。索隱謂「卽靡笄」。蓋歷下與靡下一耳，在今濟南府。然襄十八年左傳曰「齊侯禦諸平陰」，在今東平州平陰縣，則此言靡下似非。又齊未與晉交兵，不可言戰，而晏子亦未嘗勸戰也，此說在齊世家。

東至膠

案：左傳云「東侵及濰」。

晉欒逞有罪，奔齊。

案：欒懷子之奔齊在平公七年，此書於六年，誤，蓋其奔楚在六年也。至懷子之名，年表及晉與田完世家並作「逞」，避惠帝諱改。齊世家依春秋作「盈」，史公失檢耳。然古字實通借，余得一確證，昭二十三年春秋書沈子之名，公羊作「楹」，穀梁作「盈」，釋文云本亦作「逞」。左氏作「逞」。至說苑善說篇以爲「欒達」，明是「欒逞」之譌。又類篇「逞」字注云「怡成切，人名，晉有欒逞。」集韻同。則逞仍讀若盈，故索隱於年表云「如字」。於田完世家云「音盈」。

齊莊公微遣欒逞於曲沃，以兵隨之。齊兵上太行，

案：襄二十三年傳遣欒盈與伐晉登太行，判然兩事，此誤併爲一也。下文言莊公聞逞敗乃還，亦非。

平公欲自殺，范獻子止公。

案：此無其事，內、外傳但言范宣子奉公如固宮而已。

曲沃攻逞，逞死，

案：傳盈襲絳不克，奔曲沃。晉人圍曲沃，克之，殺盈。非曲沃攻之而死也。

齊崔杼弒其君莊公。晉因齊亂，伐敗齊於高唐。

案：年表亦云伐齊至高唐，攷襄二十五年傳，晉伐齊，而齊弒莊公，說晉請成，晉受賂還。則晉未嘗與齊戰，不得言敗齊，且未嘗至高唐也，年表、世家同誤。

齊使晏嬰如晉，與叔嚮語。

案：此與趙世家皆載叔向與晏子語，乃史公依昭三年傳以意言之也，兩世家文各不同。

二十二年，伐燕。

案：晉無伐燕事，説在表。

九年，魯季氏逐其君昭公，昭公居乾侯。

案：晉頃公九年昭公孫於齊，至頃公十二年乃居乾侯，此誤。

晉之宗家祁傒孫，叔嚮子，相惡於君。六卿欲弱公室，乃遂以法盡滅其族，而分其邑爲十縣，各令其子爲大夫。

案：趙、魏世家同。年表云六卿誅公族，分其邑，各使其子爲大夫，此卽左昭二十八年滅祁氏、羊舌氏事也。杜預不言二氏所出，韋注國語云祁奚晉大夫高梁伯之子。程公説春秋分記、通志氏族略三皆云晉獻侯後。唐書世系表謂羊舌氏，晉武公子伯僑之後。通志略謂靖侯後。二氏之滅，由於祁勝賂荀躒，非關六卿之故。十縣大夫，除趙朝、韓固、魏戊、知徐吾四姓外，其六人者皆以賢舉，豈盡六卿之子姓族屬乎？史誤。

孔子相魯

案：相魯，非也，説在孔子世家。

趙鞅使邯鄲大夫午，不信，欲殺午，午與中行寅、范吉射親攻趙鞅，

案：定十三年傳，攻鞅者范中行也，事在七月，而午已於六月前爲鞅所殺，安得與攻鞅之役乎？

魏侈

附案：魏襄子之名，春秋經、傳作「曼多」，公羊作「魏多」，晉、魏世家作「侈」、趙世家作「哆」。左通曰「哀十三年曼多，公羊作『多』」，與史索隱引系本合。古人二名間稱一字，如晉重耳爲晉重，樂祁犁爲樂祁之屬。廣韻侈、哆並尺氏切，而集韻多又音章移切，聲相近。又廣韻哆，丁可切，與多亦近。集韻『哆，齒者切，或作「侈」』，音雖不同，亦通用之證，未得謂誤。魏世家索隱以「哆」字誤，非。如墨子所染篇桀臣推哆，人表作『推侈』，可見」。墨子明鬼篇亦作「推哆」，晏子春秋、韓子、賈子並作「侈」，而呂氏春秋又作「多」，可互諭。

十一年（金陵本作「三十一年」。）

附案：此三十一年也，湖本缺。

出公奔齊，道死。

案：趙世家亦有此言，史公以奔齊爲立年之斷，故云道死。據紀年，出公在位二十三年，奔齊之後六年始薨，非死於十七年奔齊時也。六國表作「十八年」，非。

是爲哀公

案：「哀」當作「懿」，說在六國表。

哀公四年，趙襄子、韓康子、魏桓子共殺知伯，盡并其地。

案：索隱云「如紀年之說，此乃出公二十二年事」。是也。說見六國表。

十八年，哀公卒。

案：當作「二十二年懿公卒」，說見表。

幽公之時，晉畏，

附案：索隱曰：「宋忠引此注系本，『畏』字作『哀』。」

十五年，魏文侯初立。

案：文侯立於晉幽公六年，當周威烈王二年。魏世家云「文侯元年，秦靈公之元年，」是也，此誤。竹書謂文侯立於周考王元年，晉敬公十八年，亦非。

十八年

案：幽公止十年，史誤作「十八年」，說在表。

烈公十九年，周威烈王賜趙、韓、魏皆命爲諸侯。

案：事在十七年，此誤。

子孝公頎立

附案此公名謚皆有二，說見表。

孝公九年，魏武侯初立。

案：「九年」當作「七年」。

十七年，孝公卒，

案：孝公之卒，此與表俱誤，說見表。

子靜公俱酒立，是歲，齊威王元年也。靜公二年，魏武侯、韓哀侯、趙敬侯滅晉後而三分其地。静公遷爲家人，晉絶不祀。

案：静公之立，疑在周顯王九年，當齊威十九年，此謂立於齊威元年，與表在二年俱誤。分地在晉孝公十七年，當齊威三年，至静公絶祀時，乃奪其所遷之屯留一城耳，此亦誤。静公名似無「酒」字。並説在表。

悼公以後日衰

黄氏日抄曰「悼公十四歲得國，一旦轉危爲安，功業赫然，漢昭帝流亞也。太史公例言悼公以後日衰，語焉不詳，悼公稱屈九原矣」。

史記志疑卷二十二

楚世家第十

高陽者，黄帝之孫，昌意之子也。

案：顓頊非出黄帝，説在五帝紀。

高陽生稱，稱生卷章，

附案：大戴禮帝繫、山海大荒西經及人表，並謂「顓頊生老童」，韋昭注鄭語從之。集解引譙周謂「老童卽卷章」，則卷章爲顓頊之子，此以爲孫，誤矣，而不知其謬也。史言高陽先稱甚是，禮祭法疏引春秋緯云顓頊傳二十世，詩生民及左文十八疏作「九世」。則高陽乃一代通號，名稱者爲顓頊後世子孫所生，非顓頊之子，故史不曰顓頊生稱而曰高陽生稱耳。

卷章生重黎，重黎爲帝嚳高辛居火正，

附案：左昭二十九年蔡墨論社稷五祀，「少皞氏之叔曰重爲勾芒，木正。顓頊氏之子曰犂爲祝融」。不言何帝使爲此官。鄭語「黎爲高辛氏火正」。楚語「顓頊顓頊者顓頊氏也，亦一代通號。命南正重司天以屬神，火正黎司地以屬民」。山海大荒西經「常令重獻上天，令黎卬下地」，重與黎乃少皞、顓頊之後世子孫，當高陽時爲南正、火正之官，歷至高辛仍居此職，而黎又嘗以火正兼司天地，蓋重徙爲木正故耳。其後遂以重黎爲號，不關少昊之重，韋注「重黎官名，楚之先爲此二官」。大紀云「嚳使火正兼掌重職」。是以楚語云「重黎世敍天地」，鄭語云「荆重黎之後」，大戴禮、世本、山海經皆云老童生重黎。史公本之作楚世家及自序傳，非誤也。若以史爲誤，無論楚不應有二祖，而序司馬氏之先，豈有自誣其祖之理乎？書堯典、詩檜風、左傳疏及史索隱所說並謬。

共工氏作亂，帝嚳使重黎誅之而不盡。帝乃以庚寅日誅重黎，而以其弟吳回爲重黎後，復居火正爲祝融。

案：嚳誅重黎，史公之妄記也。初命之而繼誅之，嚳是聖君，黎是功臣，寧有此乎！路史後紀八云「黎卒，帝嚳以回代之」，當是已。孔仲達不知史之誤，故于堯典疏云「前命後誅，當是異人。明是重黎之後，世以重黎爲號，所誅重黎是有功重黎之子孫也。呂刑說羲和之事猶尚謂之重黎，況彼尚近重黎何故不得稱之？以此知異世重黎，號同人別」。依孔所說，則「其弟吳回」一語不可通矣。

陸終生子，坼剖而產焉。（金陵本作「陸終生子六人」，此引脫「六人」二字。）

案：六子脅生，大戴禮、世本見水經注二十二。皆載之，譙周以爲妄，而干寶極辨其可信。通志氏族略、路史餘論從寶之說，廣引脅生者以爲之徵。然吾從允南，蓋古雖間有脅生之人，而不聞兩脅並開，六子齊出者也。

其長一曰昆吾

案：「長」與「一」不宜連文，索隱本作「長曰」，左昭十二疏引作「一曰」，蓋所見本有此異文，後人妄合寫之。又昆吾等六人只季連稱名，餘或書國，或書姓，例既不齊矣。而六人興滅，惟參胡無後，或可不及，此外五人，鄭語所載甚明，乃止敍昆吾、彭祖、季連，不及鄶、曹，何也？鄭語注「昆吾陸終第二子」，乃今本之譌，宋本韋注是「第一」字。

季連生附沮，附沮生穴熊。

附案：裴引孫檢曰「沮，一作『祖』」。帝繫作「什祖內熊」，路史後紀八作「附敍」，未知孰譌。

弗能紀其世

附案：史云弗能紀其世，而杜注僖二十六年左傳，以鬻熊爲祝融之十二世孫，未知出何書？路史後紀八謂「禹定荆州，季連居其地，生附敍，始封于熊。成王時熊氏畔，乃復封繹于荆」，亦難考。

鬻熊子事文王，蚤卒。

附案：路史後紀八注據鬻子書「九十見文王」之語，以史言早卒爲謬，非也。今鬻子是僞書，故有封康叔及三監、曲阜事，而賈子修政載成王六歲往鬻子之家問道，恐亦難信。

熊繹當周成王之時，舉文武勤勞之後嗣，而封熊繹於楚蠻，

案：墨子非攻下篇「楚熊麗始討睢山之間」。麗是繹祖，睢爲楚望，然則繹之前已建國楚地，成王蓋因而封之，非成王封繹始有國耳。「討」疑作「封」。

熊繹生熊艾，熊艾生熊䵣，熊䵣生熊勝。熊勝以弟熊楊爲後。

案：世表、人表「艾」作「乂」，古通。而人表「勝」作「盤」，說見世表。「䵣」與「楊」，世表作「黮」作「煬」，人表作「亶」作「錫」，索隱引別本同。蓋俱以形聲相近，至所傳異耳。又人表以盤爲乂子，以錫爲盤子，未知孰是，亦說在表中。

少子執疵爲越章王

案：世本無「執」字，「越」作「就」。大戴禮云其季之名爲庛，爲戚章王，未知孰是。

熊渠卒，子熊摯紅立。摯紅卒，其弟弒而代立，曰熊延。

案：熊摯、熊紅爲兄弟二人，皆熊渠子也，安得稱熊摯紅哉！攷左傳僖二十六年言摯有疾，竄夔，失楚。疏曰：「世家無其事，不知摯是何君之嫡，何時封夔？鄭語孔晁注云：『熊繹玄孫摯有疾，楚人廢之，其弟延。摯自棄于夔，子孫有功，王命爲夔子』，亦不知何據？」孔疏如此，今所傳韋昭國語注本于孔晁。但熊延繼紅而立，孔、韋兩注皆缺紅一代，惟韋改繹玄孫爲繹六世孫，與世家合。余疑熊渠有四子，長爲摯，次紅，次康，次執疵。世家稱熊渠生子三人，以康爲長子，紅爲中子，執疵爲少子，而不數摯者，必因廢疾竄處，不復齒之耳。熊延當卽執疵，既代立而改名也。譙周謂「熊渠卒子熊翔立」，疑紅之改名。史于世表、世家俱合摯、紅爲一人，殊誤。且既云紅卒，則非弒矣。而云弒者，蓋弒其子，史有脫文耳。索隱欠明。

次子叔堪

案：索隱「堪，一作『湛』。」鄭語作「叔熊」。

少子季徇

案：「徇」字疑「紃」之誤，說在十二侯表。

子熊眴立，是爲蚡冒。

案：韓子和氏篇謂厲王薨，武王即位。外儲説左上亦稱楚厲王楚辭東方朔七諫云「遇厲、武之不察，羌兩足以畢斮」，是蚡冒謚厲王矣，史何以不書？後漢孔融傳注引韓子作「武王、文王、成王」與今本異。藝文類聚引琴操作「懷王平王」乃誤也。陳彭年修梁顧野王玉篇「眴」作「眗」。宣十二年左傳疏引此作「煦」，疑是譌刻。

蚡冒弟熊通

案：左文十六注云「蚡冒，楚武王父」。疏曰「劉炫云，世家『蚡冒卒，弟熊達殺蚡冒子而代立』，則蚡冒是兄，不得爲父。今知不然者，世家多紕繆，與經、傳異，杜非不見其文，但見而不用耳」。劉以世家規杜，非也。又武王之名，各本史記皆作「熊通」而杜世族譜、左文十六、宣十二、昭二十二疏及釋文引世家並是熊達，桓二年疏不引世家亦是熊達，蓋今本誤。漢地理志、淮南主術注俱作「達」也。困學紀聞十一引史作「達」，宋本尚不誤。

二十三年，衞弑其君桓公。

案：事在武王二十二年。

請王室尊吾號

附案：韓子載楚厲王飲酒誤擊戍鼓及和氏獻璞刖足二事，以蚡冒爲厲王，然則熊渠去王之後，蚡冒又已稱王，不待熊通始僭王號也。但諸子之言，恐不可信，且安知非武王追加之乎？故杜注左傳桓二、莊四。依史以稱王自武始。楚欲僭王，何用請于王室，此正如唐末藩鎮謂「旌節吾所自有，但須長安本色耳」。至漢書五行志引京房易傳，以爲楚嚴莊王也。始稱王，則誤甚，史通駁之矣。

子文王熊貲立，始都郢。

案：左桓二年疏謂「漢地理志從史記文王徙郢，世本及杜譜云武王徙郢，未知孰是」。春秋地名攷略曰「左昭二十三年沈尹戌曰『若敖、蚡冒至于武、文猶不城郢』。則居郢并不始武王，疑數世經營，至武、文始定耳。」

虜蔡哀侯以歸，已而釋之。

案：蔡世家言留而不釋也，説在彼。

十三年卒，子熊囏立，是爲杜敖。杜敖五年，欲殺其弟熊惲，（金陵本作「莊敖」。）

案：「十三年」當作「十五」，「五年」當作「二年」，「杜」當作「堵」，「惲」當作「頵」，俱説見表。下「熊」字衍。

二十二年，伐黄。

案：事在二十三年。

二十六年，滅英。

案：此當作「二十四年滅黄」，説見表。

襄公遂病創死

附案：宋襄公死于楚成王三十五年，此牽連書于三十四年耳。湖本「創」譌「瘡」。

三十九年，魯僖公來請兵以伐齊，

案：「九」字當作「八」。

夏，伐宋。

案：此上缺書「三十九年」，但春秋圍宋在冬，此作「夏」，誤。

晉救宋

案：此上缺書「四十年」。

饗王之寵姬

集解曰「姬，當作『妹』」。

六、蓼皐陶之後。

案：蓼非皐陶後，説在陳杞世家。「皐陶」下缺「庭堅」二字。

子莊王侶立

附案：莊王名説在表。

莊王卽位三年，不出號令，

案：文十六年傳莊王二年嘗乘馹會師而滅庸矣，何言三年無令乎？

伍舉入諫　任伍舉、蘇從以政

案：伍舉在康、靈之世，事莊王者乃其父伍參，此與子胥傳同誤，何異說苑正諫篇言莊王以椒舉爲上客乎？然大鳥之諫，史誤以爲伍舉，吴越春秋及大紀誤從史。而韓子喻老篇稱右司馬，吕氏春秋重言篇作「成公賈」，新序雜事二作「士慶」，莫定所屬。

蜚將冲天　鳴將驚人

附案：兩「將」字毛本作「則」。

是歲滅庸

案：事在二年，非三年也。

六年，伐宋，獲五百乘。

案：春秋宣元年「楚侵陳，遂侵宋」，年表書之，此不言伐陳，脱也。又獲乘乃次年鄭受楚命伐宋事，亦非五百乘，實四百六十乘，此誤。

莊王曰：「子無阻九鼎，楚國折鉤之喙，足以爲九鼎。」

繹史曰：「問鼎亦窺鼎之漸，故王孫滿阻之甚力耳。至折鉤之語，恐是太史公所增。」

相若敖氏。人或讒之王，恐誅，反攻王。

案：左傳越椒殺司馬蔿賈因而攻王，非畏讒而反也。

滅舒

案：「舒」下缺「蓼」字。

莊王乃復陳國後（金陵本作「乃復國陳後」。）

附案：毛本「國」字在「陳」上，是也。

圍宋五月

案：「五月」乃「九月」之誤，説見表。

莊王曰君子哉

附案：此史公隱括其事而爲言，猶宋世家云「誠哉言也」，非莊王有是語。

從者豎陽穀

案：「穀陽」作「陽穀」，説在晉世家。

王怒，射殺子反，

案：成十六年春秋「楚殺其大夫公子側」，據左傳是子反自殺，而韓子十過、呂氏春秋權勳、淮南人間訓並云共王斬之。左傳疏引呂子云「傳依簡牘本紀，彼采傳聞異辭，所説既殊，其文亦異」，則此云射殺，殆亦傳聞異耳。

子員立

案：左氏春秋作「麇」，杜注作「熊麇」，索隱引左傳作「麏」，古字通。公、穀皆作「卷」，此又作「員」，未詳。

郟敖三年，以其季父康王弟公子圍爲令尹，

案：圍爲令尹在元年，説在表。

遂殺其子莫及平夏

附案：各本「幕」譌脱爲「莫」。湖本「平」字誤爲句。

而圍立，是爲靈王。

案：不書靈王改名虔，似疎，説在表。

於是晉、宋、魯、衞不往

案：左昭四年申之會，不往者魯、衞、曹、邾四國也，史于表改四國爲三，于世家改曹、邾爲晉、宋，妄已。

於是靈王使弃疾殺之

案：左傳不言使弃疾殺慶封也。

七年，就章華臺。

案：在六年，説見表。

八年，使公子弃疾將兵滅陳。

案：事在七年。

召蔡侯醉而殺之。使弃疾定蔡，因爲陳蔡公。

案：醉殺非也，説在表。又左傳爲蔡公者弃疾，爲陳公者穿封戌，在弃疾爲蔡公前，此誤。

析父對曰：其予君王哉！

索隱曰：「據左氏，此是右尹子革之辭，史蓋誤也。」

靈王喜曰：「析父善言古事焉。」

案：史既誤以子革爲析父，又删去析父規子革語，謂王喜析父善言事，妄已。若以析父之對取國語，則又不合，蓋以子革之辭爲析父之對也。而引祈招一節政其警策，何以删之？

初，靈王會兵於申，僇越大夫常壽過，殺蔡大夫觀起。起子從亡在吳，乃勸吳王伐楚，爲間越大夫常壽過而作亂，爲吳間。使矯公子弃疾命召公子比於晉，至蔡，與吳、越兵欲襲蔡。

案：左襄二十二、昭十三傳，觀起爲令尹子南之寵人，非爲蔡大夫也。康王車裂觀起，非靈王殺于申之會也。起子從在蔡事蔡朝吳，非亡在吳國也。先是薳、許、蔡、蔓四族開常壽過作亂，非觀起爲間也。何起召公子比、公子黑肱襲蔡，非使吳、越召之也，非欲與吳、越也。蓋其時吳未嘗伐楚，何勸之有？何間之有？而襲蔡無吳、越，亦何緣合其兵，豈因昭十三年傳下文吳獲楚五帥，又滅州來而誤説之歟？御覽五百二十六引桓譚新論有吳伐楚獲太子及后姬事，與傳異，與史合，恐不足據。

芊尹（金陵本作「芋」。）

附案：「芋」譌「芊」，説見表。

遇王飢於釐澤

案：左傳、吳語作「棘圍」。

五月癸丑，王死申亥家。

附案：左傳作「癸亥」。左通曰「杜云癸亥五月二十六日，皆在乙卯、丙辰後，傳終言之。史作癸丑，乃此月十六日，在乙卯、丙辰前，與下傳文勢更順」。

國人每夜驚，曰：「靈王入矣！」乙卯夜，弃疾使船人從江上走呼曰：「靈王至矣！」

案：二「靈」字當衍。傳云「弃疾使周走而呼」，謂周呼於國中也，此小異。史記攷異曰「古文周作『䑟』，或省爲『舟』，故史公謂爲船人之說，非其實也。詩『舟人之子』，鄭康成云當作『周』，考工記『作舟以行水』，注故書作『周』，二文恒相亂」。

而陰與巴姬埋璧於室內

案：湖本譌「巴」爲「已」。又傳云「太室之庭」，祖廟也。史言室內，欠明。

平王二年，使費無忌如秦爲太子建取婦。

案：事在六年，說見秦紀。

生熊珍

案：「珍」當作「軫」，說在表。

是時伍奢爲太子太傅，無忌爲少傅，

案：子胥傳同，左傳是奢爲師，無極爲少師也。

乃令司馬奮揚召太子建，欲誅之，太子聞之亡奔宋。

案：傳言王使奮揚殺建，奮揚遣之，此異。

楚太子建母在居巢

案：昭二十三年傳「建母在郹」，此與吳世家同誤。

吳使公子光伐楚，遂敗陳、蔡，取太子建母而去。

案：左傳吳取建母在冬十月，敗陳、蔡乃雞父之役，在秋七月，史公誤合爲一。又吳敗頓、胡、沈、蔡、陳、許并楚爲七，故公子光曰「七國同役」，此與吳世家止言陳、蔡，亦疎。

與楚邊邑鍾離小童爭桑

案：諸處皆言是女子，獨此改稱小童，恐非。

吳王聞之大怒，亦發兵，使公子光因建母家攻楚，遂滅鍾離、居巢。楚乃恐而城郢。

案：上文言楚城郢，此申言城郢之故。索隱謂史重出，正義謂「復修自固」，皆非也。然城郢在滅二邑前一年，非因滅邑而後城郢，亦非因建母家，是則史之誤耳其所以誤者，蓋以建母之在郹爲在巢，遂以十年吳入郹爲十一年之滅二邑矣。左昭二十四傳楚爲舟師略吳疆，吳踵楚滅二邑，史言釁起爭桑，必兩事俱有也。

子西，平王之庶弟也。

案：杜預云「子西平王之長庶」，韋昭曰「子西平王之子，昭王之庶兄公子申」。此以爲平王庶弟，下文又云昭王弟，舛矣。

宛之宗姓伯氏子嚭

案：郤宛與伯氏不同族，説在伍子胥傳。

吳三公子奔楚

案：「二公子」誤作「三」，集解非之矣。

七年，楚使子常伐吳，

案：此八年事，説見表。

己卯，昭王出奔。

案：此上缺書「十一月」。

射傷王

案：傳云「以戈擊王，王孫由于以背受之，中肩」，非射傷王也。

欲殺昭王　昭王亡不在隨

案：兩「昭王」當作「楚王」。又隨特不以昭王予吳耳，非謂王不在隨也，故曰「難而棄之，何以事君？執事之患，不唯一人」。

吳請入自索之，隨不聽，

案：左傳無此語，恐妄。

九月，歸入郢。

案：左傳是十月。

吴復伐楚，取番。

案：取番之誤説見表。

孔子相魯

案：相魯之誤説在孔子世家。

滅胡，二十一年，

附案：此錯簡也，當作「二十一年滅胡」，而移于後文「不西伐楚」之下。

越王句踐射傷吴王

案：定十四年左傳越大夫靈姑浮以戈擊闔閭，傷將指死，非句踐射傷之也。

十月，昭王病於軍中

附案：「十月」乃「七月」之譌。

太史曰：是害於楚王，

案：「楚」字衍。

讓其弟公子申爲王，不可。又讓次弟公子結，亦不可。乃又讓次弟公子閭案：哀六年左傳注，三公子皆昭王兄，此誤弟。

是爲惠王

附案：墨子貴義篇作「獻惠王」。

以爲巢大夫，號曰白公。

案：子胥傳「勝居楚邊邑鄢爲白公」，注「鄢音偃。蓋鄢與鄾古通。豫州鄾城縣是，與褒信白亭相近。」白亭在褒信南，本漢鄾縣地。若巢在廬州巢縣，距白亭甚遠。且巢已爲吴所取，安得勝爲巢大夫而號白公乎？鄾邊于吴，故左傳云「使處吴境爲白公」。新序義勇篇直云「使治白，號白公」。至子西召白公與白公請伐鄭，左氏無年，史分書于惠王之二年、六年，妄也，說在表。

八年，晉伐鄭，鄭告急楚，楚使子西救鄭，受賂而去。白公勝怒，乃遂與勇力死士石乞等襲殺令尹子西、子綦於朝。

案：晉伐鄭爲魯哀十五年，在惠王九年，此誤八年也。傳云「救鄭與之盟」，不得言受賂。而白公作亂在惠王十年，此亦誤在八年，子胥傳同誤。

惠王從者屈固負王

案：負王者非屈固，說在子胥傳。

白公自立爲王

案：白公未嘗爲王，此誤。

與共攻白公，殺之。

案：傳云白公奔山而縊，非殺之也。

是歲也，滅陳而縣之。

案：「是歲」二字史敍于八年，徐廣謂爲十年，而不知陳于惠王十一年滅也。

來伐楚

案：吴無伐楚事，説在六國表。

與秦平

徐氏測議曰「不言與秦惡，但言與秦平，記事亦疎」。

是時越已滅吴而不能正江、淮北；楚東侵，廣地至泗上。

案：越世家亦云以淮上地與楚，與魯泗東方百里。顧氏大事表論之曰「泗上，張守節謂廣陵，徐、泗等州，則今揚淮以及徐州、泗州之地皆棄與楚。余閱吴越春秋有云『越既平吴，北渡淮，會齊、晉諸侯徙都于琅邪』。竹書云『晉出公七年，越徙都琅邪』。水經注云『琅邪，越句踐之故都也』。越絶云『句踐平吴霸關東，從琅邪起觀臺，周七里以望東海』。諸書所載，較若畫一。案春秋時琅邪，今山東沂州府。越徙都事，不見于左傳、國語，然史云越棄江、淮以北，徵之左傳他事多不合。據傳，哀二十二年越滅吴，二十七年越使后庸來正邾、魯之界，公與盟平陽。後哀公欲以越伐魯而去季氏，公又嘗如越。曾子居武城有越寇，見于孟子。武城今沂州費縣西南九十里，季氏之私邑亦在費，與琅邪之説相合。夫越既滅吴，與齊、晉諸侯會于徐州，徐本薛地，今爲兖州府滕縣。天子致胙，方欲正邾、魯、山東諸侯之侵界，豈其棄江、淮不事。且既棄以予楚矣，如后庸使命之往來及出兵侵魯，豈反假道于楚耶？又范蠡既雪會稽之恥，變姓名寓于陶，陶爲今曹州府曹縣。先時吴屢伐齊、魯沂、曹之邊地，吴蓋略而有之。哀八年『吴伐魯入武城，武城人或有田于吴竟，拘鄫人之漚菅者。及吴師至，拘者道以伐武城』。觀此，則沂州之地，久已爲吴之錯壤，越滅吴因有其地，則其遷都琅邪，蓋盡吴之境，與北方諸侯爭衡，豈有反棄江、淮之地以資勍敵之楚耶？且即如史所云越自句踐以後五世至無彊，中間嘗欲伐齊。齊舊與吴接境，與越之故土遠隔江、淮，若句踐棄江、淮以北，則其後世必不能復拓有吴境，與齊遠不相及，無緣有伐齊之事，則史記之自相矛盾，更較然矣」。

八年，魏文侯、韓武子、趙桓子始列爲諸侯。

疏證曰「楚簡王八年三家皆初立，未列爲諸侯也。周本紀威烈王二十三年，命韓、趙、魏爲諸侯，是年爲楚聲王五年，蓋後二十二年」。

子悼王熊疑立

附案：悼王之名，説見表。

四年，楚伐周。

大事記曰「以『鄭』爲『周』，字之誤也」。

三晉伐楚，敗我大梁、榆關。

大事記曰:「大梁魏地,不知楚追三晉之師至于是歟? 或者楚伐魏而韓、趙救之,世家誤以爲三晉伐楚歟?」索隱曰「榆關當在大梁之西」。

楚厚賂秦,與之平。

案:不言秦伐楚,但言楚賂秦,與上文書「與秦平」同爲疎也。

周天子賀秦獻王

案:評林余有丁曰「秦無獻王,乃公也」。攷越絶謂獻公爲元王,蓋秦稱王之後追尊之,特史不應書耳。

田盼子不用也

附案:「盼」疑「肦」之譌,説見六國表。

而用申紀

案:國策「紀」作「縛」。

子懷王熊槐立

附案:懷王之名,説在表。

取我陘山

案:「取」當作「敗」,六國表、魏世家可證。

蘇秦約從山東六國共攻秦

案：是時蘇秦已死四年，約六國以伐秦者李兌也，國策甚明，此誤，古史及西溪叢語已糾之。

秦出兵擊六國，六國兵皆引而歸，

案：與秦戰者惟韓、趙，韓、趙破而四國不戰引歸，此非事實。

秦亦伐敗韓

案，敗韓、趙也，此缺「趙」字。

乃使勇士宋遺北辱齊王

附案：秦策言楚王「使勇士往詈齊王」。張儀傳言「使勇士至宋，借宋之符，北罵齊王」。無宋遺姓名，史蓋別有所據。漢書人表有宋遺，列第五等。

韓、魏聞楚之困，乃南襲楚。

案：「魏」字衍，此誤仍秦策。是年乃韓襲楚，無魏襲楚事。

秦使約復與楚親，分漢中之半以和楚。

案：此與屈原傳同，而張儀傳又依國策言「秦欲以武關之外易黔中地」，未定所從。

二十年，齊湣王欲爲從長，惡楚之與秦合，乃使使遺楚王書，至合齊以善韓。

附案：此事在懷王二十六年，秦復取韓武遂之時，舊本作二十六年，甚是。蓋書中有「韓得武遂于秦」語，必錯簡也，當移于後文「三國引兵去」句之下，而衍「二十年」三字。徐廣但疑非二十年事，不加裁決。索隱以作二十六者爲錯，殊昧情實。通鑑大事記作「二十三年」，古史作「二十二年」並非。

今秦惠王死，武王立，張儀走魏，

案：依今本作「二十年」，則武王不應稱謚。而齊遺楚書實在二十六年，當秦昭王時，儀死已久，不得言今秦惠王死，武王立，張儀走魏。蓋戰國之事，經辨士潤飾多有差舛，不可爲據，史仍而不改耳。應作「武王死，今王立」。走魏作「死魏」。

楚往迎婦

案：六國表云「秦來迎婦」。屈原傳云「秦昭王與楚婚」。則是秦迎婦于楚，非楚迎婦于秦也，此誤。楚迎女秦，前有楚宣王十三年，後有頃襄王七年，非懷王二十四年事也。

殺楚將唐眛，取我重丘而去。（金陵本作「眜」。）

案：「眛」當作「眜」。又諸處皆無取重丘之事，此妄也。重丘説在秦紀。

昭睢曰：「王毋行，而發兵自守耳。秦虎狼，不可信，有并諸侯之心。」

附案：屈原傳作原語，索隱謂「二人同諫，故彼此隨録之」。

齊湣王謂其相曰　或曰

案：國策作蘇子之言。

齊王卒用其相計而歸楚太子。太子横至，立爲王，是爲頃襄王。乃告于齊曰：「賴社稷神靈，國有王矣。」（金陵本作「乃告于秦」。）

案：徐孚遠謂太子自齊歸，無緣復告于齊，此告秦之誤也。余又攷年表、世家頃襄立于懷王未死前三年，而國策言立于懷王死後。至所稱頃襄者，楚策言太子許齊東地五百里歸爲王，卽質齊之太子。齊策言楚立新王，太子卒不得位。記載各異。鮑彪以爲「太子在外，郢中必立王絶秦望。太子義嗣，挾齊之重歸，于是王乃定。齊策云忠王而走太子，非也。蓋郢中立王時，蘇子以計干田文不見用，世猶載其語焉」。吴師道曰「薛公不用，世載其語，亦臆度之辭。竊以事勢言之，楚人知懷王必不歸，而秦要之割地，故立王以絶秦。喪君有君，所以靖國，頃襄之立，非懷王死後明矣。特新王及太子不可曉，或者太子未返之時，郢中立王耶？姑缺所疑」。

懷王卒于秦

附案：賈子春秋篇言「懷王爲齊所襲，逃適秦，免尹一本免作「克」。殺之西河」，與史駁。然懷王之死于秦，安知其非見殺乎？

六年，秦使白起伐韓於伊闕，大勝，斬首二十四萬。（金陵本作「伊闕」。）

案：此失不書魏，說在表。「闕」字疑當作「闕」。

鄒、費、郯、邳者

附案：鄒卽春秋邾子國，杜譜春秋後八世楚滅之，或頃襄時猶存。費乃魯季氏之僭，以邑爲國號也。若郯國，據竹書滅于越，爲周威烈王十二年，乃楚簡王之十八年，後八十年楚滅越，郯實爲楚有，則至是郯亡已一百三十餘歲矣。邳卽薛國，左定元年奚仲自薛遷邳，仲虺復徙薛，故薛兼邳名。竹書惠成王三十一年邳遷于薛，蓋仲虺之事錯簡于後。其時齊以封田嬰，孟嘗君繼之，號爲薛公，比于小國之君焉。然則四國惟郯無攷，豈重封歟？豈竹書誤歟？大事表直以爲誤。抑地入于楚而楚，以封其大臣，如齊封薛公之類歟？齊策顔斶曰「當今之世，南面稱寡者二十四」，又衞鞅曰「所從十二諸侯，非宋、衞則鄒、魯、陳、蔡」，郯亦猶是耳。

非特朝夕之樂也。（金陵本作「朝昔」。）

附案：索隱本作「朝昔」，注云「昔猶夕也」，各本注亦譌倒。則今本誤作「朝夕」。此下徐廣所引别本異文並非，索隱引亦非。

楚欲與齊、韓連和伐秦

大事記曰「是時齊止餘兩城，爲燕所圍，何暇與楚連和伐秦，蓋所載不能無小差也」。

秦將白起拔我西陵

案：此缺拔鄢、鄧，説見秦紀。

二十七年，使三萬人助三晉伐燕。

案：伐燕是齊、韓、魏，不得言三晉。而救燕者楚也，不得言助伐燕，説在表。

趙告急楚，楚遣將軍景陽救趙。

案：救趙者春申君也，六國表及春申傳可據，此誤。蓋因前十五年齊、韓、魏共伐燕，燕請救于楚，楚王使景陽將而救之，見國策。史緣此致誤，故頃襄二十七年不書景陽，而反誤救燕爲伐燕也。

七年，至新中。

案：寧新中，魏地也，當在六年，又脱「寧」字，説在表。

秦王趙政立

附案：「政」當作「正」，説在秦紀。

子幽王悍立

案：此幽王悍與下哀王猶，並説見表。

九年，秦滅韓

案：事在幽王八年。

亡十餘城

案：「餘」字衍，表作「十城」也。

滅楚名爲楚郡云

附案：此言始皇諱楚故滅去楚之名，而于楚地置郡耳。集解孫檢曰「秦虜楚王負芻，滅去楚名，以楚地爲三郡」。所説甚明，（三郡乃南郡、九江、會稽。胡三省言「九江、會稽、鄣」，非，秦郡中無鄣也。）後人誤讀此文，遂謂世家之失，殊不知秦避莊襄王名，改「楚」爲「荆」，豈有置楚郡之理，況三十六郡元無楚郡乎？胡三省謂「滅楚時暫置」，大事記引孫檢語以「三郡」爲「秦郡」，路史後紀八注謂「始皇名爲秦郡」，並妄也。余因攷負芻既滅，尚有冒平君爲荆王，項氏立義帝，又南夷君長以百數，更有滇王賜王印，凡此皆當附之世家。

越句踐世家第十一

越王句踐其先禹之苗裔，而夏后帝少康之庶子也。封於會稽以奉守禹之祀，文身斷髮，披草萊而邑焉。

案：禹葬會稽之妄，説在夏紀。夏、商稱帝之妄，説在殷紀。而少康封庶子一節，卽緣禹葬于越僞撰，蓋六國時有此談，史公繆取入史，後之著書者相因成實，史并謂閩越亦禹苗裔，豈不誕哉！墨子非攻下篇「越王繄虧，出自有遽，始邦于越。」漢地理志注臣瓚曰「自交阯至會稽七八千里，百粤雜處，各有種姓，不得盡云少康之後。此句仍舊説。世本越爲芊姓，與楚同祖，故鄭語稱『芊姓夔、越』。」韋昭吴語注「句踐，祝融之後。」然則越非禹後明矣。杜世族譜及古史皆以史言越禹後爲疑。路史强分姒姓之越與百越爲二。越語范蠡曰「吾先君，周室之不成子也。」韓詩外傳八曰「越亦周室之列封也」。然則越非夏封明矣。少康之子無攷，越絶、吴越春秋始言其名爲無余亦作「餘」。水經注四十、通志氏族略嵇氏注並以爲季杼，后杼、季杼見左襄四、哀元，是一人也，疑季其字。路史後紀十四、國名紀四以季杼號無余，是后杼之弟。夫杼嗣夏后，不應弟與同名。縱或少康別有子季杼，自當封于中土，如封少子曲烈于鄫之比，見通志略曾氏注及路史。奈何屏置蠻荒，令其文身斷髮乎？況竹書敍句踐後世有越王初無余，若果有無余其人，又安得與始祖同名耶？是知無余、季杼卽從后杼附會耳。此世家及論與祀世家、閩越傳論、自序傳謂爲禹後者，皆不足信也。

後二十餘世，至於允常。

案：漢志謂二十世至句踐，吴越春秋作「十餘世」。又吴越春秋「允常」作「元常」，路史以「允」爲非。

越王句踐使死士挑戰

案：定十四年左傳，死士之往禽與罪人之挑戰兩事也，史混并之，説在吴世家。

吴既赦越，越王句踐反國。而使范蠡與大夫柘稽行成，爲質於吴。二歲而吴歸蠡。

案：國語、韓子、越絶、吴越春秋皆言句踐與范蠡親身入臣于吴，三年遣歸，史誤也。柘稽即諸稽郢。

振貧弔死

附案：徐廣弔作「葬」，是，即越語所云「必哭泣葬埋之如其子」也。

大夫逢同諫

案：逢，姓也。越絶作「馮」，吴越春秋作「扶」。

虜齊高、國以歸

案：哀十一年左傳，艾陵之戰，吴敗高無丕，獲國書。魯歸國子之元于齊。是吴但虜國子，非并獲高子也。

與逢同共謀，讒之王。

案：事詳越絶。然逢乃越臣，何以在吴與伯嚭爲友而譖伍胥耶？越絶亦云句踐殺太宰嚭、逢同與其妻子，徐孚遠疑范蠡既歸而遣逢事吴，或當然也。

必取吾眼置吴東門

案：此不言鴟夷投江事，缺也。抉目非實事，説在吴世家。而荀子宥坐又云子胥磔姑蘇東門外，吴越春秋又作斷其頭置高樓上，蓋皆屬傳聞之異。論衡書虚、命義、刺孟又言吴烹之。

居三年

疏證曰「當作『居二年』」。據左傳，殺子胥後至會黄池，首尾三年，下云明年春會黄池，合此二年始足三年之數」。

至明年春，吴王北會諸侯於黄池，

案：春秋會在夏。

乃發習流二千（金陵本作「二千人」。）

附案：索隱本句下有「人」字，是也。

吴王使公孫雄

附案：國語今本作「王孫雄」，宋本作「雒」，越絶、吴越春秋作「王孫駱」，音同而通用。墨子所染、説苑雜言並作「雒」，吕氏春秋當染篇作「雄」，而困學紀聞六引吕氏是「王孫雒」，則「雄」字誤。韓子説疑作「頷」，蓋「雒」之譌也。國語補音謂漢改「洛」爲「雒」，疑「洛」字非吴人所名，以「雄」爲定，恐非。雒本鳥名馬名。

而誅太宰嚭

案：誅嚭説在吴世家。

以淮上地與楚　與魯泗東方百里

案：越棄淮、泗之論似非實，説在楚世家。

子教寡人伐吴七術

案：越絶、吴越春秋作「九術」。

句踐卒，子王鼫與立。王鼫與卒，子王不壽立。王不壽卒，子王翁立。王翁卒，子王翳立。王翳卒，子王之侯立。王之侯卒，子王無彊立。

案：竹書句踐卒鹿郢立；左傳作「適郢」。卒，不壽立；卒，朱勾立；卒，子翳立；翳弑立孚錯枝，踰年立初無余；卒，無顓立；卒，無彊立。竹書水經注並作「彊」。無彊殺後，又一書越王無名。越絶書句踐已下次與夷，次子翁，次不揚，次無彊，次之侯，次尊，次親。吴越春秋叙世系句踐卒，次興夷，次翁，次不揚，次無彊，次玉，次尊，次親。後復叙其世，興夷下又有不壽。莊子讓王篇言「越三世殺君，王子搜逃乎丹穴，不肯出」。吴志虞翻傳「越王翳逃巫山之穴」。抱朴子逸民篇「越翳入穴以逃之」。音義曰「搜，淮南子作『翳』」。見原道。吕氏春秋貴生篇亦引此事，高誘注云「越王翳也」。而審己篇有越王授，注謂「句踐五世孫」。名號既異，代系多乖，莫可詳究。（史注引樂資以無顓卽子搜，當是。）

當楚威王之時，越北伐齊，齊威王使人説越王，

案：楚威不與齊威同時，當作「齊宣王」。攷古質疑謬據此文以爲齊威在位四十六年之證，殊不然也。

宋胡之地（金陵本作「宗胡」。）

附案：「宋」字今本之誤，索隱本「宗胡」是也。邑名，胡姓之宗，因以名邑。

以至無假之關者

附案：徐廣「無假」作「西假」，當是。

復讎、龐、長沙，楚之粟也。竟澤陵，楚之材也。

索隱曰：「劉氏云復者發語聲，則是脱『況』字耳。（正義作復讎敵解，妄。）讎當作『犨』，『竟澤陵』當爲『竟陵澤』。」

盡取故吴地至浙江

案：昔人以錢塘江爲吴、越二國之界，故唐釋處默詩有「到江吴地盡，隔岸越山多」之句，宋陳師道後山集亦有句云「吴、越到江分」，蓋仍史記之誤。以春秋内、外傳攷之，吴地止于松江，非浙江也，浙江乃越地，故國語曰「句踐之地，北至于禦兒，西至姑蔑」，其詳見刊誤補遺卷五三江條。（斗南引史記此文連下「北」字，誤。又姑蔑卽太末，見續郡國志，今之衢州。國語注以爲太湖，困學紀聞十謂傳寫誤。）

後七世至閩君搖，佐諸侯平秦。漢高帝復以搖爲越王，以奉越後。東越，閩君，皆其後也。

案：閩越傳亦言無諸及搖皆句踐後，然百越各有種類，豈皆句踐後哉。閩越傳以爲姓騶，當作「駱」。索隱以爲蛇種，則非句踐芈姓之裔明矣，此與稱越是禹後同爲附會耳。

於是句踐表會稽山以爲范蠡奉邑。

案：蠡已去越，何奉邑之有？國語云環會稽三百里以爲范蠡地，不言奉邑也。越絶言封蠡之子于苦竹城，吴越春秋言封蠡妻子百里之地。

而朱公中男殺人

陳大令曰「救中子殺人一節，必好事者爲之，非實也。徇兒女子之言而致中男于死爲不仁，以褊悻之莊生而託以愛子爲不智，豈具霸越沼吴之識，竟失算若是乎！莊生之不廉不直無足爲友，更弗論已，前賢亦嘗論之」。